|光明社科文库|

图说英美国家概况

杨秀萍◎著

光明日报出版社

图书在版编目（CIP）数据

图说英美国家概况 / 杨秀萍著 . -- 北京：光明日报出版社，2021.8
ISBN 978-7-5194-6228-4

Ⅰ.①图… Ⅱ.①杨… Ⅲ.①英语－阅读教学－高等学校－教材②英国－概况③美国－概况 Ⅳ.① H319.37

中国版本图书馆 CIP 数据核字 (2021) 第 160734 号

图说英美国家概况
TUSHUO YINGMEI GUOJIA GAIKUANG

著　　者：杨秀萍	
责任编辑：刘兴华	责任校对：刘欠欠
封面设计：中联华文	责任印制：曹　净

出版发行：光明日报出版社
地　　址：北京市西城区永安路 106 号，100050
电　　话：010-63169890（咨询），010-63131930（邮购）
传　　真：010-63131930
网　　址：http://book.gmw.cn
E - mail：gmrbcbs@gmw.cn
法律顾问：北京德恒律师事务所龚柳方律师

印　　刷：三河市华东印刷有限公司
装　　订：三河市华东印刷有限公司
本书如有破损、缺页、装订错误，请与本社联系调换，电话：010-63131930

开　　本：170mm×240mm	
字　　数：263 千字	印　　张：16.5
版　　次：2021 年 8 月第 1 版	印　　次：2021 年 8 月第 1 次印刷
书　　号：ISBN 978-7-5194-6228-4	

定　　价：95.00 元

版权所有　　翻印必究

序

  本书以1995年来安方出版的英文版英美概况和2012年许鲁之出版的英文版新编英美概况为基础，以网上最新信息为依据，结合高校多媒体课堂教学特点和学生实际学情特点进行编写，书中既考虑到英美国家概况作为一门课程所应具备的相对稳定的基本知识结构，又兼顾了知识要不断更新的时代特征。本书共包括两个部分：英国部分和美国部分。内容主要包括英美两国的人文地理、历史变迁、政治制度和风俗习惯等英美文化背景知识。是汉语版编译的英美国家概况学生用书，是英语专业学生和非英语专业学生学习英语版英美国家概况的辅导工具书。本书从计算机辅助教学的视角出发，结合大量自制电脑图例说明英美国家社会文化的主要特点，力求从学术观点出发，展示生动形象的英美两国文化图例，把简单的知识深度化，把复杂的知识简单化，帮助英语专业学生和非英语专业学生快速了解并掌握英美两国的自然地理、政治、法律、经济、文化和教育等基本知识，拓宽学生的国际视野，提升学生的跨文化沟通交际能力。随着学生对英美两国概况学习的加深，其英语阅读理解与分析能力得到了提高；通过对英美两国发生的事件进行分析与思考，提升学生的思辨能力，全面丰富学生的文化品格，并使学生以此为契机，提升自身的自主学习能力、独立思考能力。

  主要有以下特点：(1)以事件发生的时间为横向坐标轴，以发生的事件为纵向坐标轴，系统介绍，重点突出，详略得当；(2)语言叙述简朴，通俗易懂，图文并茂，雅俗共赏；(3) 以图为例，观点清晰，生动形象；(4) 承前启后，新旧知识衔接紧密；(5) 章节安排科学合理，方便实用。

  本书使用对象涉及范围较广，不仅包括英语专业大学生、英语专业考研生、翻译硕士考研生、英语自学考试者、欲出国留学者和涉外工作者，还包括非英语专业大学生、中学生以及广大对英美文化感兴趣的读者。

  限于水平和时间，书中尚有疏漏之处，恳请专家同行不吝赐教，读者批评指正，作者在此表示感谢。

杨秀萍

2020 年 6 月

于齐齐哈尔大学

目录

序

英国部分

第一章　英国地理 // 003
第一节　英国地理特点及自然资源 // 003
第二节　国家与人民 // 020

第二章　英国历史 // 031
第一节　种族起源 // 031
第二节　英国封建主义的发展 // 043
第三节　英国封建主义的瓦解 // 049
第四节　都铎王朝统治下的英国 // 053
第五节　英国资产阶级革命 // 058
第六节　工业革命 // 062
第七节　大英帝国的殖民扩张 // 067
第八节　英国和两次世界大战 // 070

第三章　英国政治 // 079
第一节　英国君主立宪制和英国政府 // 079
第二节　英国议会和司法制度 // 087
第三节　英国政党和普选制度 // 093
第四节　英国媒体 // 100

美国部分

第一章　美国自然地理 // 107
- 第一节　美国地理特点 // 107
- 第二节　美国水力资源 // 112
- 第三节　美国自然资源 // 117
- 第四节　美国和美国人 // 123

第二章　美国历史 // 135
- 第一节　美洲大陆的发现和殖民 // 135
- 第二节　美国独立战争 // 143
- 第三节　美国宪法的制定 // 152
- 第四节　美国的扩张时代 // 160
- 第五节　美国内战 // 170
- 第六节　内战后美国经济重建和帝国诞生 // 174
- 第七节　第一次世界大战中的美国 // 182
- 第八节　第二次世界大战中的美国 // 191

第三章　美国政治 // 199
- 第一节　美国联邦制和国会 // 199
- 第二节　美国总统和司法部门 // 208
- 第三节　美国政党和普选 // 215
- 第四节　美国教育制度 // 224
- 第五节　美国媒体 // 231
- 第六节　美国宗教 // 234
- 第七节　辅助资料 // 237

参考文献

后　记

英国部分

Britain

第一章

英国地理

第一节 英国地理特点及自然资源

一、英国国名

在世界版图上，英国微乎其微，很难看到，但英国的名称却繁多复杂，这与英国历史休戚相关，反映了英国不同历史时期所经历的岁月变迁，我们就从英国的名字开始了解英国吧。

（一）国名全称

英国的全称是大不列颠及北爱尔兰联合王国（The United Kingdom of Great Britain and Northern Ireland），简称是联合王国（United Kingdom），通称英国。英国的全称表明英国由四个部分构成，这四个部分也是四个行政区，在历史上是四个王国。

通常人们喜欢称呼一个国家的简称，比如，直接称呼中国、越南、日本、伊朗、俄罗斯、意大利、英国、美国等，但其实所有国家的国名都有全称，在一切正式场合或外交事务中，每个国家都是用国名全称，而绝不会用简称。对于英国，稍微有点常识的人都知道其全称，叫作"大不列颠及北爱尔兰联合王国"，这是当今世界上国名全称最长的国家。也许有人会有疑问，"大不列颠及北爱尔兰联合王国"里面根本没有"英"字，为什么会简称"英国"？这个国名全称到底是怎么来的？这要追溯到英国的历史。英国主要由英格兰、苏格兰、威尔士、北爱尔兰四个王国组成，其中英格兰、苏格兰、威尔士位于大不列颠岛，北爱尔兰位于爱尔兰岛，英国历史就是随着四个王国在不同时期的历史交织合并而成。因为英格兰是古代最古老的一个王国，它有最大的面积，有最多的人口，一直在英国历史上占主导地位，是全国最发达的现代化工业区，而且英国首都伦敦位于英格兰，是全世界最发达的金融商贸政治文化中心之一，所以"大不列颠及北爱尔兰联合王国"中即使没有"英"字，但仍然习惯简称"英国"。这四个国家的历史源远流长，经历过分分合合，最终形成现在的英国。

（二）历史渊源

1. 公元10世纪之前，在大不列颠岛的土地上出现了很多的封建小王国，这些封建小王国随着历史发展，不断互相战争、不断互相融合、不断抵抗外来侵略，在公元10世纪之后逐渐形成英格兰王国和苏格兰王国。后来，英格兰国王亨利三世把威尔士作为封地分给一个亲王，形成了威尔士公国。公元16世纪之后，在爱尔兰岛的土地上也出现了爱尔兰王国。

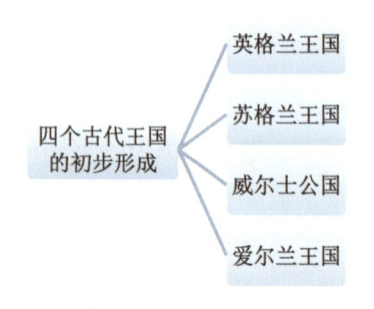

四个古代王国的初步形成：英格兰王国、苏格兰王国、威尔士公国、爱尔兰王国

2. 1541年，英格兰王国与爱尔兰王国首次组成"共主邦联"。所谓共主邦联，简单来说就是两个国家的元首是同一个人，但这两个国家的一切内政外交都互不相干、各自独立。由于英格兰王国比较强大，所以英格兰王国和爱尔兰王国的国家元首由英格兰国王担任。到了1603年，英格兰王国又与苏格兰王国组成共主邦联，国家元首同样由英格兰国王担任。

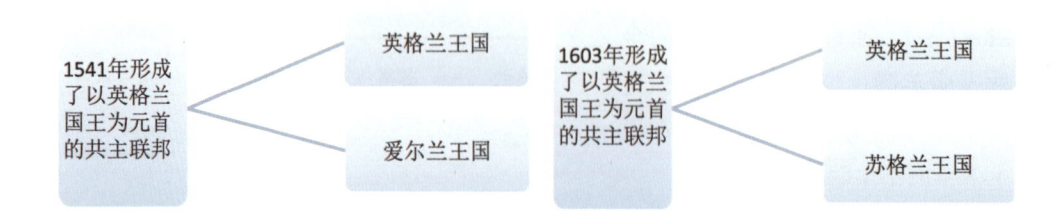

1541年形成了以英格兰国王为元首的共主联邦：英格兰王国、爱尔兰王国

1603年形成了以英格兰国王为元首的共主联邦：英格兰王国、苏格兰王国

3. 由于威尔士公国是由英格兰国王分封给威尔士亲王的，所以威尔士亲王只是象征性的威尔士公国的国家元首，没有实权。到了1603年，英格兰国王实际上已经统治了英格兰王国、苏格兰王国、威尔士公国、爱尔兰王国，当时的英格兰国王仍然有实权。

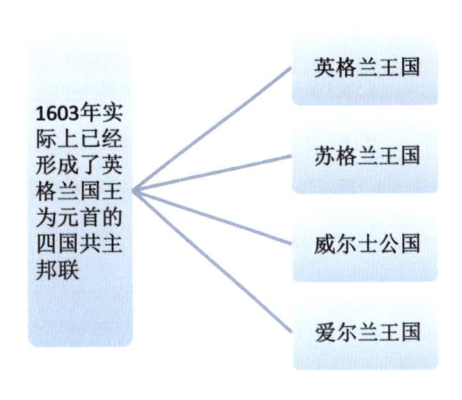

1603年实际上已经形成了英格兰国王为元首的四国共主邦联
- 英格兰王国
- 苏格兰王国
- 威尔士公国
- 爱尔兰王国

4. 随着资本主义的发展，英国在1688年爆发了光荣革命，次年议会通过了《权利法案》，宣布废除君主专制制度，实行君主立宪制度，英格兰国王从此没有了实权，但仍然是英格兰王国、苏格兰王国、威尔士公国、爱尔兰王国的国家元首。

5. 1707年，英格兰王国与苏格兰王国签订《1707年联合法案》，两国正式合并，定国名"大不列颠王国"。到了1800年，大不列颠王国又与爱尔兰王国签订《1800年联合法案》，两国正式合并，定国名"大不列颠及爱尔兰联合王国"。

大不列颠及爱尔兰联合王国
- 大不列颠岛
  - 英格兰王国
  - 威尔士王国
  - 苏格兰王国
- 爱尔兰岛
  - 爱尔兰王国

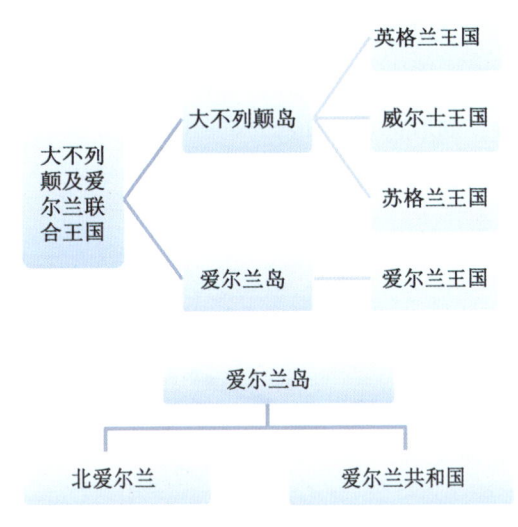

6. 1921年，大不列颠及爱尔兰联合王国受到1916年爱尔兰境内爆发的"复活节起义"的影响，被迫通过了《英爱条约》，爱尔兰南部26郡脱离大不列颠及爱尔兰联合王国独立，形成了"爱尔兰共和国"，北部6郡仍属于大不列颠及爱尔兰联合王国。从此，大不列颠及爱尔兰联合王国的国名改成"大不列颠及北爱尔兰联合王国"，直到今天。爱尔兰岛被一分为二，英国的北爱尔兰（面积占爱尔兰岛的五分之一）和爱尔兰共和国。

爱尔兰岛
- 北爱尔兰
- 爱尔兰共和国

英国部分

（三）与英国相关的其他地理名称、官方名称以及历史名称

1. The British Isles（大不列颠群岛）

大不列颠群岛是欧洲西北部的群岛。包括大不列颠岛和爱尔兰岛两个主要岛屿以及许多在北海与大西洋之间的小岛，东南以英吉利海峡、多佛尔海峡与欧洲大陆相望。包括大不列颠岛和爱尔兰岛两大岛，以及附近的赫布里底群岛、奥克尼群岛、设得兰岛、安格尔西岛和马恩岛等上千个小岛。

马恩岛和海峡岛是大不列颠群岛上的两个小岛，虽与英国很近，是英王属地，却不属于英国。

这两个岛虽然是英国皇室的领地，但在政治上都有独立的立法、执法和司法体制，是两个独立的政治实体。

2. Britain（Great Britain）（不列颠岛或大不列颠岛）

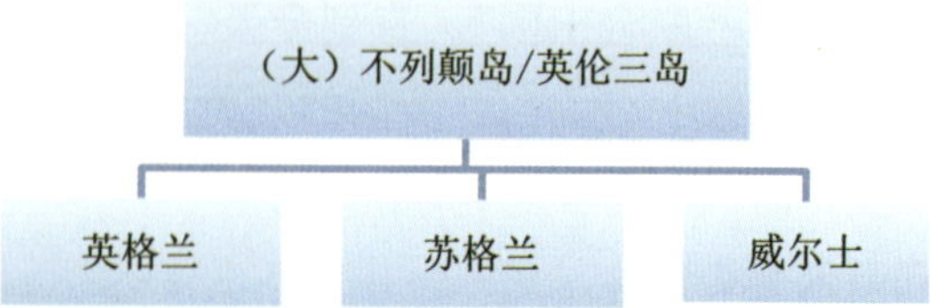

大不列颠岛是指包括英格兰、苏格兰、威尔士和北爱尔兰岛东北部一些小岛共同组成的岛屿，隔北海、多佛尔海峡、英吉利海峡与欧洲大陆相望。因之比爱尔兰岛大，又称为大不列颠岛或英伦三岛。

3. 英国的官方名称

"大不列颠及北爱尔兰联合王国"是英国的官方名称，也称为"联合王国"，简称为"英国"，是指英格兰、苏格兰、威尔士和北爱尔兰联合组成的国家，"不列颠"的凯尔特语意为"杂色的、多彩的"。

英国的官方名字随着历史渊源的发展而改变，许多与之相关的地理名称很容易混淆：England, Scotland, Wales（英格兰、苏格兰、威尔士），Ireland（爱尔兰岛），Northern Ireland（北爱尔兰），The United Kingdom of Great Britain and Northern Ireland（大不列颠及北爱尔兰联合王国），The United Kingdom（联合王国），The UK（简称为英国），The British Empire（日不落帝国），The British Commonwealth（英联邦）。如果不了解英国名称的发展变化，会令人产生误解，造成文化上的差异。

二、地理位置

英国四面环海，远离欧洲大陆，形成一个孤零零的岛国，穿过英吉利海峡，与法国一衣带水，紧密相连。

（一）地理位置

英国是大不列颠岛和爱尔兰岛东北部及附近许多岛屿组成的岛国。英国被北海、英吉利海峡、凯尔特海、爱尔兰海和北大西洋包围。东濒北海，面对比利时、荷兰、德国、丹麦和挪威等国；西邻爱尔兰，横隔大西洋与美国、加拿大遥遥相望；北过大西洋可达冰岛；南穿英吉利海峡，穿过海底隧道，行33公里就到法国。

（二）英国的四个组成部分

1. England（英格兰）

英格兰位于大不列颠岛的东南部，苏格兰以南，威尔士以东，还包括怀特岛、锡利群岛和沿岸各小岛，面积约13万平方千米，是英国面积最大、人口最多、经济最发达的一个部分。在历史上，英格兰与苏格兰之间是以哈德良城墙为界。

2. Scotland（苏格兰）

苏格兰位于欧洲西部、大不列颠岛北部，南接英格兰，东濒北海，东北与西北分别与挪威、丹麦、冰岛隔海相望，西临大西洋。

3. Wales（威尔士）

威尔士东邻英格兰，西临圣乔治海峡，南临布里斯托尔海峡，北靠爱尔兰海，首府和第一大城是加的夫。

4. Northern Ireland（北爱尔兰）

北爱尔兰位于爱尔兰岛东北部，首府是贝尔法斯特。地形中间低平，周围多山。

从右图可见大不列颠群岛、大不列颠岛、爱尔兰岛与英格兰、苏格兰、威尔士和北爱尔兰等四个部分间的历史关系，英国的全称"大不列颠及北爱尔兰联合王国"是由1、2、3、4四个部分构成的，缺一不可，加一不行，而爱尔兰的其余部分形成一个独立的国家为"爱尔兰共和国"。

（三）英国各部分历史兴衰

岁月变迁，沧海桑田，时至今日，曾经辉煌一时的日不落帝国早已失去了往日的风采，重新回归为一个东临北海，横隔大西洋与美国、加拿大遥遥相对，北过大西洋可达冰岛，南穿英吉利海峡可与法国

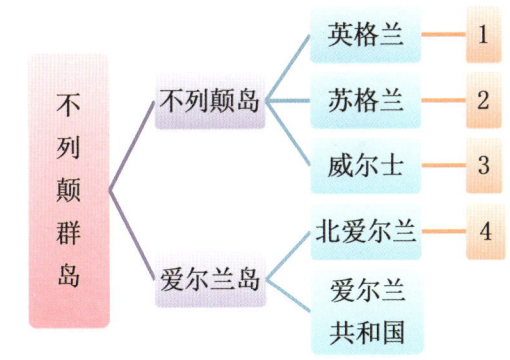

1535年	威尔士成为英格兰王国的一部分。
1640年	英国是全球第一个爆发资产阶级革命的国家，成为资产阶级革命的先驱。1649年5月19日宣布成立共和国。
1660年	斯图亚特王朝复辟，1688年发生"光荣革命"，确立了君主立宪制。
1707年	英格兰与苏格兰合并，通过七年战争英国奠定日不落帝国的基础，获取了海上霸主。
1801年	又与爱尔兰合并。拿破仑战争后英国完成了日不落帝国的霸业。
18世纪	18世纪后半叶至19世纪上半叶，成为世界上第一个完成工业革命的国家。
19世纪	是大英帝国的全盛时期，1914年占有的殖民地比本土大111倍，自称"日不落帝国"。
1922年	爱尔兰共和国独立，爱尔兰北部仍留在联合王国内，即是今天的北爱尔兰。
一战后	英国失去了国际世界的霸主地位，日不落帝国只是徒有虚名。
二战时	英国本土遭到德军的空袭，工业基础遭到重大破坏，国内损失严重。
二战后	英国国内物资短缺，不得不接受美国援助，美苏格局逐渐形成，英国殖民地纷纷独立，日不落帝国彻底瓦解，从此一蹶不振。

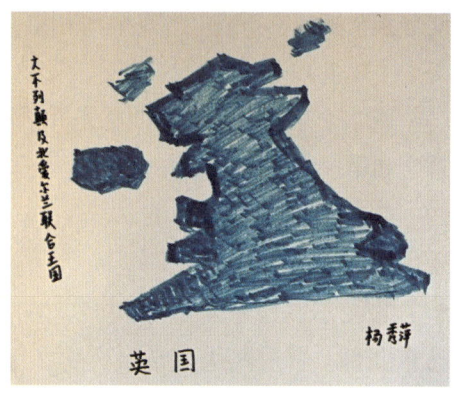

接壤的西欧边缘上的海岛。

三、地形地貌

英国地形地貌变化多端，多此起彼伏的山丘和偏僻的高原，沿海多低地。从苏格兰的格兰扁山脉到英格兰等于或小于海平面的低地沼泽，随处可见。多为丘陵山脊的英国奔宁山脉从英格兰北部的中心一直延展下来。威尔士多山地，北爱尔兰大部分为低高原和丘陵。

（一）地形特点

英国地势西北高、东南低，地势由西北向东南倾斜。西北部是高地、东南部为平原，中间地带有起伏的丘陵。英国国土总面积不大，但各个部分地形变化多端，层次分明，各地差异较大。

英格兰北部有奔宁山脉，它的最高点克罗斯费尔峰海拔893米，多为平原、丘陵和沼泽。奔宁山脉西北面有风光旖旎的大湖区。东部沿海地区，土地肥沃，适于耕种。

苏格兰多为山地、湖泊和岛屿，拥有三大自然区：北部高地、中部低地、南部山陵。英国最高峰本尼维斯山海拔高1343米。奇威特丘陵形成英格兰和苏格兰的边界线。

威尔士亦是多山地区，境内崎岖，西北部的斯诺登山海拔1085米，是威尔士最高峰，东部有坎布里亚山脉，土地被森林覆盖，大部分村庄以放牧为主。

北爱尔兰北部多岩石、荒蛮的海岸，曲折蜿蜒，东北部多为高地，东南部为山区，中部有英国最大的淡水湖内伊湖，地形呈低浅的盆地。

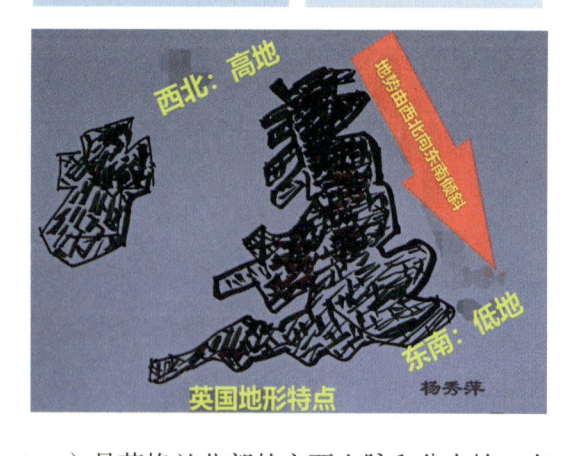

（二）山脉

1. 英格兰北部的奔宁山脉（Pennines）是英格兰北部的主要山脉和分水岭，有"英格兰的脊梁"之称。最高点克罗斯费尔峰（Cross Fell）海拔893米。高地有养羊业，谷地为农耕区。

2. 格兰扁山脉（Grampian Mountains）是苏格兰主要山脉之一，横跨苏格兰中部，成为苏格兰高地与苏格兰低地间的自然屏障。本尼维斯山（Ben Nevis）海拔1343米，为英国第一高峰。

3. 威尔士境内多山，地势崎岖，坎布里亚山脉（Cumbria）纵贯全境，适宜放牧。威尔士最高点是斯诺登山（Snowdonia），海拔1085米，为英国第二高峰。

4. 莫恩山脉（Mourne）是北爱尔兰主要山脉。

莫恩山脉是位于北爱尔兰自治区东南部唐郡附近的一个花岗岩山群，是爱尔兰岛最著名的花岗岩山脉。莫恩山脉附近满是旖旎的自然风光，最高峰是海拔849米的唐那德山，是旅行者、徒步者、自行车骑游者和攀岩爱好者心中的度假胜地。

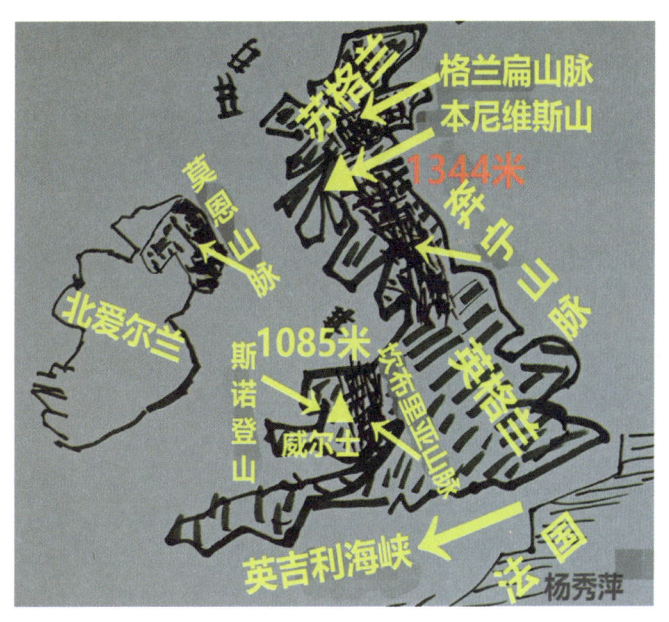

四、气候特征

英国四面环海，是一个岛国，气候深受海洋影响，海洋性气候特征明显，再加上地形呈西北高、东南低的特点，各地气温变化很大。

（一）气候特征

1. 总体特点

（1）毋庸置疑，英国整体气候宜人。

（2）属于海洋性特点，冬暖夏凉。

（3）全年降雨不大，比较稳定。

（4）在不同地区气候变化略显差异。

（5）天气在同一天变化无常。

2. 气候类型

英国为海洋性温带阔叶林气候，总体比较温和。温暖的北大西洋暖流和秋冬季盛行的西南风使海洋和空气变暖。冬暖夏凉，冬天平均气温在零上4摄氏度，夏天平均气温为16摄氏度。

3. 气温特点

英国属温带海洋性气候，在北温带，受盛行西风控制，全年温和湿润，四季寒暑变化不大，但天气多变，一日之内，时晴时雨。

4. 伦敦天气特征

伦敦受北大西洋暖流和西风影响，属温带海洋性气候，四季温差小，夏季凉爽，冬季温暖，空气湿润，多雨雾，秋冬尤甚。

春季 三月、四月、五月，气温逐渐上升，开始看到阳光的迹象，日子开始越来越舒适宜人。

夏季 六月、七月、八月，一年中最温暖的时期，英国享受较长的日照时间。英国夏季，海边城市，昼夜温差大。

秋季 九月、十月、十一月，为过渡时期，气温逐渐下降，经常下雨。

冬季 十二月、一月、二月，气温大幅度下降，可能下雪和结冰，日照时间越来越短，特别是苏格兰。

（1）伦敦夏季（6—8月）的气温在18℃左右，有时也会达到30℃或更高。

（2）在春季（3月底—5月）和秋季（9—10月），气温则维持在11℃～15℃。

（3）在冬季（11月—3月中旬），气温在6℃左右。在伦敦冬季有罕见结冰的情况，潮湿和阴冷是伦敦冬季显著的气候特征。

（4）伦敦全年平均温度和平均降水如下图所示，变化甚微。

从伦敦降水和气温曲线图可见，年均降水和温度变化不大，曲线基本是持平的，体现了温带海洋性温和的特点。

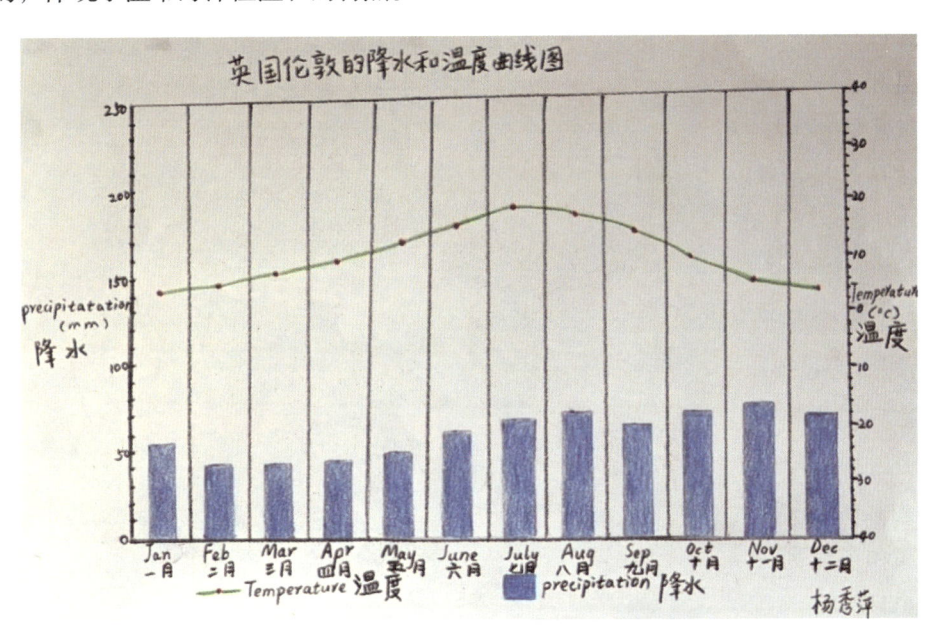

英国伦敦的降水和温度曲线图

（二）天气和降雨

1. 影响气候形成的原因

影响英国温带海洋性气候形成的因素较多，但主要受北大西洋暖流、纬度、盛行西风三方面的影响。

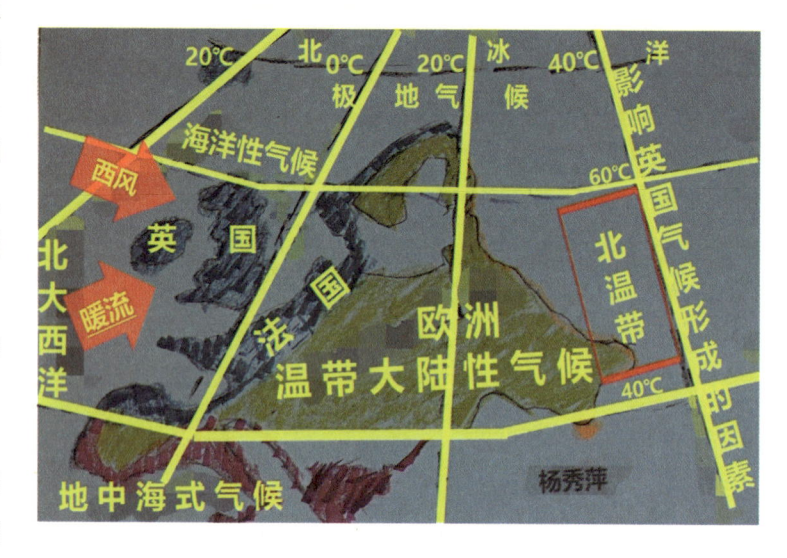

（1）英国是一个海岛国家，四面被海洋包围，多海港海湾，海岸线较长，气候明显受北大西洋暖流影响，具有海洋性特征。

（2）地处北温带，在北纬40°～60°之间，属温带海洋性气候，全年温暖湿润。

（3）位于西风带，英国受盛行西风控制，全年温和湿润，四季寒暑变化不大。植被是温带落叶阔叶林带。

2. 降雨情况

全国全年平均降水量超过1000毫米，北部和西部山区的年降水量超过2000毫米，中部和东部则少于800毫米，且

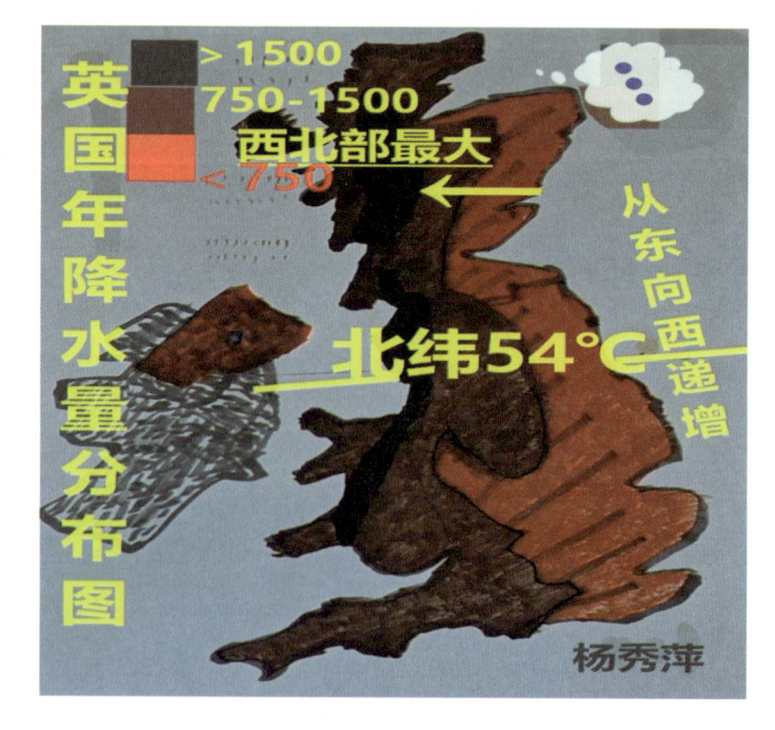

四季降雨比较均衡。

英国天气特别不稳定，经常阴云多雨，因此天气成为人们见面时常谈的话题。每年二月至三月最为干燥，十月至来年最为湿润。

英国会发生的自然灾害有洪水、大雾、烟雾（烟雨雾混合）、霜、严重飓风、极少发生干旱和雪灾，没有地震和火山。

五、河流湖泊

英国的河流冬天不结冰，并在国民经济中起着很重要的作用。

（一）重要河流

英国的河流主要有东海岸的特威德河、泰恩河、蒂斯河、泰晤士河。西海岸的克莱德河、默西河、塞文河。

1. 塞文河 • 英国最长河，长354千米，起源威尔士中部，流经英格兰中西部，注入大西洋布里斯托海峡。

2. 泰晤士河 • 起源英国西南部，英国第二大河，也是最重的要河流，全长338千米。

3. 克莱德河 • 起源苏格兰西南，长约171千米，向西北至克莱德河口，北海海峡港湾。

4. 特威德河 • 起源苏格兰东南部，长约156千米，形成苏格兰与英格兰边界，向东注入北海。

（二）重要湖泊

1. 大湖区

英格兰西北部有一个大湖区（the Great Lakes），包括15个大小河流，最大的湖是温德米尔湖，湖区风景优美，是旅游胜地。该湖区为浪漫主义诗人宜居之地，华兹华斯、柯勒律治、骚塞等被称为湖畔诗人。

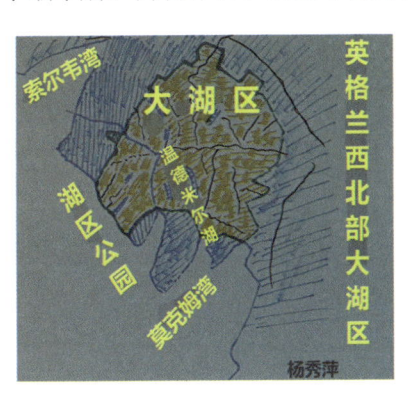

2. 内伊湖

位于北爱尔兰中心的内伊湖（Lough Neagh），长29千米，宽18千米，面积392平方千米，大部分水深12米。内伊湖的淡水资源和生物资源丰富，是苏格兰最大的淡水湖泊，也是英国最大的淡水湖。

3. 尼斯湖

亦译内斯湖（Loch Ness），位于英国苏格兰高原北部大峡谷中，湖长37千米，最宽处2.4千米。面积不大，却很深。平均深度达200米，最深处有298米。该湖终年不冻，两岸陡峭，树林茂密。湖北端有河流与北海相通。位于横贯苏格兰高地的大峡谷断层北端，是英国第三大淡水湖。上千年来被称为藏有水怪的怪湖。

4. 洛蒙德湖（Loch Lomond）

是苏格兰最大湖泊，位于苏格兰高地南端，长约39千米，宽1.6—8千米，呈狭长的三角形，三角形的底在南端，冰蚀的湖底深达190米，湖的南端有许多长满树木的岛屿。

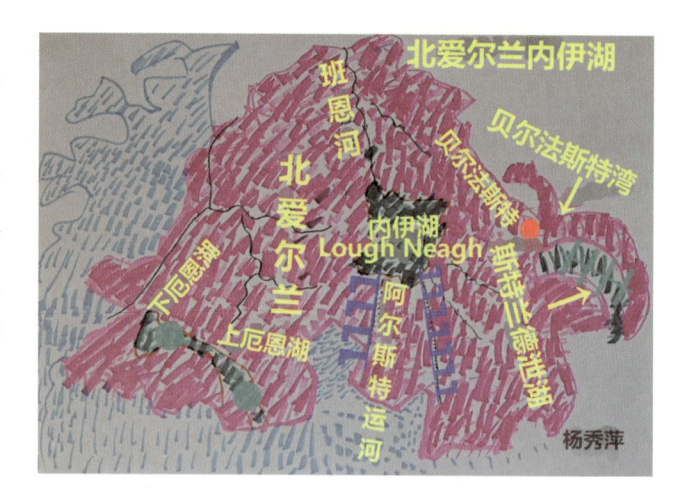

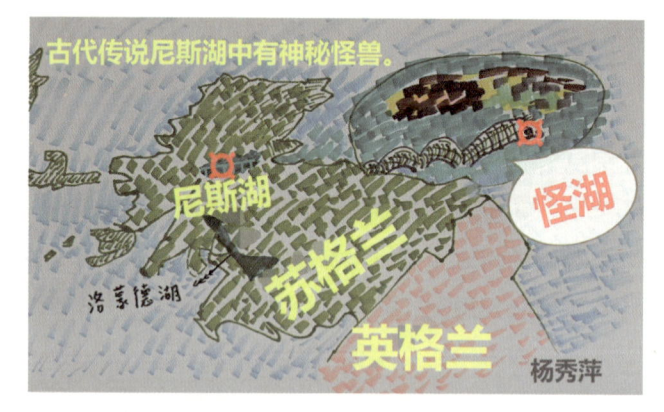

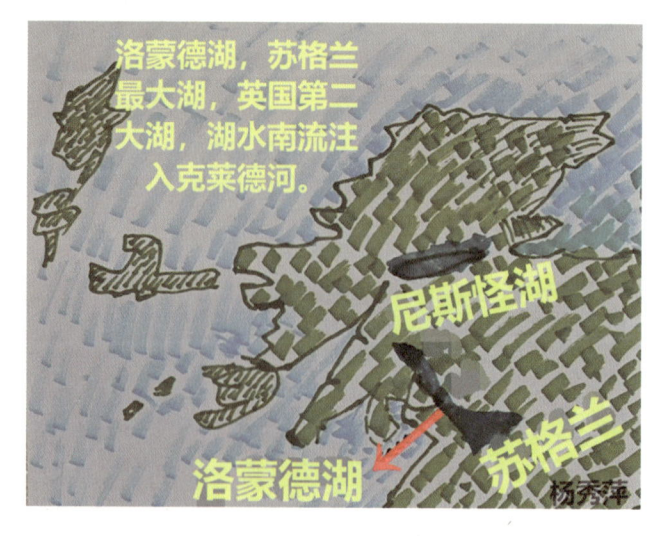

六、自然资源

英国目前矿物资源极其缺乏，锡、铁、煤等矿藏几乎开采殆尽。英国能源状况因在英国大陆架发现储量可观的近海石油和天然气而有所改变。英国森林遭到破坏，森林面积不到全国面积的十分之一，不能满足国内对木材的需要。英国四面环海，海洋资源丰富。

（一）矿物资源

1. 英国北海大陆架石油蕴藏量丰富

20世纪70年代，英国几乎全部依赖进口石油，本国石油仅来自为数不多的陆地油田。1980年以来，由于近海石油生产增长，英国能源得以自给自足。

2. 除了石油和天然气，英国主要矿产资源有煤、铁、锡矿

（1）英国原来拥有相当丰富的铁矿资源，但开采至今，铁矿已濒临枯竭。根据联合国1955年公布的资料，其铁矿储量为38亿吨。[①]

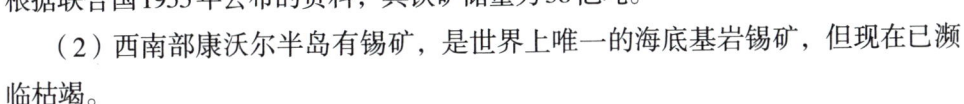

（2）西南部康沃尔半岛有锡矿，是世界上唯一的海底基岩锡矿，但现在已濒临枯竭。

（3）根据1987年官方资料，原煤总储量估计为1900亿吨。英国是工业革命最早

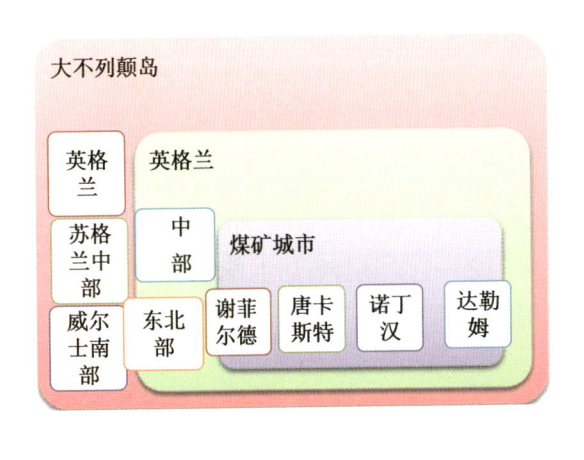

[①] 陈治刚，等．英美概况[M]．上海外语教育出版社，1994：13-15．

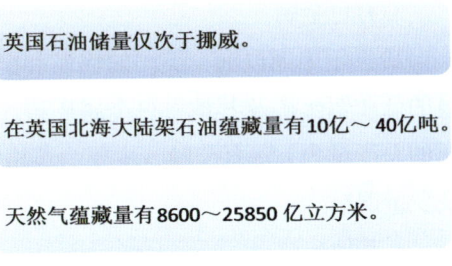

的国家，其老工业城市最早的工业部门主要是钢铁工业，当时冶炼技术较低，煤炭需求量很大，因此当时兴起的英国城市多分布在煤炭产地附近，比如：十八、十九世纪的工业革命，煤矿开采起到了重要作用，但经过多年开采，煤矿资源已近贫乏。英国的煤矿主要分布在：煤炭产区、老工业城市，以及渐向沿海扩散的新工业城市。英国产煤区往往形成老工业区，现代的新工业城向沿海地区扩散。

3. 有色金属

19世纪中期以前，英国的锡矿和铜矿的开采一直居世界前列，此外还拥有少量的低质铝土矿及其他有色金属矿藏，但这些资源现在已经枯竭。1984年有色金属的总产量为1.58万公吨，主要为英格兰北部的铅和康沃尔（Cornwall）的锌、锡及少量铜银。

4. 其他矿产

康沃尔半岛出产白黏土。斯塔福德郡有优质黏土。柴郡和达勒姆蕴藏着大量石盐。奔宁山脉东坡可开采白云石。兰开夏西南部施尔德利丘陵附近蕴藏着石英矿。

5. 英国矿区

英国的矿产多分布在高山流水附近。例如，英格兰中部的奔宁山脉，苏格兰的格拉斯哥、威尔士南部的卡迪夫、北爱尔兰东岸内伊湖东岸。

英国矿区：
- 英格兰中部 — 奔宁山脉
- 苏格兰 — 格拉斯哥
- 威尔士南部 — 加的夫
- 北爱尔兰东岸 — 内伊湖东岸

毛纺织业　棉纺织业　亚麻业　丝绸业

（二）英国纺织业

从圈地运动开始，英国羊毛出口和毛纺织业兴旺起来，体系完整的十九世纪是资本主义经济最发达的时期，纺织业就是这个"日不落帝国"的重要支柱。至今英国的纺织业仍然是世界上最大的纺织部门之一，它还拥有居世界之首的毛纺织公司。下边是英国现代纺织业中心在全国范围分布图。

（三）森林资源

在中世纪早期，英国的土地上生长着大量的茂密森林，后来由于工业发展和战争，森林遭到严重破坏。十五世纪以前英国是一个森林资源丰富、木材足以自给的国家，而现在英国的森林覆盖率较低，仅为全国面积的8.6%，木材90%以上需要进口。森林覆盖面积，在英格兰为7.3%，在苏格兰为12.6%，在威尔士为11.6%。二战后，英国政府鼓励造林植树，重新造林面积为4000多平方千米。1985年英国植树造林的面积为212平方千米。目前英国森林面积约为2.1万平方千米。英国的森林资源仅能满足全国对木材及木材制品需要的10%。生产性森林面积约为2万平方千米。政府鼓励植树造林，以减少对进口木材的依赖。英国有15个国家森林公园，英格兰10个，威尔士3个，苏格兰2个。

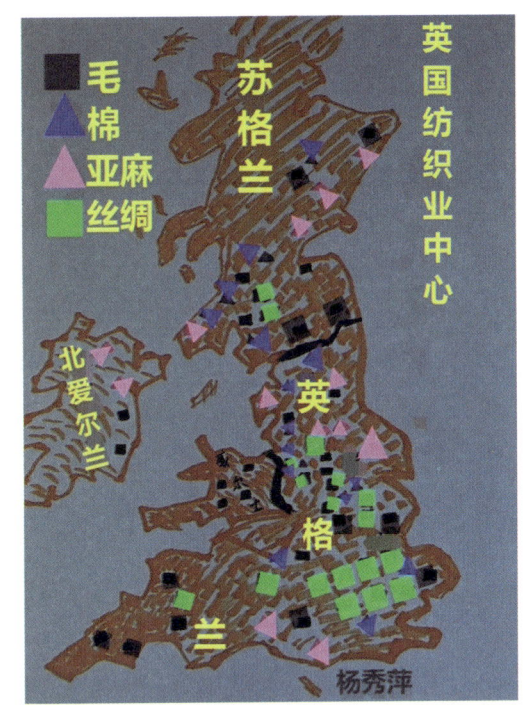

英国纺织业中心
- 毛
- 棉
- 亚麻
- 丝绸

（杨秀萍）

英国国家森林公园

1. 布雷肯山国家公园 Brecon Beacons
2. 布罗兹湿地国家公园 The Broads
3. 凯恩戈姆山国家公园 Cairngorms
4. 达特穆尔国家公园 Dartmoor
5. 埃克斯穆尔国家公园 Exmoor
6. 湖区国家公园 Lake District
7. 罗蒙湖和特罗萨克斯国家公园 Loch Lomond and the Trossachs
8. 新森林国家公园 New Forest
9. 诺森伯兰国家公园 Northumberland
10. 北约克湿地国家公园 North York Moors
11. 峰区国家公园 Peak District
12. 彭布罗克郡海岸国家公园 Pembrokeshire Coast
13. 斯诺登尼亚国家公园 Snowdonia
14. 南部丘陵国家公园 Southern Downs
15. 约克郡河谷国家公园 Yorkshire Dales

英国有15个国家森林公园（杨秀萍）

（四）水产资源

据2000年统计资料显示，英国有船7242艘，水产品产量74.8万吨，产值5.5亿英镑，从事捕鱼人数1.5万人。有水产品加工企业541家，从业人数2.2万人。2000年进口水产品54.7万吨，产值13.2亿英镑；出口水产品36.5万吨，产值7亿英镑。英国又是一个农业高度发达的国家，农业技术水平和农业劳动生产率都位于西欧国家前列。① 英国渔业能满足本国需要的66%。

岛国	海洋	渔业
·英国是一个四面环海的岛国，大不列颠岛水产丰富。	·北大西洋暖流经过，可谓是海洋资源丰富。	·英国是欧洲重要渔业国之一。水产养殖业也还在发展。

第二节　国家与人民

一、英国

英国作为英联邦元首国是一个高度发达的资本主义国家，国民拥有极高的生活水平和良好的社会保障制度。2020年1月31日英国正式脱离欧洲联盟。

（一）面积

英国是位于西欧的一个岛国，是由大不列颠岛上的英格兰、苏格兰、威尔士以及爱尔兰岛东北部的北爱尔兰共同组成的一个联邦制岛国。国土面积24.41万平方千米（包括内陆水域）。其中英格兰地区13.04万平方千米（占总面积的54.4%），苏格兰7.88万平方千米（占总面积的32.3%），威尔士2.08万平方千米（占总面积的8.5%），北爱

英国国土总面积24.41万平方千米

① 宋琍琍.英国渔业概况[J].中国水产，2002（12）:1.

尔兰1.41万平方千米（占总面积的5.7%）。① 英格兰面积最大，首都伦敦位于英格兰东南部，跨泰晤士河，是全国最大商业贸易金融股票文化艺术中心，是全国最大现代化工业。

首都伦敦是英国的铁路中心，也是全国高铁和公路网的中心。英国具有以伦敦为中心向北延伸的高铁线路，向南有穿过英吉利海峡与法国相连的高铁路线。英国伦敦是世界最大的国家港口和航运市场，世界上所有的主要航运、造船和租船公司，都在这里设有代表机构。

（二）人口

根据联合国估计，英国2018年人口是6657万。每年6月英国国家统计局根据移民和生育率统计数据发布最新估计数。上一次完整的英国人口普查于2011年进行，人口6318万，高于2001年人口普查数5879万。按人口划分，英国是世界第21大国。英国目前以每年约61%的速度增长。英国国家统计局公布了2017年英国人口中外国出生人口的统计数字。

在这一年里，在英国居住的出生在中国大陆的人有21.6万，排在外国出生人口的第十位。其中男性9.6万，女性12万。在中国大陆出生的人中，有10.6万已加入英国籍，10.6万仍是中国籍，另有5000人是其他国家的国籍。2017年伦敦的人口比2016年中期增加了77.4万人。英国国家统计局预计，2017至2020年这三年间，伦敦的人口将增长8.8%，达到954万，是英国人口数量增加最多的地区。

2001年	英国总人口数量为：5879万
2011年	人口逐年上升：6318万
2018年	人口上升趋势稳定：6657万

---

① 陈治刚等编写的《英美概况》是在第4页。

英国部分

021

二、英国人

不了解英国文化内涵的外国人，仅知道其人口面积最大、工业现代化发展速度最快的英格兰王国，而对其他三个国家却无从得知，因而忽略了联合王国各部分的文化差异。

（一）外国人眼中的英国和英国人

在外国人眼中"大不列颠及北爱尔兰联合王国"及其居民可以简称为"英国""英国人"，实际上这个国家根本就没有"英国""英国人"这个概念。因为外国人并不了解该国是一个多国共主的国家，就像它的全称："大不列颠及北爱尔兰联合王国"，这个王国由四个国家构成：英格兰、苏格兰、威尔士和北爱尔兰，公民的祖籍在哪，或者说他们住在哪，他们就是哪的人。他们住在英格兰，会称自己"英格兰人（English）"；他们住在威尔士，称自己"威尔士人（Welsh）"；他们住在苏格兰，称自己"苏格兰人（Scottish）"；他们住在北爱尔兰，称自己"北爱尔兰人（Irish）"或"爱尔兰人（Irish）"。

如果他们想试图淡化自己的地域特征，他们会称自己"不列颠人（British）"。一个苏格兰人绝对不会自称英国人，因为那样称呼是大不敬，会辱没了他们祖先的存在。因而只有英格兰以及住在英格兰的人才称"英国""英国人"。无论从历史还是现今来看，无论这个人是怎样没出息的苏格兰人、威尔士人还是北爱尔兰人，他也不会自称自己的国家和人民"英国"（England）"英国人"（English）。从这点就不难理解为什么苏格兰至今还想"脱英"的原因了吧。所谓联合王国，最早是指英格兰和苏格兰两个王国的联合。所以，苏格兰至今还在要求独立。北爱尔兰无论是过去的共和党还是现在的新芬党目标始终没变：为北爱尔兰争取更大自由，甚至独立。

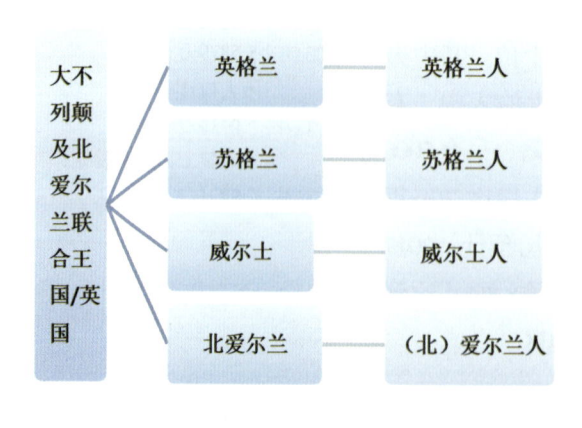

在一些国家的人眼中，英格兰就是英国，英格兰人就是英国人。这个观点实际上是个谬误，如果不了解英国国情，在英国本土很容易引起文化冲突，只有熟知英国文化，才会知晓英格兰只是英国的一部分，它并不是英国的全部；英格兰人也只是英国人的一部分，他们并不能代表所有的英国人。

（二）英国人的性格特点

一般笼统地谈到英国人的性格特点，普遍指的是英格兰人的性格特点，因为他们是盎格鲁－撒克逊人的后代，他们是构成英国现代种族的基础，而其他部分的英国人则是凯尔特人的后代。所以住在不同地区的英国人由于深受不同地域的人文、地理、宗教因素的影响，他们体现出来的性格特点是有极大区别的，英格兰人保守，苏格兰人幽默，威尔士人热情，爱尔兰人夸张。

英格兰 + 苏格兰 + 威尔士 + 北爱尔兰 = 英国

英格兰人 + 苏格兰人 + 威尔士人 + 北爱尔兰人 = 英国人

三、英语

英国英语（British English）又称英式英语，是在大不列颠及北爱尔兰联合王国（英国）使用的一种语言。它在英国是最主要的语言。

（一）英语的形成

英语是一种日耳曼语，最早在中世纪早期的英国使用，并最终成为一种全球语言。历史上，5世纪盎格鲁—撒克逊民族定居英格兰后形成了古代英语语言，11世纪诺曼法国人征服英格兰后进一步发展为中世纪英语，从15世纪至今现代英语加快了发展速度。英国英语又称英式英语，主要指居住在不列颠群岛上的英格兰（England）人的英语规则，为英国本土及英联邦国家的官方语言。英式英语并非为所有不列颠人认同。

英格兰人性格保守，尊重传统，保留着许多古迹、传统文物、各式各样的博物馆。不像美国人开朗率直，不会主动与陌生人搭讪，不愿探人隐私、与人攀谈，话题常围绕天气展开，认为这样不会触及个人隐私。他们以国家传统文化为荣，重视具有艺术与文化内涵的休闲生活，尊重个人生活与思想空间，不与别人争论。

苏格兰人性格豪爽开朗，富有幽默感，勤劳俭朴，与陌生人很少言谈。他们热情温暖，正像醇厚、浓烈、享有盛名的威士忌酒。他们英勇善战，冲锋在前，几度在战场上令敌人闻风丧胆。

威尔士人性格淳朴、热情奔放，深受当地千变万化的地理景观影响。威尔士人是英国少数民族之一，是古代凯尔特人的后代，是被盎格鲁萨克森人征服的一族。他们感情丰富，容易激动，活泼欢快，热爱音乐，以自己民族古老的历史为荣。

北爱尔兰人性格中有忧郁的内省倾向，做事夸张、难以捉摸、难以理解、喜欢恶作剧。富于地方特色的北爱尔兰音乐、舞蹈以及美丽的自然风光和丰富久远的文化，烘托出北爱尔兰独特的异域风情。爱尔兰的动荡历史状态反映出爱尔兰岛的分裂。

（二）英语分类

英格兰地区，特别是苏格兰、威尔士与爱尔兰，主张不同方言共存，他们认为强行统一英语，是对他们的羞辱。

英式英语也是英格兰人高贵优雅的象征，以其板正清晰的发音特色受到了很多英语学习者的喜爱。在不列颠群岛上，居住在不同地区的居民说不同的英语，英语地域性差别极为明显，英语因地区差异主要可分为下列的类别：

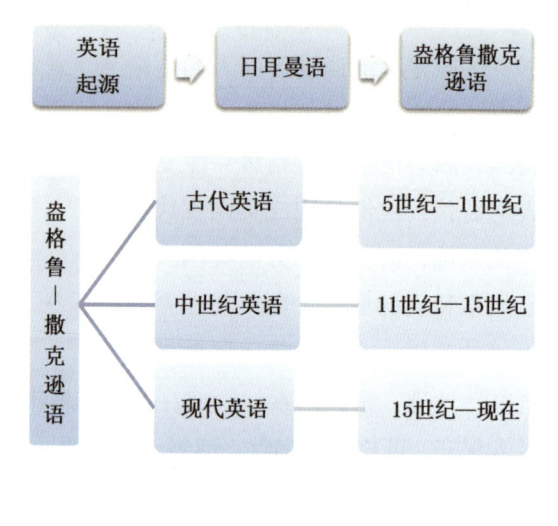

英语主要发音：Received Pronunciation（RP音）为标准发音/女王音/伦敦音等。爱尔兰人基本都会说的语言，特别在爱尔兰共和国，大多数的人认为有别于英国英语。在英国，不同的地区，居住不同的英国人，他们说不同的语言。住在英格兰的人是盎格鲁—萨克逊人的后代，是英格兰人，他们说英格兰语，英格兰语是盎格鲁-撒克逊人的语言，是现代英语的起源，是古代英语。住在苏格兰的人是苏格兰人，他们是凯尔特人的后代，他们说的苏格兰英语受凯尔特语的影响很大。住在威尔士的人是威尔士人，他们说的威尔士英语受威尔士语影响很大，同样住在北爱尔兰的人是北爱尔兰人，他们说的爱尔兰英语，也同样受地方方言的影响。只有英格兰英语才是传统意义的标准英语。

英语起源 → 日耳曼语 → 盎格鲁撒克逊语

盎格鲁—撒克逊语：
- 古代英语：5世纪—11世纪
- 中世纪英语：11世纪—15世纪
- 现代英语：15世纪—现在

1. 英格兰英语——英格兰说的主要语言/英语
2. 苏格兰英语——受苏格兰语影响的方言。
3. 威尔士英语——受威尔士语影响的方言。
4. 爱尔兰英语——受爱尔兰语影响的方言。

大不列颠及北爱尔兰联合王国/英国

英格兰	苏格兰	威尔士	北爱尔兰
英格兰人	苏格兰人	威尔士人	爱尔兰人
英格兰语	苏格兰语	威尔士语	爱尔兰语
英语	苏格兰英语	威尔士英语	爱尔兰英语

当旅行者或求学者真正踏上大不列颠时，他们会发现在有着50多种不同口音的大不列颠，并非所有方言都能称得上优雅高贵。实际上，有些方言古怪难懂，连英国人自己听了都会挠头。

四、英国行政区

英国由英格兰、威尔士、苏格兰和北爱尔兰四大部分构成四大行政区，首都为伦敦，英国不同地区的行政制度不同，行政划分也各不相同，英格兰和威尔士基本相同，略有差异，苏格兰和北爱尔兰分别设有不同的行政制度。四大行政区每个部分下设有不同级别的行政区。威尔士和苏格兰没有教区。威尔士分22个区，地区下设社区（Communities）。苏格兰下设32个区，包括3个特别管辖区。北爱尔兰下设26个区。

英格兰一级行政区包括九大区：
- 英格兰东北
- 英格兰西北
- 约克郡-亨伯
- 中英格兰西
- 中英格兰东
- 东英格兰
- 英格兰西南
- 英格兰东南
- 伦敦

（一）英格兰行政区

构成大不列颠及北爱尔兰联合王国的四大部分为全国四大行政区。

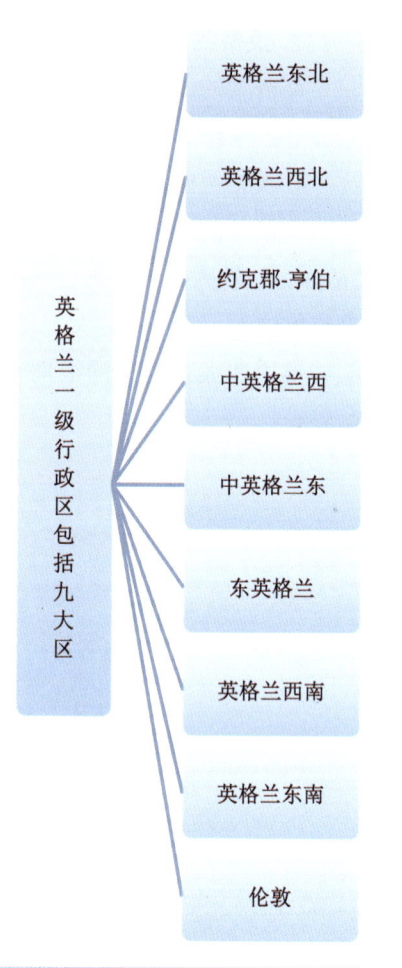

四大行政区	四大行政区首府	四大行政区语言
英格兰	伦敦	英语
苏格兰	爱丁堡	苏格兰英语
威尔士	加的夫	威尔士英语
北爱尔兰	贝尔法斯特	爱尔兰英语

1. 英格兰一级行政区

英格兰被划分为四个层次的行政区：一级行政区为大区；二级行政区为郡；三级行政区是地区；四级行政区是教区。英格兰一级行政区分为九大区。

2. 英格兰二级行政区

英格兰的二级行政区包括6个都市郡和34个非都市郡。而苏格兰取消二、三级管理区直接进入32个一级管理区和下属社区。

3. 英格兰三级行政区

英格兰的三级行政区包括若干都市区和若干非都市区。

4. 英格兰四级行政区

英格兰的四级行政区是教区（parish）。教区是人们集会活动的最小单位。

英国四大行政区的级别有细微差异：

英格兰	威尔士	苏格兰	北爱尔兰
大区	大区	管理区	管理区
郡	郡	社区	社区
地区	地区		
教区	社区		

（二）英国主要城市

- 伦敦城
- 内伦敦
- 外伦敦
- 大伦敦市

	英国东南部城市
首都伦敦	跨泰晤士河，英国最大的城市和港口，政治、经济、文化、交通等中心。以伦敦城（City of London）为中心逐步发展起来。城外12个市区（borough）称内伦敦（Inner London），再以外的20个市区称外伦敦（Outer London）。伦敦城加上内外伦敦合成大伦敦市（Greater London）。伦敦城西面是伦敦西区（West End），这里街道宽阔、设施完备，是贵族富豪居住的集中地，也是繁华的商业区。西区南面是伦敦政治中心威斯敏斯特区（City of Westminster），有议会大厦、首相官邸，即唐宁街（Downing Street）10号、政府各部和英王的白金汉宫（Buckingham Palace）。伦敦城的东面，即东区（East End），是码头、工业区和工人住宅区，这里与西区截然不同，从16世纪末，就是穷人的聚居地。
	除首都伦敦外的英国东南部主要城市
格林尼治	英格兰大伦敦外围一个区，原皇家格林尼治天文台所在地，地球本初子午线的标界处，世界计算时间和经度的起点。原译格林威治。位于泰晤士河南岸，与北岸城镇有相通的隧道和公路。1423年格洛斯特公爵亨夫雷围建了格林尼治公园，在河畔山丘建了瞭望塔，后又建造了格林尼治皇家天文台。1694年建海军医院，1873年改作皇家海军学院。天文台原址现改为国立航海博物馆的一部分。
牛津	位于泰晤士河上游，伦敦西北部，9世纪建立的距今有1100多年历史的牛津城是英国皇族和学者的摇篮。大学城，遍布城市各个角落的商业企业，特别是高科技企业使牛津这座古老的城市焕发了青春的活力。牛津是泰晤士河谷地的主要城市，1167年英国牛津大学在此成立。牛津确定与牛有关。传说是古代牛群涉水而过的地方，因而取名牛津（Oxford）。
剑桥	是英国剑桥郡首府，剑桥大学所在地，是座9.2万人口的城市。与牛津齐名，是世界著名学府，但这里的气氛与牛津不同。牛津被称作"大学中有城市"，剑桥则是"城市中有大学"。尽管这里保存了许多中世纪的建筑，但就整个剑桥的外观而言仍是明快而且现代化的。还有与城市规模不相称的众多剧场，美术馆等设施，更使得这座大学城散发出一股浓浓的文艺气息。剑桥市位于伦敦北，地处平原，剑河从城市西门经市区流向东北，注入乌斯河。剑桥环境幽美，绿草如茵。
	英格兰西南部的主要城市
布里斯托尔	西临爱尔兰海。自中世纪起已是一个重要的商业港口，英国重要航天、高科技及金融贸易中心，拥有一个国际机场，是一座充满朝气的具有多元文化的城市，也是英国西南部的商业、教育、文化中心。市区由埃文（Avon）河贯穿全城，此城延伸至布里斯托尔海峡海岸；布里斯托尔海岸部分叫作埃文茅斯（Avonmouth）。
普利茅斯	位于英国英格兰西南区域德文郡，东北310千米达英国首都伦敦，此"普利茅斯"是世界各地同名城市的发源地，是一座拥有丰富航海史的城市。港口有开往法国和西班牙的定期国际渡轮。南临英吉利海峡。工业有机床、精密仪器、收音机、电视机、化学和制鞋等。第二次世界大战中遭受严重轰炸破坏，战后重建。英格兰中部地区和南约克郡的主要城市。
伯明翰	英国第二大城市，人口与面积均仅次于伦敦，地处英格兰中部，在伦敦至利物浦的铁路干线上，交通四通八达。全英主要制造业中心之一，工业部门繁多，以重工业为主，是世界上最大的金属加工地区，有黑色冶金、有色冶金，机床、仪表、车厢、自行车、飞机、化学、军工等工业，汽车工业规模很大，有"英国底特律"之称，是全世界最大最集中的工业区，英国25%以上的出口产品是在伯明翰区域制造的。

英国部分

续表

城市	描述
斯特拉特福	人口2万的集贸城市，在伯明翰东南45千米的埃文河畔。威廉·莎士比亚1564年出生于本城亨利街木房中，并于1616年在此逝世。其墓设在圣三一教区教堂。有莎士比亚纪念馆与图书馆、美术馆（1881年开放）、皇家莎士比亚剧院（1932年开放）等现代化建筑群。因与英国伟大诗人莎士比亚有关而成为旅游胜地，也是个酿酒、生产罐头食品、铝制品等的轻工业城镇。
考文垂	曾以纺织业驰名于世。地处英格兰中心，与伦敦、布里斯托尔、利物浦、赫尔诺港距离大致相等。因建有隐修院而发展成为繁荣的贸易城镇。14世纪末，制皂、羊毛、服装与皮革工业发达。15世纪中叶是英国的重要纺织工业中心。18世纪此地以钟表业著称。19世纪出现汽车等重工业。战后重建，工业以汽车、飞机、机械和机床制造、电机和无线电器材等为主，纺织和长途通讯也很重要。
诺丁汉	诺丁汉是英国重要的工商业城市。位于英格兰东米德兰区域，产煤，有多座采煤城镇。主要河流是特伦特河。此地是重要的农业区。主要作物有麦类、甜菜和马铃薯。乳用畜牧业和园艺业也很重要。工业有采煤、炼钢、纺织、机械、服装、自行车、卷烟、药品等。是英国仅次于伦敦的第二大贸易集散地，有着悠久的历史。
谢菲尔德	位于南约克郡都市区的中心，奔宁山脉东麓。是英格兰中部最具代表性的钢铁城市，是不锈钢的发明地。19世纪成为英国重要钢铁基地，现以生产优质钢和特种钢为主。除刃具、工具、餐具等传统工业外，还有光学仪器、医疗器械、食品、造纸、化学、自行车和铁路器材等。此地的首饰工艺很是著名。
英格兰北部主要城市	
曼彻斯特	位于英格兰西北部，东部临近奔宁山脉，是棉织工业的发祥地，是世界上第一座工业化城市。两百多年前，这里诞生了世界上最早的近代棉纺织大工业，揭开了工业革命的序幕，也成为了新一代大工业城市的先驱。现在是英格兰西北部地区的政治和文化中心，也是商业和就业中心。从工业城市发展成为以金融、教育、旅游、商业、制造业为特色的繁华的不夜城。
利物浦	位于伦敦西北，乘高速火车到伦敦约2小时。英国著名的商业中心，第二大商港，对外贸易占全国1/4。输出居英国首位，输入仅次于伦敦。曾经是英国著名的制造业中心，但是从20世纪70年代起利物浦的船坞和传统制造业急剧衰落。是 Albert Dock、披头士、Tate 美术馆和航海博物馆的故乡，市内建筑独具风格。
利兹	位于伦敦和爱丁堡之间，英国第二大金融中心和第二大法律中心，是英国中部重要的经济、商业、工业、文化中心和交通枢纽，拥有完善发达的铁路、公路网连接英格兰南部和苏格兰，有运河西通利物浦入爱尔兰海，城西北三千米处建有利兹布拉德福德国际机场。
纽卡斯尔	东北部港口城市，位于泰恩河下游北岸，东距北海13公里。海运和重工业很重要。造船和修船中心之一，还有钢铁、炼焦、机械、电器仪表、化学和食品加工等工业。是铁路、公路枢纽。有泰恩大桥等5座公路和铁路桥沟通南岸的盖茨黑德。此地多中世纪教堂等建筑。是英格兰北部的文化中心，纽卡斯尔和其周边地区的人通常被叫作"高地人"（Geordies）。

续表

	威尔士的主要城市
加的夫	英国西南部重要港口和工业、服务业中心，威尔士首府。英国重要商业和服务中心，设有许多全国组织性机构和政府部门的总部，也是重要的工业中心。位于布里斯托尔湾北岸，塔夫河口，临近威尔士南部煤田。20世纪初曾是世界最大的煤炭输出港。市内现代化街道、建筑物与旧式街道、古老教堂并存。有国家博物馆、威尔士民族博物馆；城西有航空站。
斯旺西	威尔士南岸的重要港市，南临布里斯托尔湾，附近为产煤区。19世纪中期曾为英国以铜为主的有色冶炼中心与世界铜贸易市场。以铜、铅、锌、镍冶炼业为主，还有炼钢、炼油、化学和造船等工业。港口贸易以输出煤、焦煤、石油制品、马口铁为主，输入以原油、铜、镍矿石、铁矿石、木材、谷物与橡胶为大宗。
	苏格兰的主要城市
格拉斯哥	是苏格兰第一大城市，位于中苏格兰西部的克莱德河河口。是英国第三大制造业城市，仅次于伯明翰和利兹。制造业曾是该城市的中心产业，克莱德河畔的造船业更是重中之重。主要工业门类有工程建设、出版业、食品饮料业和服装业。此外，格拉斯哥是仅次于伦敦的英国第二大商品零售中心。
爱丁堡	著名文化古城、苏格兰首府，位于苏格兰中部低地的福斯湾南岸。造纸和印刷出版业历史悠久，造船、化工、核能、电子、电缆、玻璃和食品等工业也很重要。随着北海油田的开发，此地又建立了一系列相关工业与服务业。是重要的运输枢纽，航空港。有着悠久的历史，许多历史建筑亦完好保存下来。
阿伯丁	苏格兰东北部，唐河（River Don）与迪河（River Dee）河口之间，北海海滨的主要海港。主要工业有造船、机械、造纸、化学、化肥等。由于北海有丰富的原油蕴藏，20世纪年代起，阿伯丁迅速发展成为开发英国北海油田的最大基地，有"欧洲的石油首都"的美誉。
	北爱尔兰的主要城市
贝尔法斯特	爱尔兰岛东北沿海，英国北爱尔兰地区最大海港。是北爱尔兰政治、文化中心和最大的工业城市。工业基础雄厚，造船业具有悠久的历史，也是拉甘河入海口的重要港口。如今的贝尔法斯特在原有的工业基础上，积极引进外资，发展新兴高科技产业，为这座古老的城市注入了新的活力。主要工业有造船、飞机、亚麻纺织、石油化工和食品加工等。主要出口货物为机器、废金属、纺织品、汽油、船舶、腊肉、鸡蛋、火腿及牲畜等，进口货物主要有煤、化肥、建筑材料、粮谷、水果、木材、原油、饲料及化工品等。

英国主要城市

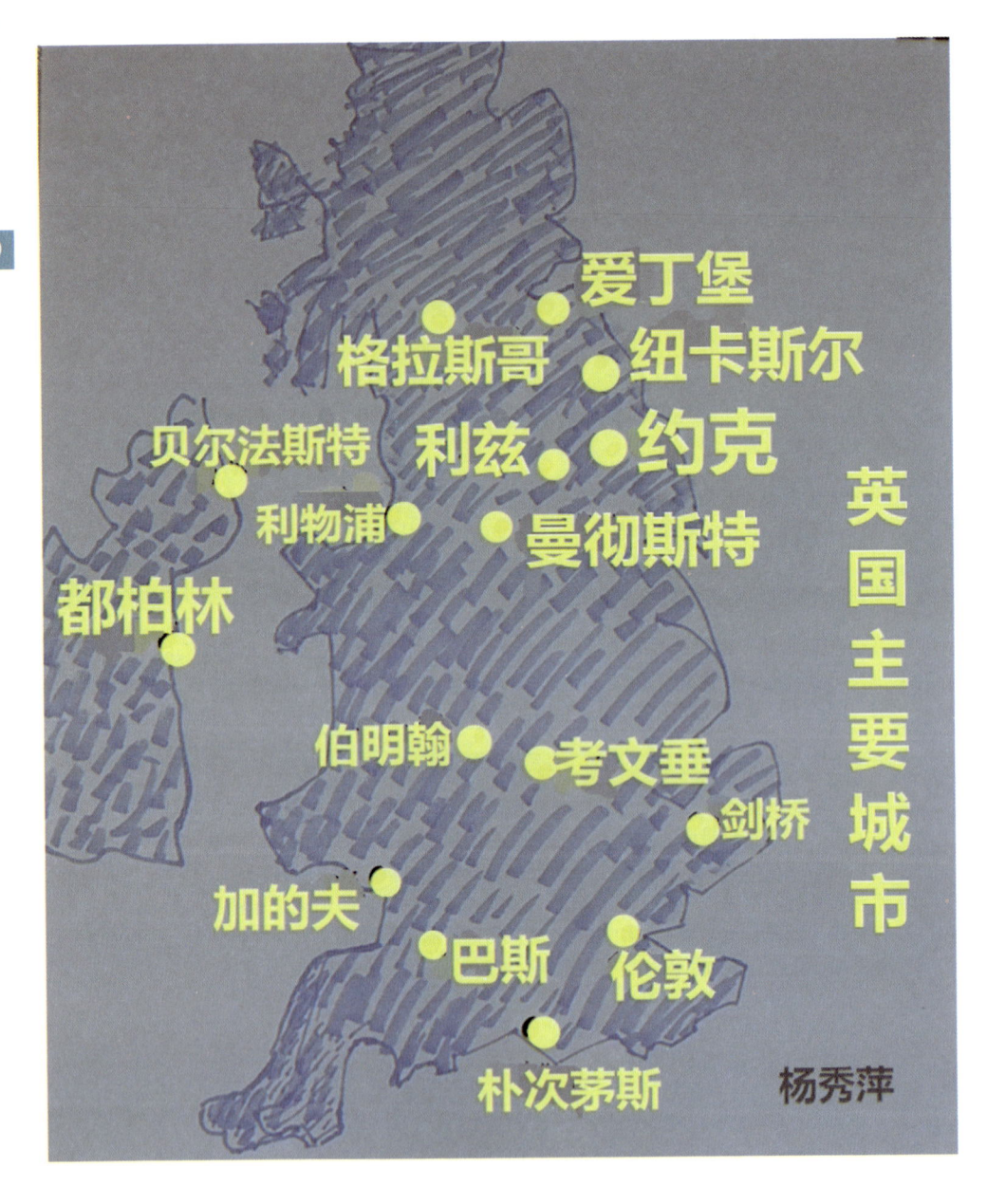

- 爱丁堡
- 格拉斯哥
- 纽卡斯尔
- 贝尔法斯特
- 利兹
- 约克
- 利物浦
- 曼彻斯特
- 都柏林
- 伯明翰
- 考文垂
- 剑桥
- 加的夫
- 巴斯
- 伦敦
- 朴次茅斯

杨秀萍

第二章

英国历史

第一节 种族起源

一、早期移民者

最早定居在大不列颠群岛上的人是哪个民族的？他们是从哪里来的？何时来的？历史并没有明确记载。历史学家只能靠考古猜测判断，靠他们曾经留下来的生活痕迹辨析。

（一）伊比利亚人

在不列颠群岛上很早就有人类活动，原住居民是欧洲西南部的伊比利亚半岛的伊比利亚人，大约在公元前3000年的新石器时代进入该地，从欧洲大陆来到大不列颠岛东南部定居，在英格兰、威尔士和爱尔兰活动，生活方式以散居为主，他们发展了新时期的文化，被看成是英国人最早的祖先。伊比利亚人农业发达，有采矿和冶金业，有较高的文明，研制出了青铜器。

伊比利亚人是最早生活在大不列颠岛的土著居民，他们原先住在欧洲西南伊比利亚半岛上，后来穿越大海来到不列颠岛上。英国南部索尔兹伯里平原上有一组充满神秘色彩的巨大石群，这就是著名的英国史前巨石柱。这些石柱始建于石器时代后期（公元前3000年左右），共分三个阶段，最后于公元前2000年左右完成，阵中的巨石每一块都重约50吨。这些世界文明的大石被竖立起来，这里每年都要举行朝圣仪式，庆祝夏至日的到来。

（二）凯尔特人

凯尔特人分为三个部落先后入侵大不列颠。科学家和历史学家为了研究方便，在英国早期历史研究中把凯尔特人定位为早期原住民。

	凯尔特人
1 盖尔人	大约公元前700年来自欧洲大陆的凯尔特人盖尔（gael）部落入侵大不列颠群岛，他们说盖尔语（gaelic），被称作盖尔人，征服并同化当地居民。他们是凯尔特人第一个部落。凯尔特人讲凯尔特语。今天居住在苏格兰北部和西部山地的盖尔人（Gales）仍使用这种语言。
2 布立吞人	大约从公元前500年开始，凯尔特人第二个部落布立吞部落（Brython）从欧洲大陆进犯并占领了不列颠诸岛，一部分凯尔特人在今天的爱尔兰和苏格兰定居下来，其余的一部分占领了今天英格兰的南部和东部。在进犯大不列颠岛的同时，一部分凯尔特人越过莱茵河进入法国东北部，在塞纳河以北，阿登山区以西和以南的地区定居。在英语形成之前凯尔特语是在大不列颠岛上所能发现的唯一具有史料依据的最早的语言。
3 比利其人	是恺撒对今塞纳（Seine）河和马恩（Marne）河以北高卢居民的称呼，罗马人约在公元前150年进入那个地区。恺撒征服高卢后，高卢的比利其人组成联盟抵抗，但次年（57BC）即被打败。公元前1世纪上半叶，他们渡海到大不列颠岛建立王国，占据今天英格兰所在的伦敦周围各郡。他们击败当地凯尔特人。主要贡献是引入重犁，使无法开发的地方得以垦植，其工艺知识、军事力量以及货币铸造和对欧洲大陆的贸易的发展使大不列颠东南部成为岛上最佳粮食产地、贸易枢纽和政治中心。

二、英国的罗马时代

谈起英国历史，肯定绕不开罗马时期的英国，因为罗马统治了不列颠长达400多年，接近英国历史的五分之一，而且罗马时期留下的遗产现在仍然影响着英国人生活的方方面面。

（一）罗马入侵

公元前100年，罗马帝国迅速扩张，在莱茵河沿海建立了前沿驻地。考古发现，当时罗马人经常到英格兰南部的多塞特郡（Dorset）进行贸易活动，向当时的英国人收购锡、铜、铁等金属，然后出售欧洲大陆生产的陶器，葡萄酒等。

公元前55年，罗马将军龙利乌斯·凯撒（Julius Caesar）率兵入侵不列颠，凯尔特首领率部抵御。公元前54年，恺撒再度率罗马军团入侵不列颠，均被不列颠人击退。当时恺撒每天记日记的习惯开启了英国最早书面记录的历史。公元43年，罗马皇帝克劳狄一世率军征服不列颠。

时间	人物	身份	事件	结果
公元前55年	恺撒	罗马将军	入侵罗马	失败
公元前54年	恺撒	罗马将军	入侵罗马	失败
公元43年	克劳狄一世	罗马皇帝	征服罗马	成功

（二）罗马征服

公元43年，不列颠成为罗马帝国行省，划入罗马帝国版图。英格兰国王向克劳狄一世俯首称臣，在历史上被称为罗马征服。罗马人把凯尔特上层贵族变成仆人，抢占下层凯尔特人的部落土地，建立起奴隶制田庄，并把凯尔特人和战俘变成奴隶。罗马统治初期，通过战争消灭了英格兰东南部对罗马构成威胁的本土部落起义。但罗马对苏格兰和英格兰北部的征服很是艰难，罗马帝国对这些地区没有形成有效的统治。罗马皇帝哈德良（Hadrian）为了巩固边境，维持和平，下令用泥土和石块修建一条连接泰恩（Tyne）河口和索尔韦湾（Solway）的长城。从公元122年哈德良抵达不列颠开始修建，使得罗马阵线向北进一步推进。公元138年罗马皇帝安东尼下令修建连接克莱德河湾（Firth of Clyde）和福斯河湾（Firth of Forth）的城墙。由于当时罗马帝国同时遭日耳曼人入侵，驻扎不列颠的罗马军团被调回，城墙被迫停建，因此哈德良长城成为当时罗马帝国不列颠行省和苏格兰之间的边境，自此罗马帝国对不列颠的扩张到此结束。

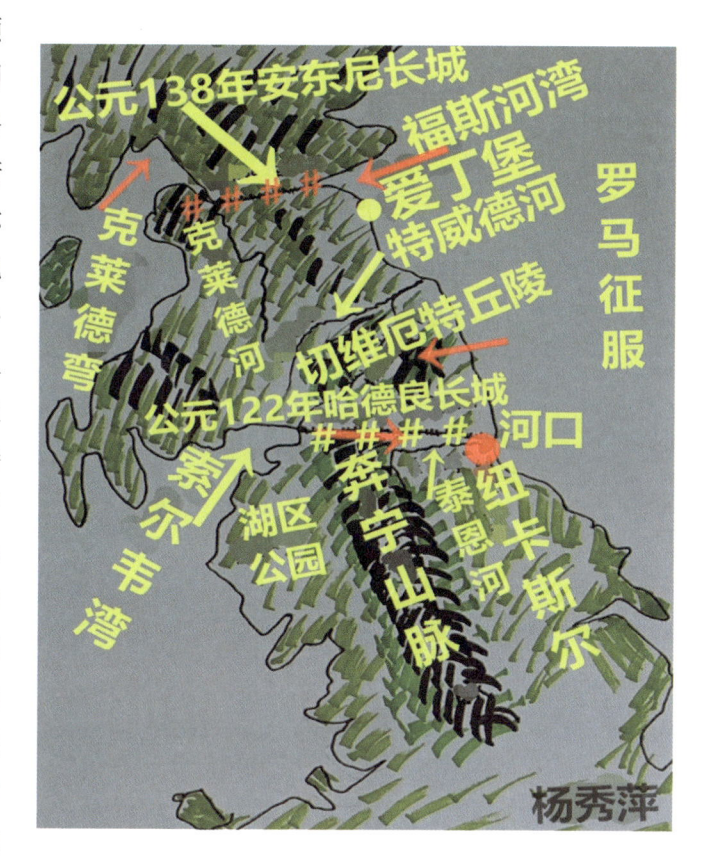

时间	人物	身份	事件	结果
43年	克劳狄一世	罗马皇帝	征服罗马	入侵成功
122年	哈德良	罗马皇帝	哈德良长城	修建成功
138年	安东尼	罗马皇帝	安东尼长城	修建失败

（三）罗马文化

不列颠北部有哈德良长城的屏障，沿海有堡垒作为防御，中部则有驻军加以护卫，行省开始迅速走向繁荣，古罗马人不仅带来了战争，还带来了古代罗马文明，不列颠开始了罗马化。

	古代罗马文化带给英国文明的影响
1	古罗马入侵英国时，已经步入奴隶制社会，凯尔特人当时还处于原始社会，征服罗马标志着英国奴隶制度的开端。
2	古罗马将基督教带入英国，形成与罗马共主的宗教模式，违背了英国人建立自己教堂的愿望，后来导致了英国宗教改革。
3	古罗马人说拉丁语，因此英语从中古时代起吸收了拉丁语语言，在很大程度上改变了英语语言的形成和发展。
4	古罗马人在英国最早建立了城镇，建立了许多军事基地，两个重镇是伦敦和约克，伦敦是行省中最重要的行政中心。
5	古罗马人还在英国修建道路，建起精美别致的城市建筑、庙宇和澡堂。罗马人的技术超出了凯尔特人的想象。

（四）罗马文化的有限影响

古罗马人依靠智慧创造了无比辉煌的罗马文化，这些古典文化从多方面渗透到英国社会的许多方面，对当时处于原始社会蒙昧阶段的英国人起到了教化作用，产生了重大影响，但这种影响终究是受到诸多限制，并没有进一步得到深化，究其原因有以下几方面。

	罗马文化在英国受限的原因
1	罗马人把英国看成属国，把凯尔特人当成奴隶，建立起一种不平等的关系，这种从属关系注定不能深入发展下去。
2	凯尔特人变成奴隶，法律禁止古罗马人与凯尔特人通婚，所以双方不能深入地沟通交流。
3	古罗马人对大不列颠文化及语言的深入融合和发展受到诸多限制，二者不可能有更深层次的发展空间。

三、盎格鲁—撒克逊征服

409年罗马驻军被迫全部撤离不列颠，罗马人对不列颠的统治结束。罗马帝国在日耳曼人的进攻下逐渐衰落，无力维持在不列颠的统治，撤回欧洲大陆。

（一）盎格鲁—撒克逊人入侵

罗马人返回自己国家后，英国凯尔特人不断受到来自西部和北部的皮克特人的骚扰，他们严重地影响了凯尔特人的安居乐业。

有些凯尔特人求助于罗马政府，以解燃眉之急，但当时的罗马政府自身都难保，不能出兵英国救援处于水深火热的凯尔特人，与此同时凯尔特人又将目光转向居住在德国的盎格鲁、撒克逊人以及日德兰半岛的朱特人。5世纪初，一批新的入侵者来自北欧日耳曼部落的朱特、盎格鲁、撒克逊人帮助尔凯尔特人赶跑了皮克特人，占据了气候宜人、土壤肥沃的大不列颠东南部。最早到英国的是朱特人，数量最少；然后是撒克逊人；最后来的是盎格鲁人，他们人数最多，称为盎格鲁-撒克逊人。六七世纪，这三个气势强大的日耳曼部落又大举进犯英国，势不可当，凯尔特人只有走上逃亡之路，逃到大不列颠的西部和北路的山区，这在历史上被称为"盎格鲁—撒克逊人征服"。

（二）盎格鲁-撒克逊统治

1. 七国时代

盎格鲁-撒克逊（Anglo-Saxon）人指的不是一个民族，是三个强大的西欧民族——源自日德兰半岛的盎格鲁人（Angles）、朱特人（Jutes）以及来自之后称作下萨克森地区的撒克逊人（Saxons）的后裔。

他们占领了英国东南部之后，并没有形成一个统一而强大的王国，而是分分合合，互不团结，从5世纪朱特人入侵英国，在肯特（Kent）建立了肯特王国之后，其他部落先后也建立起若干个王国，随后这些小王国之间或联姻，或战争，或兼并，有些小王国被吞并，有些小王国逐渐强大起来，最终剩下七个王国。七国时

代或七大王国是指从5世纪到9世纪，居住在英格兰的盎格鲁－撒克逊部落的非正式联盟。这七个小王国，在历史上被称为英国的七国时代。

	古代七国英译	古代七国汉译
1	Kent	肯特王国
2	Sussex	萨塞克斯王国（南撒克逊）
3	Wessex	威塞克斯王国（西撒克逊）
4	Essex	埃塞克斯王国（东撒克逊）
5	Northumbria	诺森布里亚
6	East Anglia	东盎格利亚王国
7	Mercia	默西亚王国

2. 盎格鲁－撒克逊人的宗教

他们信仰日耳曼宗教多神教，一周七天，每天有一神负责，由此诞生了英语中的星期名称，例如，Tiu，周二，战神；Woden，周三，众神之父；Thor，周四，雷神；Freya，周五，爱神。英语中的周二、周三、周四、周五（Tuesday、Wednesday、Thursday、Friday）都来源于上述诸神之名。盎格鲁－撒克逊人健壮高大、凶猛狂热、喜好暴力，他们原本在北欧做了很长时间的海盗，是一个好战的民族。

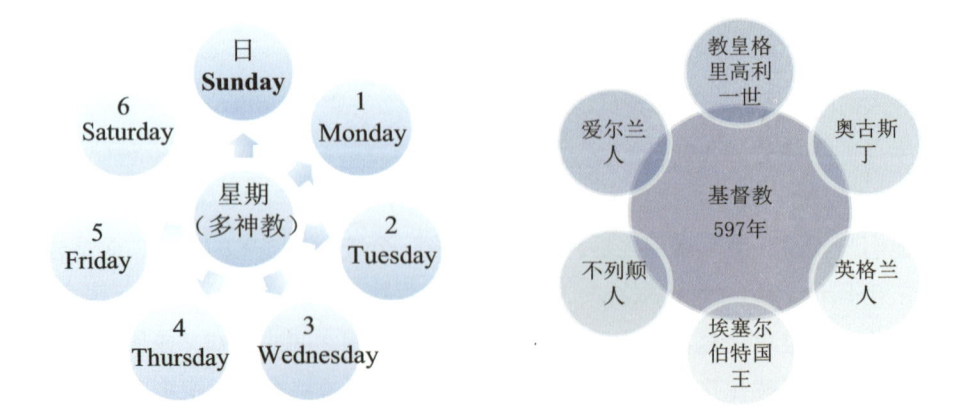

597年，教皇格里高利一世派遣奥古斯丁至英国，使当地人皈依基督教。肯特国王埃塞尔伯特接受了新的信仰，不久之后基督教在大不列颠岛就流传开来。爱尔兰也实现了基督化，并向英格兰北方派遣了修道士。不久，基督教在英国文学中扎根生长，灿烂辉煌。修道院也不断扩建，形成了文化中心。7世纪末盎格鲁撒克逊时代中期贵族阶层开始形成。

3. 英国种族的基础

盎格鲁-撒克逊人入侵英格兰时还是氏族部落组织，入侵过程中，原来的氏族组织解体，随着生产力发展，土地逐渐变成私有财产，出现了贵族、大土地占有者、依附农和奴隶。村社成为氏族公社土地所有制向封建土地所有制过渡的形式，一般认为是英国社会封建化过程的开始。八世纪前盎格鲁人统治者占有显著优势，他们人数居多，因而英格兰的民族、语言和姓名均得自盎格鲁人。盎格鲁-撒克逊时期也是古英语（Old English）时期。

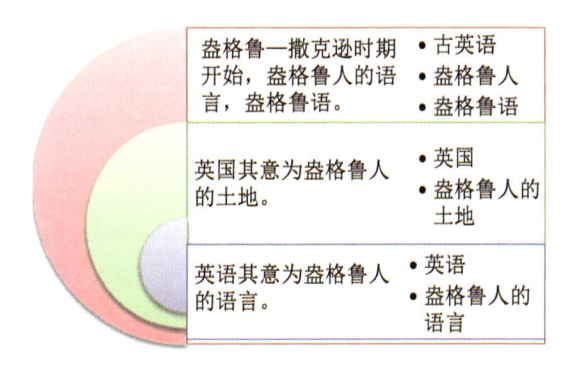

盎格鲁人（Angles）把不列颠称为"盎格兰"（谐音 England，英格兰名称的由来），即盎格鲁人的土地之意。而古英语，则是继承他们的语言而来。

盎格鲁-撒克逊人的语言也成了当时主要的沟通、情绪表达以及文学工具，古代英语或称盎格鲁-萨克森英语就此形成。古代英语为当代英语提供了基础，也是当代英语不可分割的部分。古代盎格鲁-撒克逊人是现代英国人的直系祖先，正是古盎格鲁-撒克逊人在不列颠的播迁开创了真正意义上的英国史，奠定了现代英国种族的基础。与此同时，他们创建了以国王为首的中央政府和三级地方管理体制，形成了一套初具规模的政治法律制度。尽管直到诺曼征服前，各级政府机构还很不健全，各种制度都极不完善，但毕竟奠定了英国政治文化传统的基础，其中某些机构和制度历经不同时代的历史演变一直延续至今,因此,许多学者在探寻现代英国政治制度的历史渊源时,经常要追溯到盎格鲁—撒克逊时代。从五世纪盎格鲁—撒克逊入侵到1066年威廉大帝的诺曼征服,这段历史被看作统一英格兰形成的雏形阶段。

四、英国的丹麦时代

英格兰人在公元五世纪至七世纪相继建立了七个古代王国,其中的威塞克斯王国(Wessex)迅速壮大起来,崛起后的威塞克斯王国灭掉了其他六国。

(一)丹麦维京人入侵

1. 威塞克斯王国的崛起

8世纪初,以丹麦人为主体的斯堪的纳维亚人屡屡入侵英格兰。为了抗击丹麦人,公元829年,威塞克斯王国通过战争,灭掉了周边另外六个王国,统一英格兰,开启了"英格兰王国",威塞克斯王国升级为威塞克斯王朝,开始统治英格兰王国,也就是统治英国。爱格伯特(829—839)死后,他的儿子埃塞尔沃夫(839—856)继承了王位,之后他的孙子埃塞尔巴德(858—860),埃塞尔伯特(860—866),埃塞尔烈德一世(866—871)相继继位。

他的第四个孙子阿尔弗莱德大王骁勇善战,顽强抗敌,与入侵者浴血奋战,但终因丹麦入侵者数量众多,寡不敌众,879年,阿尔弗莱德大王和丹麦人订立条约,被称为丹麦法,将英格兰东北部划归丹麦管辖,称为"丹麦区"。

2. 阿尔弗莱德大王的功绩

阿尔弗莱德大王不仅在反抗丹麦人的作战中表现出卓越的军事才能,在和平时期同样做出了无与伦比的丰功伟绩。

	阿尔弗莱德大王的丰功伟绩
1	为了和丹麦人作战，阿尔弗莱德加强海军，扩大武装骑兵，实行把民军分成两部分轮番作战的制度，在各地兴建堡垒，由附近民军负责守卫，以保护居民。
2	他在位时汇编盎格鲁—撒克逊诸国的重要法典，加以修订补充，使之成为通行的法律。
3	他还努力提倡学术文化，设立贵族子弟学校，从大陆各地延聘有知识的教士前来任教。
4	他亲自把一些著作从拉丁文译成古英语。从这时开始编写著名的《盎格鲁—撒克逊编年史》。
5	他创办海军舰队，被称为"海军之父"。

阿尔弗莱德在促使盎格鲁—撒克逊诸多小国的统一上起了重要的助推作用。

3.威塞克斯王国的兴盛

10世纪初，阿尔弗莱德大王的后继者长者爱德华，执政风格审慎又不失大胆，通过外交手段吞并了北方的麦西亚王国（默西亚王国），将王国领土整整扩大一倍，逐渐收复丹麦区。长者之子埃塞尔斯坦，被誉为威塞克斯王国最杰出的君主之一。他继续北上，不仅重挫了约克的维京人势力，而且在布鲁南堡之役中名声大振。这使他的威名远及大陆上的法兰克王国，连苏格兰人和威尔士人也不得不承认其权威。威塞克斯王国也随即进入了黄金时代。原本属于征服者后裔的丹麦区，也反过来成为撒克逊王国的一部分。此后，他的兄弟爱德蒙和爱德瑞德相继加冕为王，将位于撒克逊英格兰最北部的诺森布里亚纳入控制版图。之后的爱德加则大兴文教止息干戈，因此被誉为"和平者"。英格兰人民享受了一段和平时光。经过几代有为君主的统治，威塞克斯王国已经悄然变成了西欧地区最为兴盛的国家。

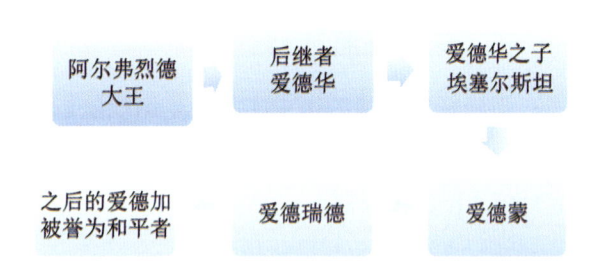

（二）丹麦统治结束以及英吉利王朝重建

978年英国历史上臭名昭著的昏君——"无准备王"埃塞尔雷德二世，突然登上了威塞克斯王位，当时的英格兰政局已经是风雨欲来、暗流涌动。教会与贵族的矛盾、贵族与王室的矛盾以及教会与王室的矛盾都开始凸显出来。

11世纪初，慑于威塞克斯强大霸权的维京人又卷土重来。屈辱之下，埃塞尔雷德二世的态度和反应令人震惊，他不但没有采取巩固国防、积极防御的措施，反而十分消极地寻求用巨额的金钱来请求这些对手们停止进攻。就这样，史上著名的"丹麦金"出现了。这是一笔王室专用税金，只用于贿赂兴风作浪的维京人侵者，以此达成停火协定。丹麦金的出现，也从根本上削弱了英格兰人对抗维京入侵者的士气，还让整个国家的经济不堪重负。这样非但没有保住埃塞尔雷德二世的王冠，反而让他的统治陷入泥潭。时至当代，"丹麦金"在英语中依旧是懦弱、屈辱和鼠目寸光的代名词。

1013年，丹麦国王克努特被接纳为英格兰国王，埃塞尔雷德二世遂逃往诺曼底。在公元8世纪到11世纪的维京海盗时代，英国出现了第一个统一的王朝——丹麦朝。

1042年，丹麦朝亡，威塞克斯流亡王子爱德华被称为"忏悔王"，被英格兰人从法国迎回，因为他对基督教信仰有无比的虔诚，所以被称作"忏悔者"，或称"圣爱德华"，重新建立了英吉利王朝。

五、诺曼征服

诺曼征服英国的历史实际上是诺曼法国人征服英国的历史，是英国最后一次遭受外国侵略的历史。诺曼征服结束了英国被外国侵略的历史，此后，英国未曾有后续入侵者侵犯领土。

（一）诺曼人入侵法国

1. 诺曼公国的建立

当8世纪北欧丹麦维京人入侵英国的时候，另一批同样来自北欧斯堪的纳维亚半岛性格残暴的北方诺曼人在法国北方登陆。他们向法国开战，几乎占领了首都巴黎，法国国王被迫要求和解，双方签订合约，答应他们可以住在法国北方，成为法国的一部分，并要求这些诺曼人接受基督教和履行法国人的权利和义务，一旦法国出现战争，需要他们帮助之时，他们要责无旁贷地帮助法国出兵作战，

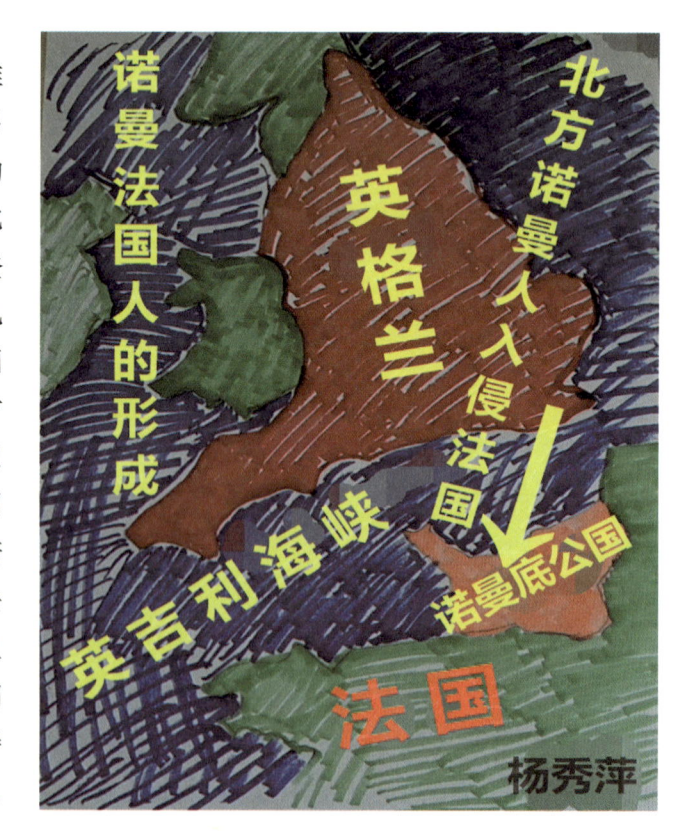

他们接受了这些条件，于是北欧诺曼人在法国建立起独立专属的领地——诺曼底公国。

2. 诺曼法国人的形成

诺曼人长期居住在法国，他们的生活方式潜移默化地受到法国人的诸多影响，他们逐渐被法国化，在基督教的影响和教化下，去掉了残暴凶狠的性格，形成了诺曼法国人。

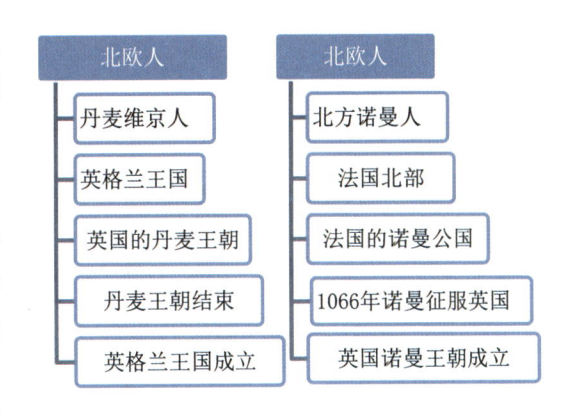

北欧人	北欧人
丹麦维京人	北方诺曼人
英格兰王国	法国北部
英国的丹麦王朝	法国的诺曼公国
丹麦王朝结束	1066年诺曼征服英国
英格兰王国成立	英国诺曼王朝成立

这些诺曼法国人又在1066年跨过英吉利海峡，神出鬼没，勇敢作战，所向披靡，征服英国，建立英国第一个封建主义王朝——诺曼王朝。诺曼人是英语Norman的音译，即是北方人的意思，意思是来自北方的人，因他们来自欧洲北部而得名。他们与丹麦维京人一样同属一个民族，都是维京人，来自北欧斯堪的纳维亚半岛，性格具有侵略性和挑战性，残暴好战，野蛮粗野，缺少教化。

（二）诺曼人征服英国

1. 起因

1066年，英格兰国王忏悔者爱德华逝世，由于膝下无子，引发了王位继承问题。威塞克斯伯爵哈罗德二世是爱德华的妻弟，被贵族推选为国王。爱德华的母亲是诺曼底贵族，威廉是爱德华的表亲，以爱德华曾面许继位为理由，要求获得王位。

```
        英王爱德华
        /        \
      母亲        妻子
       |          |
    表兄威廉    妻弟哈罗德
```

2. 黑斯汀之战

公元1066年，当

获悉哈罗德继承英国王位后，法国诺曼底公爵威廉于1066年跨海西征，发动了"诺曼征服"，率军入侵英国，在英格兰东南部的小城黑斯汀与哈罗德交战并杀死他，同年10月他率军进入伦敦，在圣诞节加冕为英王威廉一世，史称"征服者威廉"，一举征服了英国，建立了英国第一个封建王朝，诺曼王朝开始，英国也从此结束了被外族入侵的历史。

3. 诺曼征服英国

威廉征服英国后建立起了强大王权，在政治上、行政上以及经济上对巩固加强封建统治秩序起到了积极推动作用。

（1）封建土地分封制

撒克逊人入侵不列颠的过程中，国王常把掠夺的土地封赐给自己的手下亲兵，受封人对私有土地可以转让、出卖或赠予他人，或再进行二次分封。可见，在11世纪诺曼征服以前，封建土地制度已在英格兰萌生。诺曼征服后，英国农民的处境仍然困苦。威廉一世没收所有公开反叛者的土地，一部分土地留作己用外，其他土地从高到低逐层下分，形成金字塔土地等级分封制结构。

1. 征服者威廉王没收土地，成为英格兰最高的土地所有者和领主。

2. 再将土地作为"战利品"分封给诺曼贵族及随从。

3. 原英格兰贵族仍保留原有土地，必须承认征服者威廉的领主地位。

4. 等级结构图最底层是广大英格兰佃农，租贵族土地，秋后交租。

（2）《末日审判书》

1085年威廉开始所谓"末日审判"调查，调查内容涉及每户有多少耕地、多少人口，人口是农奴抑或自由人，耕地是农奴份地还是自由土地；调查繁多的财产项目，从不动产土地、房屋到动产耕牛、猪羊，甚至鹅鸭、餐碗都在调查之列，以上均需一一登记在册，使人有如末世来临之感，最后将调查结果称之为《末日审判书》。威廉于1086年召开誓忠会，要求所有等级的领主参加，向威廉宣誓效忠，承认在英格兰国王是最高统治者，所有封建土地持有者都是国王的封臣，目的在于加强他的王权。

（3）行政制度改革

在政治上保留盎格鲁-撒克逊人原有的地方行政区，并划分为36郡（shires）。威廉聚集亲信成立大理事会取代盎格鲁-撒克逊人的长老制。

（三）诺曼征服英国的意义

	诺曼征服对英国未来发展方向和前景有重要意义
1	诺曼征服实际是法国对英国的征服，此后，英国结束了被外国侵略的历史，被迫接受法国人施加给英国的统治。
2	法语取代英语成为官方语，古英语发展低落，中世纪英语开始夹杂法语词汇，多为政治、法律、宗教、食品词语。
3	英法关系紧密，英国融入欧洲大陆，改变英国人的生活方式，政治上依附法国，觊觎法国领土引发英法百年战争。
4	战后诺曼人失去法国领地无家可归，把英国当成自己家园，英语恢复成为官方语，英法语言文化进一步融合形成诺曼英国人。

第二节　英国封建主义的发展

一、亨利二世

在威廉一世的统治下，诺曼法国人与盎格鲁-撒克逊人在语言文化上进一步融合，诺曼王朝封建主义发展迅速，巩固并强化了封建君主政权，诺曼英国人初步形成。

（一）亨利二世继承王位

1087年征服者威廉去世，他的长子罗伯特继承了法国诺曼底公国的爵位，小儿子亨利获得了大量财产，二儿子威廉成为诺曼王朝第二位英格兰国王，因其脸颊皮肤绯红，号称"胡佛"及"红毛王威廉"。威廉二世性格凶悍暴烈，是一个好战的君王，也是一个残酷的统治者。1100年，威廉二世不幸在狩猎途中去世，小儿子亨利一世成为君主，继续完善政治机构，扩大和巩固王权。亨利一世死后，其外孙亨利二世称王，建立了金雀花王朝，

为纪念他的父亲法国安茹伯爵（也称安茹王朝），并把英国领土拓展到前所未有的辽阔广大。

（二）亨利二世改革

1153年亨利二世登陆英格兰与斯蒂芬达成协议，斯蒂芬死后由亨利继承王位。斯蒂芬是个软弱无能的君主，在他的统治下，英国在一定程度上陷入无政府状态。1154年亨利二世为了巩固王权和恢复秩序，实行一系列改革措施。亨利二世的改革主要从行政机构、司法制度和教堂权力等三方面进行的。

亨利二世改革的内容	
行政机构	通过与法国公主埃莉娜联姻，亨利二世获得了法国西部大量领土。政治上，加强了大理事会，改革了税法，在英格兰推行新税法什一税；军事上，亨利二世命令骑士交纳免疫金（"盾牌钱"），同时通过其他手段使王室领地收入提高，再用这些钱招募建立了一支装备精良的常备军。
司法制度	亨利二世即位后实行改革，制定新法，史称《习惯法》，采用陪审制度，提高王室的法庭地位，把司法权集中到国王手中，于1178年组成中央常设法庭，在全国设立六个巡回法庭，派遣巡回法官到全国各个巡回法院听证断案，接受民间诉讼。实际上亨利二世对英国习惯法的形成起到了很大的推进作用。实行陪审制，废除了从前野蛮的神明裁判法。
教堂权力	亨利二世扩大了国王法庭的权力，改革了教堂法院，试图收回教堂司法权，并与大主教和教皇发生冲突，建立王室法院，由英格兰各大贵族和大主教组成"王堂"议定，由王室法庭颁布，具有权威性，采用英格兰古代遗留下来的传统习俗断案定罪，渐渐形成《习惯法》，即《普通法》。

英国诺曼王朝 → 征服者威廉

- 长子罗伯特：诺曼公国公爵
- 次子威廉：英国国王威廉二世 → 英国国王亨利一世 → 斯蒂芬（威廉一世的外孙） → 亨利二世 金雀花王朝 → 亨利二世长子理查一世 → 约翰无地王
- 小儿子亨利：继承父亲财产 → 女儿马蒂尔德 → 法国安茹伯爵 → 英国国王亨利二世 → 安茹王朝或金雀花王朝

亨利二世的改革，巩固了王权，强化了封建君主制，奠定了现代英国法制的基本框架，引领英国走上了一条独特的普通法之路，是英国历史上意义深远、影响巨大的社会变革。

二、《大宪章》运动和议会形成

亨利二世死后，长子理查一世继承王位，因其好战，被人称为"狮心王"，大部分时间不在英国，后来死在东征军参加圣战的路上。弟弟约翰被称为"无地王"，继承了王位。

（一）《大宪章》运动

1.《大宪章》的签署

《大宪章》是约翰无地王被迫签署的英国封建时期重要的宪法性文件，是英国的法律基石，是英国贵族为限制王权而制定的基本法律条款。起源于约翰无地王的贪权敛财，不择手段，妄图发动战争，夺回失去的土地，不征求贵族同意私自收税，与贵族发生矛盾冲突，难以调和。1215年6月15日金雀花王朝国王约翰无地王在大封建领主、教士、骑士和城市市民的联合压力下被迫签署了限制国王诸多权力的法律文件《大宪章》，此后英国进入了有法可依、法律至上的时代。

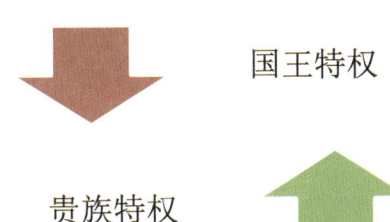

2.《大宪章》的内容

《大宪章》全文共63条。主要内容是保障封建贵族和教会的特权及骑士、市民的某些利益，限制王权。

	《大宪章》的内容
1	规定非经贵族会议的决定，不得征收额外税金
2	保障贵族和骑士的采邑继承权
3	承认教会自由不受侵犯
4	归还原侵占的领主土地、抵押物和契据
5	尊重领主法庭的管辖权
6	国王官吏不任意受理诉讼，对任何自由人非经合法判决，不得逮捕、监禁、没收财产或放逐出境

	《大宪章》的内容
7	承认伦敦和其他自治城市的自由
8	统一度量衡，保护商业自由等
9	同时规定由领主推举25人负责监督宪章的实施

3.《大宪章》的意义

《大宪章》主要是封建阶级内部权力再分配的文件，它确立了封建君主和封建贵族之间的封建生产关系，限制了国王的权力，保护了贵族的利益，但是并未改变广大农民的地位，而且约翰无地王死后不久就被后即位的亨利三世撕毁，失去效力。英国资产阶级革命时期，《大宪章》被利用作为争取权力的法律依据，并被确定为英国宪法性文件之一。[①]《大宪章》本质上是一个封建性文件，是保护封建领主的利益，但也有如保护市民贸易自由这样有进步意义的条文。由于约翰王是迫于贵族压力签署的，所以他不心甘情愿地遵守，不久他就否认宪章，君臣之间内战连绵不断。

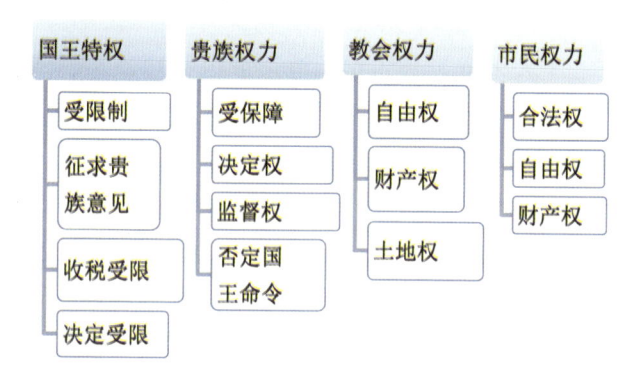

国王特权：受限制、征求贵族意见、收税受限、决定受限
贵族权力：受保障、决定权、监督权、否定国王命令
教会权力：自由权、财产权、土地权
市民权力：合法权、自由权、财产权

（二）英国议会

1.议会的形成

约翰无地王死后，他的儿子亨利三世当时只有九岁，还不能执掌王权，因而王权掌握在英国贵族手中，亨利三世成年后与他父亲一样拒绝遵守《大宪章》，想方设法地夺回王权，可是渐渐壮大的英国封建贵族不愿给他更多权力，因而国王与贵族间争夺权力的硝烟战火不断升级。亨利三世亲政后，一改以前向御前会议咨询国事的习惯，越来越独断专行，这引起了贵族们的不满。此外，亨利三世在对外作战中，也是屡战屡败。为了夺回诺曼底等地，亨利三世于1230年和1242年，两次进攻大陆，

英国国王亨利三世 → 亨利三世妹妹 ← 西蒙·德·蒙德福特（妹夫）

---

① 邹瑜.法学大辞典[M].北京：中国政法大学出版社，1991年：256.

但是寸土未得，以失败告终。为了获得更多支持力量，他竭尽所能地去拉拢更多贵族的帮助，法国贵族西蒙·德·蒙德福特就是其中一个。1258年娶了亨利三世妹妹的西蒙·德·蒙德福特变成亨利的妹夫，他是一名勇敢无畏、当之无愧的民主先锋和勇士，他率武装力量闯入王宫，迫使亨利三世同意召开会议，签订限制王权的《牛津条例》。

根据条例，国家权力由贵族操控的十五人委员会掌握。为此引进了新名称——Parliament，此词出自法语，意为"商议"，后在英语中，表示议会。1265年，英国召开了第一次议会，这标志着英国议会的产生。①

参加者除了男爵，高级教士和每郡两位骑士外，还增加了各自由市的两位市民代表。这表明，普通市民阶层开始登上英国政治舞台。此次议会意味着没有国王，也可以召开议会，而且讨论的是国家各项事务。蒙德福特控制英国政局时间长达一年之久。亨利三世大权旁落，成为权臣手中的傀儡。蒙德福特并未借此机会废黜亨利三世，因为英国国王在一些人心目中还很有分量。在革命者阵营里，也出现了争权夺利的现象，蒙德福特政权内部开始出现分裂，有人转投国王阵营，帮助爱德华王子逃脱。王子逃离了伦敦，很快集合起军

---

① 英国议会概况 [EB/OL]. 青岛市人大，2010-12-28.

队，向蒙德福特的军队开战。蒙德福特在战斗中被杀，王军获得大胜。亨利三世在他英勇的儿子爱德华的支持下，夺回了权力。

《牛津条例》，它的命运与《大宪章》不同，随着蒙德福特战死，英国王室重掌大权，《牛津条例》被废除了。但是，牛津改革运动并未完全失败，国家大事应交议会讨论，国王和贵族应该合作解决问题，这在英国人心中已经根深蒂固。牛津改革在英国历史上，留下了不可磨灭的痕迹。

2. 议会形成的意义

14世纪上半叶，议会分为上、下两院，上院又称贵族院，下院又称平民院。[1]议会的出现大大削弱了国王的权力，议会及政府逐步掌握了治理国家的权力，结束了英国的封建专制制度，使得英国走上了资产阶级政治民主化的道路，有利于资本主义的发展。

三、征服威尔士

1282年，英格兰国王爱德华一世征服最后一个威尔士北部和西部的威尔士公国，两年后以《威尔士法令》(*Statute of Rhuddlan*)确立自己在该地区的统治。1301年2月7日，他为了平息当地威尔士人，册封其出生于威尔士的儿子为威尔士亲王（后来继任为爱德华二世）。这种将威尔士亲王头衔封给英国君主长子的传统，至今持续实行。英国王室直接统治这块地区，故称之威尔士公国（1284—1536）。该公国之外的威尔士东部和南部地区，仍然不受英王管辖。

---

[1] 文钧. 英国下议院简介 [J]. 世界知识，1997（10）:35.

第三节　英国封建主义的瓦解

一、英法百年战争

英国早在盎格鲁－撒克逊时代晚期就已经开启了封建主义的历史，诺曼征服后，封建主义进程进一步加速，最终通过百年战争、黑死病、瓦特·泰勒的农民起义以及玫瑰之战等几个重要历史事件的冲击，英国封建主义走到了尽头。诸多历史事件中，英法战争持续时间最长，历经百年，人民历尽痛苦和沧桑。

（一）战争爆发的原因

英法百年战争产生的原因错综复杂，包含国家间的政治、经济、社会、国际关系等各种因素。尽管通常认为百年战争始于1337年，但在此之前法国和英国早已累积多年宿怨。①

1. 政治原因

法国国王查理一世四世死后，没有子嗣继承王位，英国爱德华三世希望继承法国王位，因为他是诺曼底的公爵、安茹的伯爵、阿基坦公国的领主，他的母亲伊莎贝拉是法国卡佩王朝的公主，他理应继承王位，但遭到法国拒绝，法国王位继承问题变得更加复杂。

2. 领土原因

英法两国国王双方互相觊觎彼此的领地，侵略扩张的野心不断高涨，为争夺领土，两国发动侵略战争势在必行。

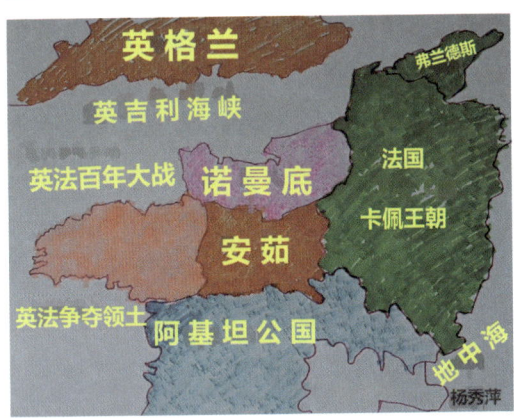

---

① 弗兰克·萨克雷. 百年战争百年忧：英法宿怨的前世今生[EB/OL]. 新浪网，2014-11-16.

3. 经济原因

法国属地佛兰德斯（Flanders）羊毛贸易中心是两国交恶的"罪魁祸首"。英国人在这里卖自产的羊毛以及羊毛制成的商品，再取原道返回英国。佛兰德斯的羊毛制品厂商和经销商都支持英国利益，而法国国王希望独享佛兰德斯的财富，损害了英国人的经济利益。

4. 国际关系

多年来苏格兰叛乱，英国人憎恨法国一直提供援助，使得苏格兰人始终不愿臣服于英国并经常越境偷袭，这或许可以被看成是英国发动战争的唯一正义的因素。

（二）战争结果

英法战争从1337年开始持续了一百多年，开始阶段，交战双方不分胜负；最后阶段，法国人民在民族女英雄圣女贞德精神的感召下，克服各种艰难困苦，经过艰苦卓绝的战斗，终于在1453年彻底地把英国人赶出法国，取得了英法百年战争的最后胜利。

（三）战争意义

英法百年战争给英国和法国人民带来了沉重灾难，给国家经济造成了极大的损失，但是百年战争也给英法两国人民带来了隐藏的祝福，从此两国分别形成独立的国家，这促进了英法两国民族的觉醒，有益于两国未来各自独立经济的发展，形成各自独立的身份。诺曼英国人被赶出法国后无家可归，只能把英国当成是他们的家园，真正的民族融合也在此时开始了，法语被英语取代，英国的双语时代结束了，盎格鲁-撒克逊人说的英语成为了英国上层社会的官方语言。

二、黑死病

1348到1349年，英国人民不仅承受百年战争的战火，而且还遭受了黑死病的侵袭，这场流行疾病起始于欧洲的意大利，迅速传播，蔓延到

英国，减少了英国一半的人口数，农业劳动力变得短缺，影响了农业生产，但诺曼英国贵族对农民的盘剥变本加厉了。在战争和疫病的双重打击下，英国经济大受创伤，民不聊生。

三、瓦特·泰勒起义

1348—1349年黑死病席卷全国，人口大减，农村凋敝，劳动力缺乏，一时各地工资高涨。封建政府从1349年起多次颁布劳工法令，企图把工资限制在黑死病以前的水平上，以保障封建主的利益。另外，英国长期的对法战争，导致国内政治腐败，司法弊端丛生，税收不断增加，给广大城乡劳动人民带来了许多苦难。为了反抗封建剥削压迫，各地农民不断开展拒服劳役、怠工、抗税等多种形式的斗争。以约翰·保尔为代表的穷教士在起义前，长期在群众中布道，用原始基督教的平等思想论证农民应当和封建贵族平等。他们的宣传活动反映并促进了广大农民的不满和反抗情绪。1380年，国王理查二世为征集英法百年战争军费，增收人头税，导致起义于1381年5月爆发，领袖是泥瓦匠瓦特·泰勒，史称"瓦特·泰勒起义"，最后起义遭受国王及政府的无情镇压。

1381年农民起义虽遭失败，但沉重打击了英国的封建农奴制度。农奴经过不断努力，终于赎得人身自由，成为自耕农，他们在法律地位上分为自由领有农和公簿持有

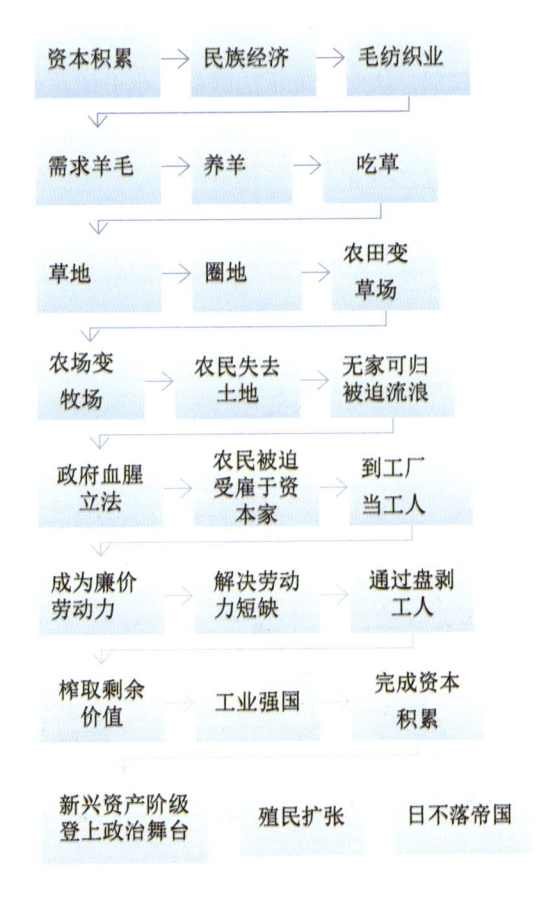

英国部分

051

农。货币地租成为地租的主要形式，封建主阶级也发生了变化，从富裕农民、占有土地的商人以及中小贵族中产生新贵族，他们采用资本主义的经营方式。

四、圈地运动

圈地运动是英国资本原始积累的重要手段。1536年英格兰与威尔士合并。十五、十六世纪，毛纺织业成为英国的"民族工业"，英国对羊毛需求成倍增加。地主把农场改为牧场，通过圈地围田或侵占公地，把小地产集中，连成大片。因此，大批自耕农失去土地而破产，沦为流浪人。国王从1530年起颁布一系列血腥立法，迫使流浪人受雇于新贵族和资本家，为日不落帝国积累资本。

五、玫瑰战争（Wars of the Roses）

英国玫瑰之战又称蔷薇之战，1455年爆发，1485年结束，是英格兰两个皇室家族为了争夺王位而发生的内战。金雀花王朝国王爱德华三世有两支后裔：兰开斯特家族和约克家族。兰开斯特家族以红玫瑰为徽标，而约克家族以白玫瑰为徽标。玫瑰战争持续30年，不分胜负，最终兰开斯特家族的亨利七世与约克家族的伊丽莎白联姻，从此结束了法国金雀花王朝在英格兰的统治，开启了新的威尔士人都铎王朝的统治。

玫瑰之战标志着英格兰中世纪封建史的结束以及资产阶级现代史的开端。玫瑰之战是英国贵族间的内战，对普通百姓损害不大，但大批英国贵族死于战争，结束了英国封建贵族割据的局面，直接瓦解了英国的

玫瑰之战 （1455—1485）	
爱德华三世	
兰开斯特王朝	约克王朝
亨利四世	爱德华四世
亨利五世	爱德华五世
亨利六世	理查三世
亨利七世	
都铎王朝	

封建势力，为今后英国资产阶级发展扫清了障碍。

英国从盎格鲁-撒克逊时代到英国资产阶级内战的结束经历了上千年的封建历史，在这期间发生了众多的历史事件，其都对英国封建主义势力给予了沉重的打击，瓦解了英帝国主义的封建历史，为今后英国资产阶级新贵族登上历史舞台扫清了道路，为资产阶级经济发展奠定了基础，玫瑰之战后英国建立了一个新的王朝——都铎王朝，从此开启了英国的资产阶级现代历史。

第四节　都铎王朝统治下的英国

一、亨利七世

1485年8月，亨利·都铎在博斯沃思战役中打败理查三世，随即称王即位，建立都铎王朝，史称亨利七世。统治英格兰王国及其属土的周围地区。亨利七世任内奖励工商业发展，有贤王之称。[1] 亨利七世（1457—1509），原名亨利·都铎，娶约克王朝的伊丽莎白公主为妻。随着政治的统一，英国各地区的经济联系也得到进一步加强，封建农业开始向资本主义农业转变，农村出现了许多资本主义农场，以及一批与资本主义密切联系的新贵族，他们把积累起来的资本直接或间接地投入工业，使得英国的工业、手工业迅速发展起来。[2]

---

[1] 爱德华·麦克诺尔·伯恩斯，等. 世界文明史：第二卷 [M]. 北京：商务印书馆，1987：258.
[2] G.R. 波特. 新编剑桥世界近代史 [M]. 北京：中国社会科学出版社，1999：608.

	亨利七世即位期间统治英国的重大举措
1	即位初期，主要精力就是全力消灭约克王朝的旧势力，消除约克朝旧势力对王位的威胁，加强王权，禁止贵族保留过多权力。
2	通过英国皇室与欧洲各国联姻的外交政策，树立起国际威望，使英国国内外都得到和平稳定的发展。
3	建立英国海军，鼓励教育，拓展海外贸易，奖励工商业发展，派遣航海家约翰卡伯特开拓海外航线。

与其他欧洲国家君主不同，亨利七世不主张绝对的王权，议会在英国作为一个重要机构建立起来。亨利七世通过建立议会、改革宗教等方面来巩固王权，但其生前没来得及改革教会，留给后任君主解决了。

二、亨利八世

亨利七世死后，亨利八世继位。随着人文主义和宗教改革思想的传播，英国各阶层反教会情绪日益高涨，新兴资产阶级要求夺取教会的土地和财产，建立独立教会，使本国教会不再受罗马天主教的统治，在这样的背景下，亨利八世利用民众憎恨天主教的心理进行了一场自上而下的宗教改革运动。

（一）宗教改革的背景

英国宗教改革发生在16世纪，旨在使英国教会脱离教皇和罗马教廷的控制，建立属于英国人民自己独立的教会。如右图所示都铎王朝统治初期，英国教会受制于以罗马教皇为核心的罗马天主教，罗马天主教贪权敛财，掌握着英国三分之一左右的土地，所拥有的财富约占全国总财富的五分之一。罗马天主教教会不仅从英国赚取大量钱财，而且还干预英国的宗教事务，这引起了英国人民的不满和义愤，亨利八世借机掀起了宗教改革的浪潮。

（二）宗教改革的原因

亨利八世并不是一个天生的宗教改革者，但是他对英格兰的宗教改革运动态度坚决，其导火线则是由亨利八世的离婚案引起的。西班牙公主、神圣罗马帝国皇帝查理一世五世的姑母凯瑟琳成为亨利八世妻子后，总共为亨利八世生了六个孩子，但其中五个都夭折了，唯

罗马教皇
欧洲天主教
英国天主教
英国教民

有女儿玛丽一世长大成人。亨利八世为了王位继承人与王后女侍官安妮·博林发生了婚外情。于是，在1527年他向罗马教皇提出与王后凯瑟琳离婚，但教皇慑于查理一世五世的威权，拒绝了亨利八世的离婚请求，愤怒的亨利八世便开始了对抗天主教教廷的活动。当时欧洲在马丁 路德的影响下，反抗罗马天主教教皇的情绪颇为普遍，亨利八世利用人们对教会的不满，加强自己的统治，成立了基督教新教。16世纪中叶，玛丽一世统治期间，天主教曾在英国卷土重来，但后继者伊丽莎白一世上台后，迅速恢复新教为英国国教。

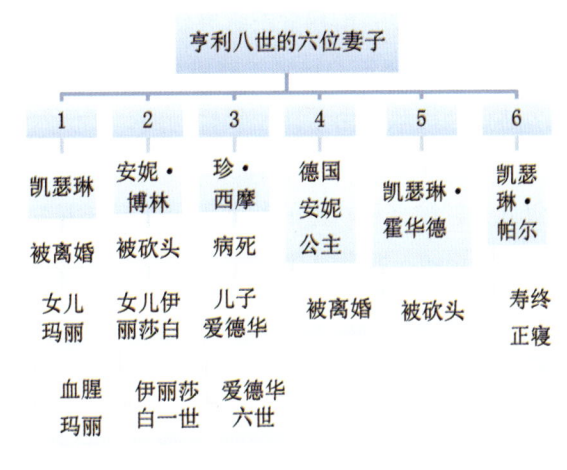

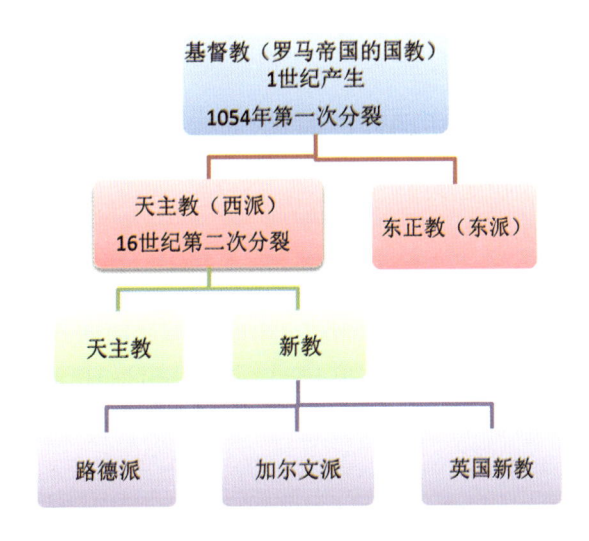

（三）宗教改革的影响

从亨利八世对待自己六位妻子的态度中可见亨利八世性格暴戾残忍，为人荒淫无道，但是亨利八世领导的宗教改革在历史上是一件利国利民的重大举措。他帮助英国摆脱了罗马教权的桎梏，巩固了日益强大的王权，使英国基督教成为英国国教，成为封建专制统治的工具；天主教教会被剥夺的财产大部分落入了新兴资产阶级手里，促进了资本主义发展；此外，宗教改革否定了罗马天主教教会的绝对权威，解放了人们被禁锢的思想，也为资本主义的兴起和发展奠定了基础。

三、爱德华六世

都铎王朝的第三位国王，是亨利八世和第三个妻子珍·西摩的儿子，也是英格兰首位信奉新教的统治者。爱德华六世于1547年1月28日即位，同年2月20日加冕，年仅九岁，由舅父萨默塞特公爵爱德华·西摩摄政。爱德华六世坚持其父亲的英国国教政策。1549年萨默塞特公爵在宫廷斗争中失势，诺森伯兰公爵约翰·达德利摄政。由于国王年轻病弱，在位六年去世，膝下无子嗣，由他祖父亨利七世的外曾孙女简·格雷继承王位。[①] 简·格雷是一名新教徒，1553年继承王位，仅仅九天就被亨利八世的长女玛丽强行赶下王位，收监入狱，等待处死。玛丽登基，成为玛丽一世摄政女王。

四、血腥玛丽

玛丽一世是都铎王朝第四位君主，在其同父异母的弟弟爱德华六世死后继承英国君主宝座，因其随母亲凯瑟琳信奉罗马天主教，她登基后使天主教取代了她父亲亨利八世提倡的新教派，并下令肆虐烧死约300名新教徒，历史上称为"血腥玛丽"。她在位期间，多行不义，几经迫害伊丽莎白未遂。她死后，其同父异母的妹妹伊丽莎白一世即位，新教重新取代天主教的地位。

五、伊丽莎白时代

伊丽莎白一世出生于1533年，她的母亲安妮·博林是亨利八世的第二任妻子，因未生儿子，被亨利八世处斩，当时的伊丽莎白只有三岁。伊丽莎白1558年继承王位时才25岁，身负国家重任，终身未嫁，历史上被称为"童贞女王"。伊丽莎白一世统治时期是英格兰趋向富庶强盛时期，英国文化达到了顶峰，通过羊毛交易国家经济也得到了很大发展。她统治的时代在英国历史上被称为"伊丽莎白时代"。伊丽莎白一世1603年去世，标志着英国都铎王朝的终止。

	英国女王伊丽莎白一世的治国经略
1	宗教上，伊丽莎白成功地维持了国内统一，对英国新教和天主教采取怀柔政策，避免了宗教问题造成国家分裂的情况。
2	政治上，她与议会和睦相处，兼容并蓄，用谋略摧毁西班牙无敌舰队，使英格兰成为海上霸权，战胜了苏格兰。
3	外交上，她与各国和平共处，采取制衡欧洲各国的策略，巧妙牵制法国和西班牙势力，逐渐壮大英国本国势力。
4	经济上，伊丽莎白推行重商政策，实行海外探险、贸易鼓励，以开明治国的态度稳定社会环境，发展资本主义经济。

[①] Alison Weir. 亨利八世：国王和宫廷 [M].London:Ballentine Books，2002：216.

六、英国文艺复兴

文艺复兴指14世纪到16世纪发生在欧洲的新兴资产阶级的思想文化运动。最先在13世纪晚期起源于意大利佛罗伦萨古典艺术作品的创作，在希腊、罗马古典时代曾高度繁荣，但在中世纪"黑暗时代"却衰败湮没，直到14世纪后才获得"再生"与"复兴"，因此称为"文艺复兴"。文艺复兴最先在意大利各城邦兴起，随后扩展到西欧各国，于16世纪达到顶峰，揭开了近代欧洲历史的序幕，是西欧近代三大思想解放运动（文艺复兴、宗教改革与启蒙运动）之一，是历史上第一次资产阶级思想解放运动，推动了世界文化发展，促进了人民觉醒，为资产阶级革命做了思想动员和文化准备。

（一）文艺复兴时期的作家和作品

文艺复兴时期英国诗歌和戏剧空前繁荣，涌现许许多多的人文主义作家和作品。著名的戏剧家克里斯托夫·马洛是英国戏剧创作的先驱者，而使英国戏剧走向空前辉煌的则是威廉·莎士比亚，他创作了许多十四行诗和戏剧作品，悲剧有《罗密欧与朱丽叶》《麦克白》《奥赛罗》《李尔王》《哈姆雷特》等，以及诸多喜剧都是世界经典之作，流传后世，经久不衰。他与意大利的两位大师并称为欧洲文艺复兴三巨人。

	国别	身份	名字	文艺复兴时期代表作品
1	英国	戏剧家	莎士比亚	《哈姆雷特》
2	意大利	诗人	但丁	《神曲》
3	意大利	画家	达·芬奇	《蒙娜丽莎》

（二）文艺复兴的特点

英国文艺复兴与欧洲其他国家特点不同，有其专属特性。

	英国文艺复兴专属特
1	文艺复兴传播到英国的时间比其他欧洲国家要晚，因而对当时英国文化的影响不够明显。
2	英国作为一个岛国，其文化更易受本国社会政治因素的影响，所以其在很大程度上，保留了本国文化的独立性。
3	英国文学虽受欧洲文学同化，但14世纪英国文学之父乔叟引领了英国文学的繁荣和发展，本土文学最大程度上仍保持着独立。
4	英国文艺复兴的文学特点更在于它的艺术性而非哲学性和学术性。

	英国文艺复兴专属特
5	文艺复兴与英国宗教改革时间的巧合，使文艺复兴成为英国宗教改革的延续和后果，这是欧洲其他国家所无法比拟的。

第五节　英国资产阶级革命

一、斯图亚特王朝

15世纪末到17世纪初，随着英国海外贸易的发展和原始的资本积累，英国的资本主义迅速发展起来。资本主义的发展促使资产阶级新贵族形成，他们同资产阶级有着共同利益，但伊丽莎白一世死后，英国斯图亚特王朝厉行封建专制统治，经常触犯资产阶级的利益，所倡导的宗教专制政策也进一步激化了两个阶级的矛盾，最终矛盾的不可调和导致了1640年英国资产阶级革命的爆发。

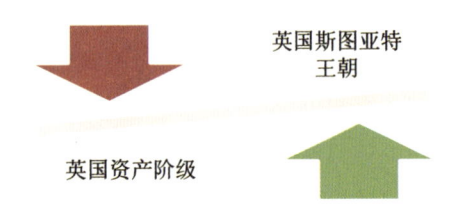

（一）詹姆斯一世

1603年，伊丽莎白女王死后无嗣，苏格兰国王詹姆斯六世继承英国王位，称詹姆斯一世，开始了英国斯图亚特王朝统治（1603—1649年第一阶段、1649—1660年为共和国阶段、1660—1714年第三阶段）。16世纪后半叶到17世纪上半叶，资本主义经济迅速发展，经济实力日益强大的资产阶级和新贵族越来越不能忍受封建王权的专制统治。但詹姆斯一世无视这些变化，坚持"君权神授"，自认为是上帝的使者，经常与议会闹得不愉快，激化了国王、宗教和议会三者的矛盾，并发生了天主教教徒制造的火药爆炸案，被称为"盖伊·福克斯阴谋事件"。

1605年11月5日，詹姆斯一世巡视国会大厦，决定召开国会，仇视他的天主教教徒在国会大厦地下室放置40桶炸药，密谋炸死詹姆斯，被人及时发现并抓住了准备点炸药的盖伊·福克斯。在严刑拷打之下盖伊·福克斯供出了参与阴谋计划的十个人。这十个人后来被詹姆斯一世折磨致死。这就是著名的"火药阴谋"。

现代英国每年11月5日的"篝火节"（又称"盖伊·福克斯之夜"）因此而来。

1607年，詹姆斯一世成功在北美建立英国第一个殖民地，完成了伊丽莎白一世的愿望。1611年，第一次解散议会。在众多的宠臣中，最受詹姆斯一世青睐的乔治·维利尔斯（George Villers）曾获得白金汉公爵的封号。詹姆斯一世在执政最后的14年里，王储查理一世·斯图亚特与白金汉公爵乔治·维利尔斯（George Villers）大权独揽，失去判断力的詹姆斯一世被排斥在外。

詹姆斯一世从1603年即位起就与英国议会和各个宗教派别间不断激化矛盾，完全忽视了英格兰与苏格兰的差异性，不了解英格兰国王与议会间的制约关系，鼓吹君权神授，妄图独揽大权，剥夺议会权力，使王权凌驾于议会之上。

（二）查理一世

1625年，詹姆斯一世去世，次子查理一世继承王位。斯图亚特王朝继续与人民为敌，查理一世继位后继续鼓吹君权神授，变本加厉，与各宗教派别和议会贵族的矛盾冲突不断升级，不可调和，查理一世恶行昭彰，引发了英国资产阶级革命，最终被推上历史的断头台。查理一世与议会间的矛盾冲突关系可从三方面体现出来。

1. 无议会

查理一世从即位起与英国议会贵族的矛盾纷争不断，多次不经议会同意而征收赋税，遭到议会抵制而失败后，气急败坏地解散了议会。从1629年3月到1640年4月的11年间为无议会统治时期。

2. 短期议会

1637年查理一世根据劳德大主教的建议对苏格兰进行宗教干涉，引起全苏格兰的普遍愤慨。1638年苏格兰人组织了一支军队，表示要为苏格兰的宗教和政治独立而战斗。1639年苏格兰的军队攻入了英格兰国境。查理一世不得不在1640年4月13日召开被停止了11年的议会，企图要议会通过他组织军队攻打苏格兰人所需的经费。反对派议员不但拒绝他的要求，反而提出议会的权力问题，查理一世将这届仅存在不到一个月的议会解散，史称短期议会。

3. 长期议会

苏格兰起义军占领了英格兰北部的纽卡斯尔等地。伦敦和其他城市的手工业者和市民暴动。农民运动也在英国东部爆发。各地人民纷纷要求召开议会。查理一不得不在1640年11月3日召开新议会。这届议会断断续续地存在到1653年，长达13年，史称长期议会。

二、英国内战

5世纪末到17世纪初英国海外贸易的发展和原始资本的积累，使英国资本主义迅速发展起来，并促使资产阶级新贵族形成，他们有着共同的利益，但17世纪建立的斯图亚特王朝实行专制统治，经常触犯资产阶级的利益，宗教专制政策也进一步激化了阶级矛盾，最终导致1640年英国资产阶级革命的爆发。英国资产阶级革命也叫"英国内战""英国清教革命"。

（一）第一次内战爆发

1641年11月议会通过《大抗议书》，列举查理一在无议会统治时期滥用职权的行为，提出工商业自由，政府应对议会负责等要求。《大抗议书》起了号召人民反对王权的积极作用。为了扑灭革命烈火，查理一于1642年1月亲自率武装卫队逮捕议会领袖，计划失败后，查理一于3月逃离革命风暴的中心伦敦，到约克郡集结王党分子，8月在诺丁汉向议会宣战，第一次内战开始。内战初期，议会接连失败。克伦威尔领导的由清教徒构成的新模范军的勇敢作战中，王党军队溃败，查理一逃跑，向苏格兰人投降。第一次内战结束。

（二）第二次内战爆发

1647年11月11日查理一出逃，阴谋勾结苏格兰封建主恢复王位，各地王党蠢蠢欲动。1648年2月威尔士的王党暴动，第二次内战爆发。8月王党军被击溃，向议会投降，第二次内战结束。

三、共和国成立

1649年1月30日查理一在白厅前被斩首。1649年2月下议院通过废除上议院和王权的决议。5月19日议会正式宣布英格兰为没有国王和贵族院的共和国。共和国的建立是资产阶级革命发展的顶点。

四、斯图亚特王朝复辟

1658年克伦威尔死后，儿子理查继任护国公。理查懦弱无能，手下的将军们不服从他的统治，不得不于1659年辞职。新议会请查理二世回国登基，于是斯图亚特王朝在英国复辟了。

五、光荣革命

1685年，查理二世去世，弟弟詹姆斯二世继位，在英国推行天主教，引起全国一致反对，议会从荷兰接回他的女儿玛丽，女婿威廉。1688年11月，威廉率军登陆，詹姆斯二世出逃。1689年议会通过《权利法案》，要求限制国王更多的权力，玛丽二世和威廉三世接受并登基。该政变被称为不流血的"光荣革命"。英国资产阶级经过了将近半个世纪的曲折斗争，终于推翻了封建专制制度，在英国确立了君主立宪的资本主义制度。下表列出英国资产阶级革命爆发前后的时间及事件。

时间	英国资产阶级革命爆发前后的历史事件
1625年	詹姆斯一世去世，查理一世继位，继续鼓吹君权神授。
1626年	查理一世解散议会，通过强行借贷解决王室负债。
1628年	查理一世开议会收税，议会颁发《权力请愿书》。
1629年	查理一世驳回《权力请愿书》，连续11年未召开议会。
1633年	查理一世推行天主教信仰和仪式，迫害清教徒。
1637年	查理一世改革苏格兰教堂，引起苏格兰人民的反抗。
1640年	查理一世召开短期议会筹集军费，议会反对，被解散。
1640年	为解决军费问题查理一世再次召开长期议会。
1641年	11月，议会向国王提出《大抗议书》。
1642年	查理一世企图逮捕议会反对派首领未得逞，逃出首都。
1642年	查理一世向议会宣战，发动第一次内战，议会失利。
1643年	克伦威尔成立新模范军，重创王党军队。
1644年	克伦威尔率领新模范军在马其顿荒原取得胜利。
1645年	议会军在纳斯比战役中击败王党军队。
1646年	查理一世逃跑，向苏格兰投降。
1647年	苏格兰军队将查理一世移交英国议会，查理一世再次逃跑。
1648年	王党势力又挑起内战，被击败，第二次内战结束。
1648年	克伦威尔驱散议会中温和派议员，组成残余议会。
1649年	经残余议会审理，查理一被斩首。
1649年	英格兰成立共和国，取消上议院，实权落入军队。
1651年	克伦威尔击败苏格兰军队，在英格兰建立政府。

续表

时间	英国资产阶级革命爆发前后的历史事件
1652年	克伦威尔军队占领爱尔兰,使其成为英国殖民地。
1653年	克伦威尔驱散残余议会,建立共和国,称护国公。
1658年	克伦威尔逝世,其子继任护国公,实行军事独裁。
1659年	克伦威尔之子理查军事独裁政府被其旧部推翻。
1660年	查理二世从荷兰被接回英国,斯图亚特王朝复辟。
1685年	查理二世去世,弟弟詹姆斯继位,推行反动政策。
1688年	詹姆斯女儿玛丽女婿威廉回国,光荣革命爆发。
1689年	颁布《权利法案》,标志君主立宪在英国确立。
1707年	英格兰与苏格兰合并,大不列颠形成。

从英国内战爆发前后的历史事件看,英国资产阶级革命并不是一帆风顺的,它的前途是光明的,不断给人以希望,道路却是曲折的。如右图所示,它经历了高低起伏的三个阶段:第一个阶段是从革命爆发到建立共和国呈上升趋势;第二个阶段是从共和国解体到斯图亚特王朝复辟呈下降趋势;第三个阶段是从斯图亚特王朝到光荣革命,确立了资产阶级君主立宪制,曲线又呈现上升势头。

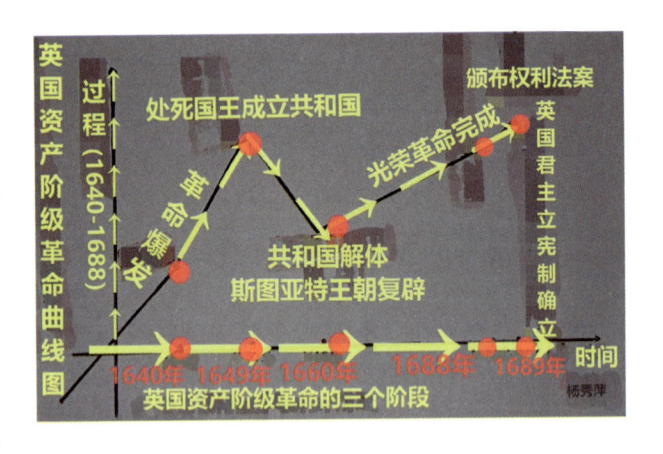

第六节 工业革命

一、英国工业革命的发展

英国工业革命始于18世纪60年代,其以棉纺织业技术革新为始,以瓦特改良蒸汽机和广泛使用为枢纽。17世纪时,英国资产阶级政权促进了资本主义的进一步发展,英国殖民扩张为资本主义发展积累了大量资本,圈地运动为资本主义发展提供了大量劳动力。18世纪中期，英国成为世界上最大的资本主义殖民国家，国内外市场的扩大对工场手工业提出了技术改革的要求，因此以技术革新为目标的工业革命首先发生在英国，主要表现是大机器工业代替手工业，机器工厂代替手工工场。工业革命是英国社会政治、经济、生产技术以及科学研究发展的必然结果。

（一）英国工业革命的先决条件

英国在资产阶级革命前是一个封建专制的农业国家，以国王为首的封建贵族集团是这个国家的统治者。全国有90%以上的人口住在农村，住在城市的人口极少。从18世纪中叶起到19世纪中叶，英国工业革命大致用了一百年的时间。工业革命首次在英国能蓬勃发展起来主要依赖右图所指的诸多因素。

英国是世界上第一个工业化国家，首先完成了许多科学发现和发明。伦敦的金融市场吸引着世界各地的众多公司来此利用英国的商业契机。二百多年来，英国的各类学校和大专院校随着该国举世瞩目的技术、工业和金

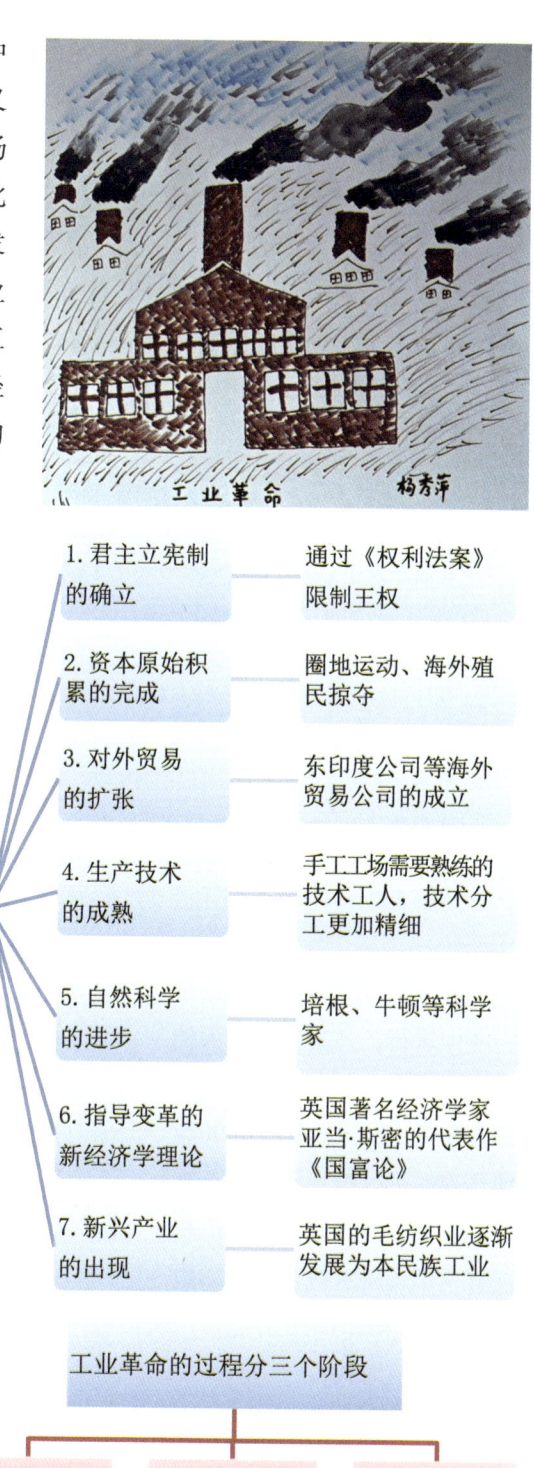

工业革命

英国工业革命蓬勃发展之原因：

1. 君主立宪制的确立 —— 通过《权利法案》限制王权

2. 资本原始积累的完成 —— 圈地运动、海外殖民掠夺

3. 对外贸易的扩张 —— 东印度公司等海外贸易公司的成立

4. 生产技术的成熟 —— 手工工场需要熟练的技术工人，技术分工更加精细

5. 自然科学的进步 —— 培根、牛顿等科学家

6. 指导变革的新经济学理论 —— 英国著名经济学家亚当·斯密的代表作《国富论》

7. 新兴产业的出现 —— 英国的毛纺织业逐渐发展为本民族工业

工业革命的过程分三个阶段：

1. 纺织时代　2. 蒸汽时代　3. 电气时代

融革命而发展起来。但是,其世界一流的教育历史更为悠久,可追溯到12世纪的牛津大学(1185)和剑桥大学(1209)成立的时代。

(二)英国工业革命的过程

工业革命使英国的社会结构和生产关系发生了重大改变,生产力迅速提高,这次革命从开始到完成,大致经历了一百年的时间,影响范围不仅扩展到西欧和北美,推动了法、美、德等国的技术革新,而且还扩展到东欧和亚洲,俄国和日本也出现了工业革命的高潮,它标志着世界整体化新高潮的到来。

1. 纺织时代

在不同年间英国进行的机器技术发明创造	
1	1764年纺织工人哈格里夫斯发明了手摇式多锭纺纱机(后用他的女儿之名命名为"珍妮机"),极大地提高了劳动生产率。但珍妮机存在上纱锭增多而动力不足的问题。
2	1769年钟表匠阿克莱特发明了使用水力驱动的纺纱机。珍妮机纺出的纱精细但易断,水力纺纱机纺出的纱质地结实却显粗糙。
3	织工克伦普敦综合珍妮机和水力纺纱机的长处,发明了新型纺纱机(人称"骡机",取骡子兼具马和驴优点之意)。可以同时转动三四百个纱锭,促进纺织技术的革新。
4	乡村牧师卡特赖特在参观阿克莱特棉纺厂后,受水力纺纱机启发,制成了水力织布机,织布工效提高约40倍。这项发明完成了纺机和织机的联动配套,由此实现了工作机相关工艺的历史性突破,推动了其他生产行业的技术变革。

工业革命首先在棉纺织行业中进行,一方面是因为棉纺织业作为英国新兴的工业部门,没有旧传统和行会的束缚,容易进行技术革新和开展竞争;另一方面是棉纺织品较便宜,市场需求量较大。18世纪中期起,棉纺织业开始使用机器。

2. 蒸汽时代

19世纪初,新的动力机器诞生了。蒸汽机的发明和应用,将人类带入了蒸汽时代。纺织工业的不断推进,一度受到动力不足的制约。1782年,瓦特试制成功了可从两边推动活塞的联动式蒸汽机。这一划时代的技术革新,使蒸汽机成为一种实用效能强大且便于推广的动力机，解决了工业发展中的动力问题。蒸汽机逐步运用于化工、冶金、采掘、交通、运输等部门，给国民经济和社会生活带来了重大的变化，同时推动了上述这些产业的发明和创造。如1807年美国人富尔敦发明的蒸汽机轮船，1814年英国人史蒂芬逊研制出的蒸汽机车，以及刨床、旋床、汽锤、镗床等工作母机的发明和应用。到19世纪中叶，英国的机器大工业已基本替代以手工技术为基础的家庭手工业和工场手工业，工业革命基本完成。随后，欧美许多国家也先后走上了工业革命的道路。

3. 电气时代

1870年以后，科学技术的发展突飞猛进，各种新技术、新发明层出不穷，并被迅速应用于工业生产，大大促进了经济的发展。这就是第二次工业革命。从19世纪六七十年代开始，出现了一系列电气发明，人类跨入了电气时代。第一次工业革命是在英国爆发的，英国率先进入到科技时期，而且其国力以及生产力等各个方面都有了非常大的进步，在欧洲国家中英国因为地位领先所以一直走在世界前端。然而第二次工业革命是在欧洲世界共同进行的。英法两国在第一次工业革命中领先他国，实现工业化之后，把大量资本输出到海外，加强对殖民地的殖民活动，因而忽视了对技术设备的升级更新，

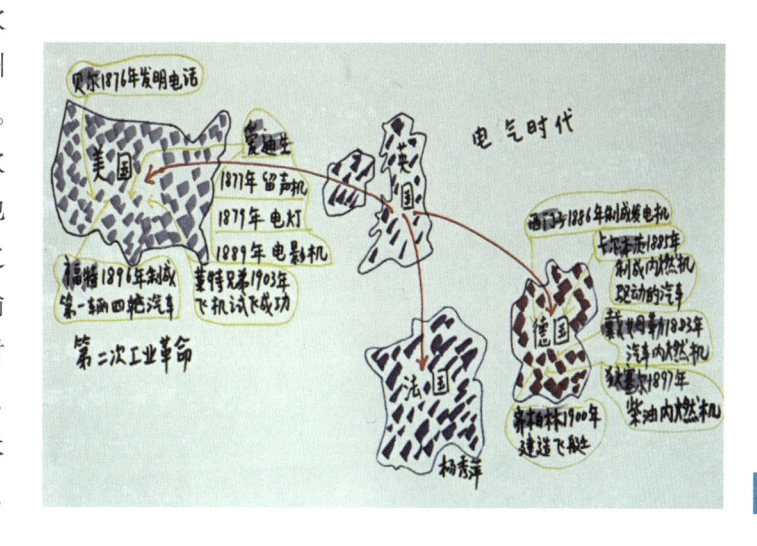

造成对技术进步的投入不足。而美国和德国在第二次工业革命中积极投入和采用新设备、新技术,所以在第二次工业革命中领先与英法,主要的核心技术都来自美德。比如内燃机、发电机来自德国,飞机、电话、电灯等来自美国。所以,美德两国在第二次工业革命中将英法甩在了身后。

二、工业革命的影响

英国在18世纪60年代开始了工业革命,在19世纪三四十年代,其主要经济部门的大机器生产占了主导地位,开始了机器生产机器,工业革命基本结束。

工业革命对英国的影响

1	英国首先开始和完成工业革命,19世纪中叶被称为"世界加工厂""世界最大的工业强国""世界上最大的霸主和剥削者"。
2	工业革命的胜利使社会生产关系发生巨大变化,产生两个新兴对抗阶级,即资产阶级和无产阶级,具体体现为工人和资本家之间的对立。
3	工业革命加深了生产社会化和生产资料私人占有之间的矛盾。资本家剥削工人的剩余价值,压低工人工资,增加劳动强度,财富日益增长,导致工人阶级的贫困化日趋加重。
4	为了改善生活条件和争取政治权利,工人阶级的斗争始终不断。随着无产阶级的壮大和发展,工人阶级的组织性和政治觉悟得到提高,有组织的工人运动代替了自发的工人运动。

(一)工业革命对其他国家的影响

工业革命使世界经济格局发生了翻天覆地的改变,英国成为世界最强国,法国是仅次于英国的第二大国,与此同时,美国开始逐渐强大起来,最终代替英国在世界的霸主地位,德国政府重视教育和科研,工业革命的根基比英法两国更加坚实,最终取代法国,成为世界第二工业大国。

英国是人类第一次工业革命的发源地,其他资本主义国家继英国之后,也进行和完成了工业革命,因此,英国工业革命不仅对本国的社会政治经济的发展具有重大的历史意义,而且对其他资本主义国家以至整个人类社会的发展都产生了重大的影响。

第七节　大英帝国的殖民扩张

一、英国争夺世界霸权

英国是近代最大的殖民国家，其殖民地曾遍布全球。从16世纪至20世纪初，英国殖民主义者一直对外进行侵略扩张。当葡萄牙、西班牙这两个老牌殖民国家称霸海上时，人迹罕至的北美东岸成为英国最早的殖民活动地区。到1733年，英国在北美东岸共建立13个殖民地。

（一）英国的殖民扩张

17世纪	英国轻而易举地取代了西班牙在欧洲的海上霸主地位，通过三次英荷战争，英国击败荷兰，确立了在海上的贸易优势，获得了世界霸主的地位。
18世纪	英国又与法国开战争夺殖民霸权。1783年北美13个殖民地的独立给英国以沉重打击，此后，英国殖民的重点遂转向东方，特别是印度。
19世纪初	英国殖民地猛烈扩张。1801年合并爱尔兰，英国的正式名称成为大不列颠及爱尔兰联合王国。对亚洲的侵略继续扩大。拿破仑在布鲁塞尔附近的滑铁卢战败标志英法第二次百年战争的告终。战后，英国从法国手中获得大量殖民地。
19世纪中叶	英国发动两次侵略中国的鸦片战争，强占香港岛，参与镇压中国太平天国运动；镇压1857—1859年印度民族大起义，强化对印度的统治。1876年，维多利亚女王加冕为印度女皇，直到1947年印度独立。此外，在伊朗、缅甸、南非、埃及、东非以及新西兰、澳大利亚等地扩大侵略，逐步对南美洲进行渗透。1867年加拿大成为英国第一个自治领地。
20世纪初	到20世纪初，世界领土被瓜分完毕，英国所占份额最大。大英帝国指由英国本土及其治下的自治领、殖民地、领地、托管地和保护国共同构成的大帝国，是有史以来领土面积最大的国家和最大的环球殖民帝国。

（二）英国的殖民侵略战争

英国争夺世界霸权的历史自1588年击败西班牙的无敌舰队开始，在17世纪击败荷兰从而确立了英国在海上贸易的优势。到18世纪，英国争霸的主要敌手是法国。英国和法国自17世纪末到19世纪初进行了一百多年争夺欧洲和世界霸权的斗争。[1]

---

[1] 陈治刚，等.英美概况[M].上海：上海外语教育出版社，2007：87.

1. 英国和法国的四次争霸战争

次数	英法战争过程	英国争霸结果
1	1688—1697年的奥格斯堡联盟战争。英国参加了当时以荷兰为首的欧洲反法同盟。	通过此战，英国巩固了它在地中海的地位。
2	1701—1713年的西班牙王位继承战争。法国国王为争夺西班牙王位，侵犯西班牙领地。	英国、荷兰、奥地利共同组成反法同盟。战后，英国获得法国割让的加拿大殖民地。
3	1756—1763年的英法七年战争。英国、普鲁士结成反法同盟，为争夺中欧霸权而战。	在美洲，以法国失败而告终。英国获法属北美殖民地，并确立在印度的优势，成为海上霸主。
4	1803—1815年的拿破仑战争。英、奥、普、俄一起反对拿破仑。	以拿破仑在布鲁塞尔附近的滑铁卢战败而告终。战后英国获得大量殖民地。

2. 克里米亚战争（1854—1856）

1854年克里米亚战争是俄国与奥斯曼争夺克里米亚半岛和南高加索而爆发的战争，战争持续两年。19世纪中期奥斯曼帝国衰弱，俄国企图夺取奥斯曼帝国的大部分领土，这样就能使俄国得以控制东地中海和通往印度的陆路，因此制止俄国势力扩展就成了英国的政策。

在克里米亚战争中，英国、法国与奥斯曼联盟，共同抗俄，1854年3月，英国、法国对俄宣战。最后俄国在这场战争中失败。战后，英国巩固并扩大了在巴尔干半岛和西亚的势力，控制了奥斯曼帝国，取得了自由出入黑海的权力，进一步加强了海上霸主的地位。

二、大英帝国的形成

1688年英国的光荣革命推翻了封建阶级的统治，并在1689年颁布了《权利法案》，规定英国此后以法律形式对国王的王权进行明确制约，确立了君主立宪制，该法案为英国后续发展提供了前所未有的生产力，使其经济、军力、科技、文化迅猛发展。

大英帝国是依靠海外殖民扩张和殖民侵略逐渐壮大而成的。从1066年，法国诺曼底公爵威廉一世征服了英格兰之后，爱尔兰在12世纪就成为了英国最早的殖民地，威尔士在13世纪成为英国的威尔士公国。英国人的海上探险、在大不列颠岛以及欧洲大陆以外地区的移民或殖民根源可追溯到1485年至1509年在位的亨利七世所采取的积极的海洋政策。从伊丽莎白时代起，英国就开始了海外殖民扩张和殖民侵略，打败西班牙无敌舰队，使英国成为海上霸权国家，并从历次战争中获得了大量殖民地。英格兰与苏格兰的战争不断，两个地区的真正统一是在1603年伊丽莎白一世死后，英国国王由苏格兰国王詹姆斯六世成为英格兰的詹姆斯一世。1763年英法七年战争结束后，英国从法国手里夺取了整个加拿大，标志着英国成为无可争议的海上霸主。1815年英国击败拿破仑

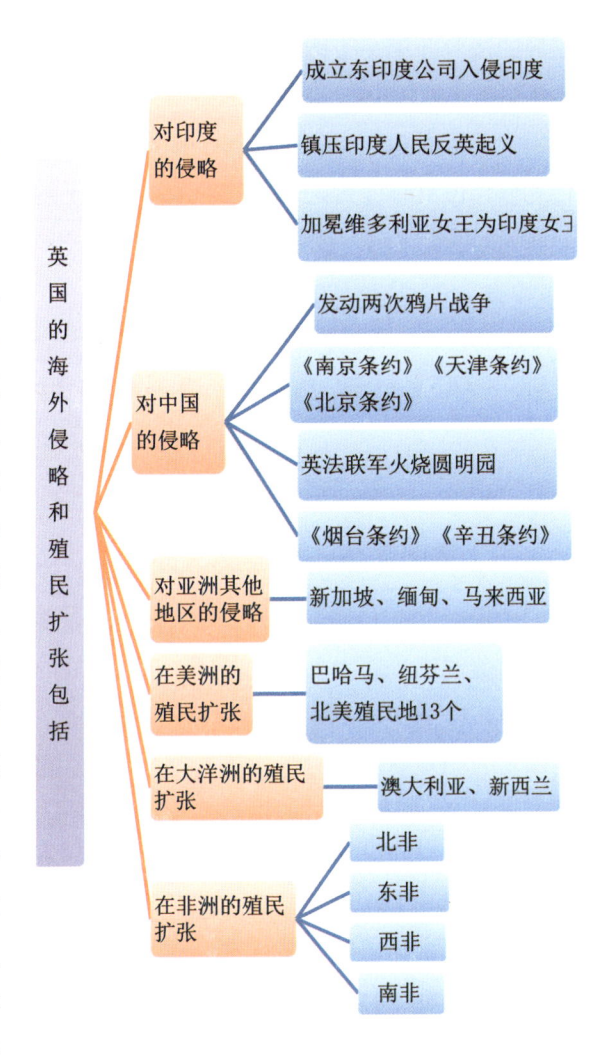

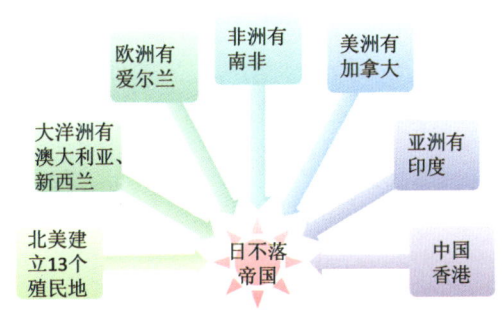

英国的海外侵略和殖民扩张包括：

- 对印度的侵略
  - 成立东印度公司入侵印度
  - 镇压印度人民反英起义
  - 加冕维多利亚女王为印度女王

- 对中国的侵略
  - 发动两次鸦片战争
  - 《南京条约》《天津条约》《北京条约》
  - 英法联军火烧圆明园
  - 《烟台条约》《辛丑条约》

- 对亚洲其他地区的侵略
  - 新加坡、缅甸、马来西亚

- 在美洲的殖民扩张
  - 巴哈马、纽芬兰、北美殖民地13个

- 在大洋洲的殖民扩张
  - 澳大利亚、新西兰

- 在非洲的殖民扩张
  - 北非
  - 东非
  - 西非
  - 南非

日不落帝国：
- 欧洲有爱尔兰
- 非洲有南非
- 美洲有加拿大
- 大洋洲有澳大利亚、新西兰
- 亚洲有印度
- 北美建立13个殖民地
- 中国香港

领导的法兰西第一帝国后，获得更多法国殖民地。可见，英国的发展历史就是殖民侵略扩张的历史。

大英帝国在20世纪初达到鼎盛，在第一次世界大战后领土扩张到极限，有4~5亿人口，占当时世界人口的四分之一；领土约3367万平方千米，占到了世界陆地总面积的四分之一，被称为"日不落帝国"。

第八节　英国和两次世界大战

一、英国和第一次世界大战

19世纪70年代以后，英国逐渐丧失工业垄断地位，后起的美国逐步赶上并超过英国，两国间的矛盾空前激化；1914—1918年爆发了第一次世界大战，是两大集团之间为重新瓜分世界而进行的战争，是资本主义国家进入帝国主义阶段后发展不平衡的结果。这场战争削弱了英国在世界的霸主地位，形成了新的世界经济格局。

（一）第一次世界大战爆发

20世纪初，德国成为英国的竞争对手，面对严峻的形势，英国政府积极扩充军备，尤其是海军。为对付德国，英国放弃了19

世纪奉行的"光辉孤立"的外交政策,1907年以后,英、法、俄签订了"三国协约",形成了以对抗德国为核心的同盟国。

1914年8月,第一次世界大战爆发,1917年,英国最终击败德国的"无限制潜艇战",维护了它的制海权。战争中英国参战人员阵亡总数达50万以上。1918年11月,第一次世界大战以德国为首的同盟国失败,英法俄协约国获胜,一战后期参战的美国也是渔翁得利。

(二)第一次世界大战结束

协约国除于1919年6月在法国巴黎凡尔赛宫与德国签订了《凡尔赛和约》之外,还于1919—1920年在巴黎分别同德国的盟国奥地利、保加利亚、匈牙利、奥斯曼四国缔结了和约。

这四个条约也是以订约的具体地点命名的,它们同《凡尔赛和约》一起合称"巴黎和约",构成了凡尔赛体系。

(三)第一次世界大战后的英国

1918年11月11日,随着德国的投降的,第一次世界大战正式宣布结束,英法美日意五大战胜国迫不及待地开展了对德制裁。二战中,为了打赢德国,英国付出沉重代价,战后,英国尽管根据《协约国和参战各国对德和约》瓜分了德国在非洲、大洋洲的殖民地,并一跃成为世界上最重要的海上和工业霸权国家,但这并不足以补偿战争带给英国人民的经济损失和人力损失。

1.十四国干涉

1917年底,俄国爆发了十月革命,成立了苏维埃政权。1919年春夏之交,英美国家殖民主义者统一组织并策划发动14个国家军队联合反对苏俄政权,妄图把年轻的苏维埃无产阶级政府扼杀在摇篮之中,列宁领导的苏维埃人民粉碎了受列强支持的苏俄白卫军,把联军赶出了俄国。实际上这一联合行动并未完全付诸实施,历史上称为"十四国干涉"行动。

2.英国共产党成立

英国共产党是英国的一个共产主义政党。为了支持苏维埃政府,英国工人阶

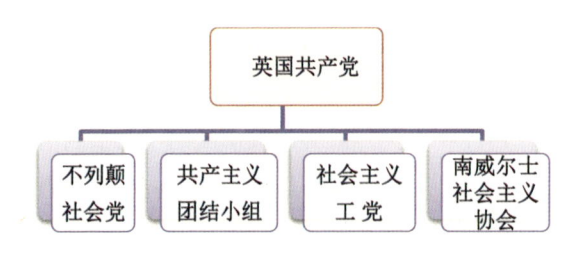

级以及世界各地进步组织发起了不要染指苏维埃运动，强调苏维埃可以处理自己的内政，不需别国插手。1920年7月，英国共产党由不列颠社会党、共产主义团结小组、社会主义工党、南威尔士社会主义协会等4个小型马克思主义政党合并而成。①

3. 印度非暴力不合作运动

1920—1922年 和1930—1934年，甘地发动和领导了印度全国范围内轰轰烈烈的非暴力不合作运动，打击了英国殖民统治，鼓舞了印度人民的士气，而其妥协性也显示出印度取得的成果并不彻底，不利于人民真正的觉醒。但从这时开始，印度向着独立国家的目标，前进了一大步。

4. 爱尔兰、埃及独立

1922年，英国承认埃及独立，但还是保留了一部分的权力，继续控制埃及，所以埃及并非完全独立。② 第一次世界大战后，爱尔兰岛爆发武装起义。1920年英政府采取"分而治之"政策，允许爱尔兰南部26个郡成立"爱尔兰自由邦"，有自治权；北部阿尔斯特省9个郡中6个郡仍置于英国统治之下。1937年南爱尔兰宣布成为独立共和国。1948年爱尔兰宣布脱离英联邦，英国继续保留北部6个郡，改国名为"大不列颠及北爱尔兰联合王国"。③

二、英国和第二次世界大战

二战期间，英国军事力量趋于强大，海军和空军位列世界第一，陆军屈居第三，而工业衰退，世界经济危机重击英伦三岛，使得英国殖民统治在20世纪30年代瓦解。1936年1月，英王乔治五世死后，其子爱德华八世即位，但因其欲与美国离过两次婚的演员辛普森夫人结婚，遭到英国王室和英国议会的异议。在议会的

---

① 中国小百科全书编纂委员会编.《中国小百科全书第三卷》：团结出版社，1994年：第三册1184页.
② 许鲁之.新编英美概况[M].青岛：中国海洋大学出版社，2012:251.
③ 来安方编著.《英美概况》.河南人民出版社，2004.9.第4页.

反对下，爱德华八世仍坚持与辛普森夫人成婚，所以他不得不主动放弃王位。1936年12月，由爱德华八世的弟弟约克公爵继承王位①，称乔治六世。乔治六世去世后，英国的国王是今天的女王伊丽莎白二世。

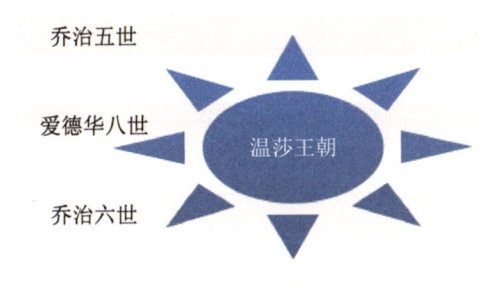

（一）英国对德国的纵容与扶持

1."扶德抑法"政策

"欧洲均势"政策是英国传统外交的核心之一，通过欧洲大陆德、法、俄的互相牵制，达到"实力均衡"。一战后，法国力量强大，英国执行"扶德抑法"政策，期望以此压制法国实现欧洲均势，而德国在英国的扶持下经济、军事力量迅速强大，很快超过了英国。

2.绥靖政策

英国同时利用德国去攻打苏联，由均势政策转变为纵容德国侵略扩张的绥靖政策，引发了第二次世界大战，绥靖政策以失败而告终。绥靖政策是一种对侵略不加抵制，姑息纵容，退让屈服，以牺牲别国利益为代价，同侵略者勾结和妥协的政策。"绥靖"一词，来源《三国志·吴志·陆逊传》："君其茂昭明德，修乃懿绩，敬服王命，绥靖四方。"

（二）20世纪20年代的绥靖政策

20世纪30年代前，绥靖政策主要表现为扶植战败的德国，支持日本充当防范苏联的屏障和镇压人民革命的打手。1924年4月9日道威斯拟订一项解决赔款问题的计划，史称"道威斯计划"，企图用恢复德国经济的办法来保证德国偿付赔款。20世纪20年代的绥靖政策不仅表现在道威斯计划上，还包括"杨格计划"和"洛迦诺公约"等方面。

---

① 许鲁之.新编英美概况[M].青岛：中国海洋大学出版社，2012:251.

	20世纪20年代绥靖政策的主要表现
道威斯计划	英国提议，协约国赔款委员会于1923年11月增设两个专门委员会，一个研究平衡德国预算和稳定德国金融之方法，一个调查德国资本外流情况并设计引回的方法。两个专门委员会以美国银行家C.G.道威斯为主席。1924年4月9日，道威斯拟定一项解决赔款问题的计划，史称"道威斯计划"，企图用恢复德国经济的办法保证德国偿付赔款。
杨格计划	1929年2月11日—6月7日，英国、法国、比利时、意大利、日本、美国、德国等代表组成以美国财政专家欧文·扬为主席的委员会，在巴黎召开会议重新审议德国赔偿问题，提出了打算"完全彻底解决赔款问题"的报告。美国支持德国的要求，在协约国德国赔偿委员会会议上通过了取代"道威斯计划"的"杨格计划"。根据杨格计划，降低德国的赔款额，并取消对德国的经济管制。该计划于1930年9月生效。
洛迦诺公约	是1925年10月16日，英国、法国、德国、意大利、比利时、捷克斯洛伐克、波兰七国代表在瑞士洛迦诺会议上通过的8个文件的总称，并在12月1日于伦敦获得确认。洛迦诺公约保证第一次世界大战中的欧洲协约国与中欧及东欧的新兴国家战后领土的分界线，并争取与战败的德国恢复正常关系。

（三）20世纪30年代的绥靖政策

1929年，德国借口经济危机，财政濒于破产，无力执行道威斯计划。[①] 20世纪30年代后，绥靖政策主要表现为面对德、意、日法西斯国家的严重挑战，以英国首相A.N.张伯伦为代表的英、法、美等国的绥靖主义者，为了维护既得利益，求得一时苟安，不惜以牺牲别国利益为代价，谋求同侵略者妥协。1931年"九一八事变"，容忍日本侵略中国东北。

1935年
- 3月容忍希特勒重整军备。
- 10月容忍意大利侵略埃塞俄比亚。

1936年
- 3月放任A.希特勒武装进占莱茵区。
- 8月对德、意武装干涉西班牙采取"不干涉"政策。

1937年
- 7月纵容日本发动全面侵华战争。
- 此后又策划太平洋国际会议，阴谋出卖中国，同日本妥协。

1938年
- 3月默许希特勒兼并奥地利。
- 9月的慕尼黑会议和《慕尼黑协定》。
- 英国、法国及美国，妄图以牺牲捷克斯洛伐克为代价，在欧洲实现"普遍绥靖"，求得"一代人的和平"，实质上推动了德国进攻苏联。这些都是绥靖政策的例证。

1939年
- 9月，德国进攻波兰，二战爆发，英国对德宣战。

（四）二战双方阵营形成

二战涉及国家众多，形成了同盟国和轴心国两大军事集团。

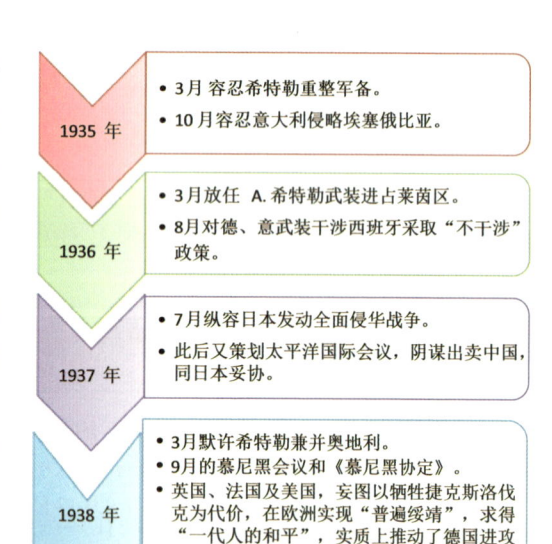

[①] 周彩霞. 赔出来的BIS[EB/OL]. 新浪网，2017-02-27.

	二战轴心国与同盟国两大军事阵营
轴心国	德意志第三帝国（纳粹德国）、日本帝国、意大利王国、匈牙利王国、保加利亚王国、罗马尼亚王国、捷克斯洛伐克（傀儡政府）、克罗地亚独立国（傀儡政府）。
同盟国	波兰、英国、澳大利亚、法国（自由法国临时政府）、新西兰、英属印度、南非联邦、加拿大、丹麦、挪威、比利时、卢森堡、荷兰、希腊、南斯拉夫、苏联、美国、巴拿马、哥斯达黎加、多米尼加、萨尔瓦多、海地、洪都拉斯、尼加拉瓜、中国、危地马拉、古巴、大韩民国临时政府、菲律宾联邦、捷克斯洛伐克、墨西哥、巴西、埃塞俄比亚、伊拉克、玻利维亚、哥伦比亚、伊朗、利比里亚、秘鲁、罗马尼亚、匈牙利、厄瓜多尔、巴拉圭、乌拉圭、委内瑞拉、奥斯曼、埃及、黎巴嫩、叙利亚、沙特阿拉伯、阿根廷、智利。意大利王国、芬兰、匈牙利、罗马尼亚和保加利亚在退出轴心国阵营之后也加入了同盟国。

（五）第二次世界大战爆发

在英、法绥靖政策的纵容下，1939年9月1日德军以闪电攻势入侵波兰，英法于9月3日分别向德国宣战，于是第二次世界大战全面爆发。

到1945年8月反法西斯第二次世界大战宣告结束前发生的重要战役如下表：

	1. 波兰战役也称波德战争或德波战争
1939年	是第二次世界大战欧洲战区起点，史称"闪电战"，是德意志第三帝国、捷克斯洛伐克与苏联军队入侵波兰的行动，被认为是第二次世界大战的开始。德意志第三帝国于9月1日展开进攻，而苏联亦于9月17日入侵波兰，10月6日，德苏两国占领波兰全国领土，波兰战役结束。
	2. 敦刻尔克大撤退
1940年	5月，英法联军防线在德意志第三帝国机械化部队的快速攻势下崩溃，德军在法国东北部港口敦刻尔克进行当时历史上最大规模的军事撤退行动。英国在十分危险的情形下，救出了三十三万五千人，可是英国派驻法国远征军的所有重型装备都丢弃在了欧洲大陆上，意味着西欧落入法西斯势力之手。

续表

1941年	3. 珍珠港战役也称珍珠港事件或奇袭珍珠港
	12月7日清晨，日本海军航空母舰舰载飞机和微型潜艇突然袭击美国海军太平洋舰队在夏威夷基地珍珠港以及美国陆军和海军在瓦胡岛上的飞机场，引发了太平洋战争，最终将美国卷入二战。罗斯福发表了著名的《国耻演说》。
1942年	4. 中途岛战役
	也称中途岛海战。中途岛是美国在中太平洋地区的重要军事基地和交通枢纽，也是美军在夏威夷的门户和前哨阵地。1942年6月4日美国海军击退了日本海军对中途环礁的攻击，得到了太平洋战区的主动权，是太平洋战区的转折点。
1943年	5. 斯大林格勒保卫战
	也称斯大林格勒会战。1942年6月28日至1943年2月2日，斯大林格勒战役是第二次世界大战东部战线的转折点，也是整个二战的转折点。此战后苏联开始逐步掌握战略主动权。
1942年	6. 阿拉曼战役
	是二战北非战场，1942年10月23日，在埃及阿拉曼地区，英国集团军在蒙哥马利指挥下对德、意联军"非洲军团"发起攻击，英军获胜，德、意军被迫退到突尼斯边境。战争扭转了北非战争格局，成为法西斯军队在北非覆灭的开端，也是同盟国进入战略反攻阶段的开始。
1944年	7. 诺曼底登陆
	是二战中英美盟军在欧洲西线战场的大规模战役。1944年6月英美盟军成功地渡过了英吉利海峡，重创德军，诺曼底登陆成功，美英军队重返欧洲大陆，使二战战略态势发生了根本性变化。
1945年	8. 二战结束
	希特勒于1945年4月30日自杀，5月8日是欧洲胜利日，德国在投降书上签字，欧洲战争正式结束。在中国人民的长期坚持下，在亚洲人民的奋勇反抗下，以及美国和苏联的参战，日本于8月15日宣布无条件投降，至此反法西斯的第二次世界大战宣告结束。

（六）二战的影响

	二战带给世界各国人民的诸多影响
1	二战中，反法西斯同盟召开的一系列国际会议促进了世界各国的交流与沟通。
2	二战初期诞生了国际货币基金组织、世界银行、关税及贸易组织等国际经济组织，建立国际联盟。

续表

	二战带给世界各国人民的诸多影响
3	亚非拉地区掀起了争取民族解放斗争的高潮。首先,在亚洲的东部,中国、越南、朝鲜革命的胜利,更多发展中国家获得民族独立,走向繁荣富强。
4	二战后形成以美苏为首的帝国主义和社会主义两大阵营长期对立的局面。二战客观上推动了科学技术的迅速发展。

(七)二战后的英国

英国在二战中遭受巨大损失,英国急剧衰落。全世界60个国家卷入二战,英国耗去250亿英镑经费,英军死亡人数达36万人,为了支付军火费用,英国变卖了战前海外投资的四分之一,国债较战前增加了两倍,外债高达37亿英镑。

1. 二战后英国经济实力降低

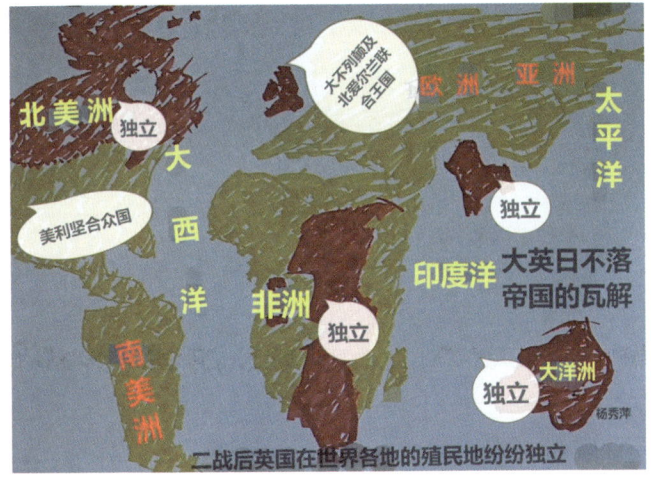

二战后,英国经济受到严重创伤,并过度依赖美国援助来恢复发展经济,参与了美国的马歇尔计划。经济模式由以前的国家过多干预向自由主义转变,国家资本比重下降,私人资本重新得到加强;经济计划程度下降,自由市场作用增大;国家干预减弱,自由竞争加强。

2. 大英帝国的瓦解

二战后英国拖欠美国巨额债款无法偿清,在美国施压下,不得不放松其对殖民地的控制。一直试图削弱英国的美国在战后对日不落帝国的解体起了推动作用。二战后，英国给予自治领独立的权力，美洲殖民地独立较早。进入20世纪50年代后，英国在亚洲、非洲以及其他地区的殖民地纷纷独立，到了80年代初，大英帝国体系土崩瓦解。

3. 英联邦的成立

大英帝国的瓦解导致英联邦的成立，20世纪以后，英国殖民地独立后与英国组成了一个国际组织——英联邦，由53个成员国构成，现任英联邦元首为英国女王伊丽莎白二世。

4. 英国脱欧

欧盟即欧洲联盟，是欧洲地区规模较大的区域性经济合作国际组织。成员国已将部分国家主权交给组织（主要是经济方面，如货币、金融政策、内部市场、外贸），欧洲联盟越来越像联邦制国家。欧盟共有27个成员国，法国、德国、意大利、荷兰、比利时、卢森堡为创始成员国，于1951年结盟。此后，丹麦、爱尔兰、英国（包括直布罗陀）(1973年)，希腊（1981年），西班牙和葡萄牙（1986年），奥地利、芬兰、瑞典（1995年）先后成为欧盟成员国。2004年欧盟规模扩大，波兰、捷克、匈牙利、斯洛伐克、斯洛文尼亚、塞浦路斯、马耳他、拉脱维亚、立陶宛和爱沙尼亚10个国家同时加入欧盟。2007年1月1日，保加利亚和罗马尼亚加入欧盟。2013年7月1日，克罗地亚加入欧盟。2020年1月31日，英国正式"脱欧"。

第三章

英国政治

第一节　英国君主立宪制和英国政府

一、君主立宪制

任何一个独立的国家都有国体和政体。国体是指一个国家的性质，是资本主义国家还是社会主义国家？国家的社会制度是谁决定的？国家的政权在谁手中？比如我国是社会主义国家人民民主专政，美国是资本主义国家资产阶级专政。政体是一个国家的政权组织形式。比如总统制、议会制、君主制、君主立宪制等。我国是人民代表大会制度。美国是联邦制也是总统制，英国是君主立宪制。

（一）国体和政体

不同国体决定其不同的政体。政体和国体相互依存、对立统一，

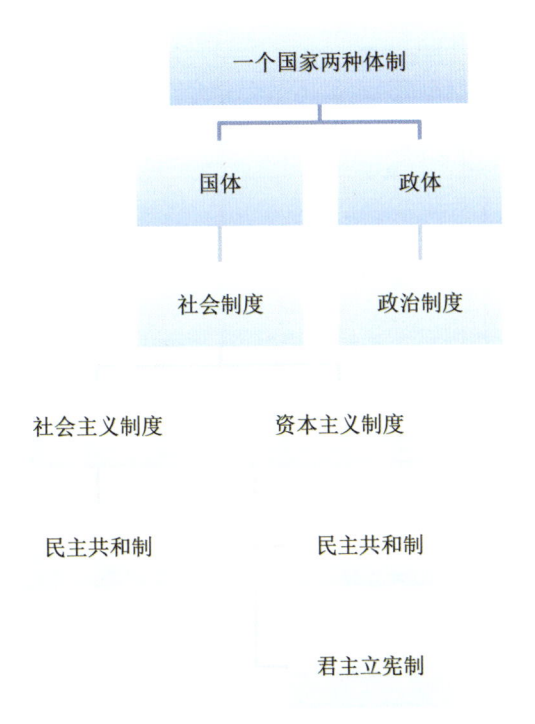

不可分割。没有政体，国体无从体现，没有国体，政体无从存在。国体是政体存在和发展的基础，决定着政体的存在形态。政体是由国体决定的，有什么性质的国家，就要求有什么样的政体与之相匹配。当今世界有两种国体：资本主义国家和社会主义国家。国体的不同导致不同的政体。资本主义国家有两种政体：君主立宪制和民主共和制。社会主义国家只有一种政体：民主共和制。例如，美国的政体是民主共和制、联邦制，也是总统制；英国的政体自从1688年起就确立了君主立宪制，既是君主制也是议会制；日本的政体也是君主立宪制；中国的政体是民主共和制。任何一个国家，都有以社会制度为基础的国体和以政治制度为框架的政体。

（二）英国君主立宪制

英国是资本主义制度国家，政体是君主立宪制，是1688年英国光荣革命后在英国建立起来的国家政治制度组织形式，也称议会君主制或立宪君主制。英国君主立宪制，并不是说君主有立法权，可以立法、立宪，而是指英国君主的权力应该受到宪法的制约与限制，意指英国君主的权力是要受到国家基本法、宪法限制与制约的权力。女王为国家元首，虽然高高在上，但并没有实权，其权力是表面和形式上的，受制于议会。议会是国家权力中心，内阁从下议院产生，是政府核心，首相是政府元首，首相组阁。

英国首相是英国政府最大的元首，而国王是国家元首、最高司法长官、武装部队总司令和英国圣公会的"最高领袖"，形式上有权任免首相、各部大臣、高级法官、军官、各属地的总督、外交官、主教及英国圣公会高级神职人员等，并有召集、停止、解散议会，批准法律，宣战等权力，但实际上没有实权，实权在议会，议会的核心在下议院，下议院的核心在内阁，内阁也是政府的核心。英国议会是最高司法和立法机构，是两院制，由上"院和下"院组成。英国君主实际上是统而不治。

英国的君主立宪制体现在英国的国家元首与政府元首是不同的，国家元首是君主，政府元首是首相，君主的权力是形式上的、名义上的，并无实际权力，无立法权，无执法权，议会才是国家实权中心，兼具立法、执法和司法于一身。

英国现任君主是1952年2月6日确定并于1953年6月2日正式登基加冕的伊丽莎白二世女王。伊丽莎白二世（Her Majesty Queen Elizabeth II），原名为伊丽莎白·亚历山德拉·玛丽·温莎（Elizabeth Alexandra Mary Windsor），全称为"承上帝洪恩的大不列颠及北爱尔兰联合王国及其他领土和属地的女王，英联邦元首，国教（圣公会）的捍卫者伊丽莎白二世"。

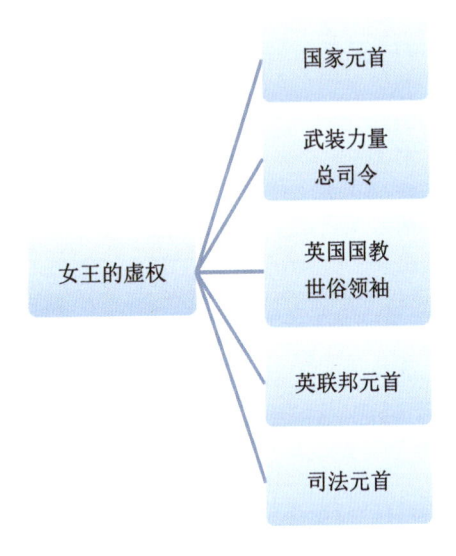

女王的虚权：
- 国家元首
- 武装力量总司令
- 英国国教世俗领袖
- 英联邦元首
- 司法元首

这表明英国女王不仅仅是英国的女王，还是加拿大、澳大利亚、新西兰（英王兼任库克群岛的元首）、安提瓜和巴布达、巴哈马、巴巴多斯、伯利兹、格林纳达、牙买加、巴布亚新几内亚、圣基茨和尼维斯、圣文森特和格林纳丁斯、圣卢西亚、所罗门群岛、图瓦卢的女王，同时，她也是英国武装力量的总司令。

（三）王室成员的官方头衔

1936年，英国国王乔治五世去世，他的长子爱德华八世继位，因其执意要娶离婚的美国演员辛普森夫人，遭到英国议会的异议，爱德华八世选择退位，把王位交给弟弟约克公爵，而伊丽莎白是约克公爵的长女，她也立即成为了王位的继承人。1947年12月20日，伊丽莎白与菲利普结婚。菲利普亲王于1921年6月10日出生在希腊，是原希腊王子，在

1. 英国君主是英国及英国海外领地的国家元首，男性君主称为国王，国王妻子称为王后。

2. 英国女王即英国女性君主。女性君主称为女王、摄政女王、女摄政王。

3. 爱丁堡公爵是指英国女王丈夫的皇家头衔，或者称其为英国亲王，例如，菲利普亲王。

4. 威尔士亲王指英国君主长子的皇家专用头衔，指未来将要承袭英国君主王位的王储，例如，查尔斯亲王。

5. 英国王妃是威尔士亲王妻子的皇家头衔，例如，已故的戴安娜王妃，以及威廉的妻子凯特王妃。

6. 英国皇家公主是指英国君主长女的官方头衔，例如，英国女王伊丽莎白二世的女儿安妮。

伊丽莎白和菲利普的皇室成员：
- 长子查尔斯
  - 长子威廉
  - 次子哈利
- 二子安德鲁
  - 比阿特丽丝
  - 欧吉尼
- 三子爱德华
  - 詹姆斯
  - 路易斯
- 女儿安妮
  - 彼得
  - 扎拉

英国被封为爱丁堡公爵。菲利普是伊丽莎白女王的表哥，他们育有四个孩子，这些王室成员都有不同的官方头衔。

按照传统，英王可以根据内阁首相的提议，将某种贵族爵位授予他人，但受封人数是有限的，每年大约在20名以内。英国贵族爵位分为公爵（duke）、侯爵（Marquess）、伯爵（Earl）、子爵（Viscount）、男爵（Baron）五个级别。

原来贵族爵位都是世袭的，只能有一个法定继承人，长子是法定继承人，只有在贵族没有儿子的情况下，其爵位才能由首先达到继承年龄的直系后代来继承。

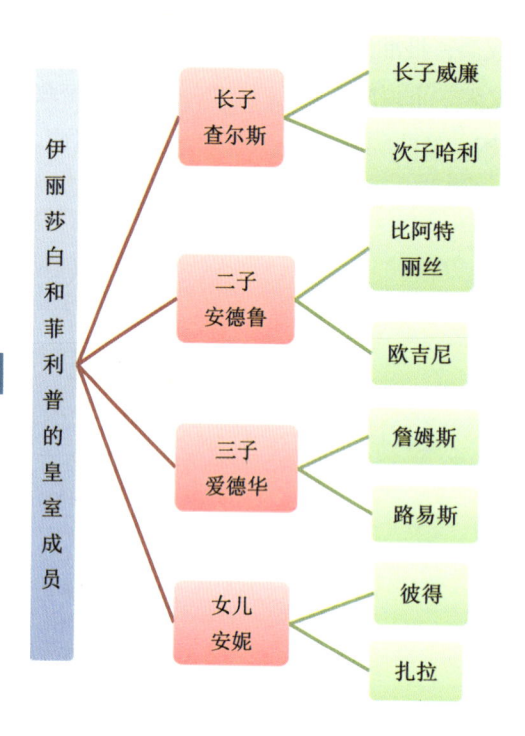

（四）英国王室继承顺序

第一继承人：查尔斯王子（威尔士亲王）（女王长子）	第二继承人：威廉王子（剑桥公爵）（查尔斯长子）
第三继承人：乔治·亚历山大·路易斯（威廉长子）	第四继承人：夏洛特·伊丽莎白·戴安娜（威廉长女）
第五继承人：路易斯·亚瑟·查尔斯（威廉次子）	第六继承人：哈利王子（萨塞克斯公爵）（查尔斯次子）
第七继承人：阿尔奇·哈里森·蒙巴顿—温莎（哈利王子长子）	第八继承人：安德鲁王子（约克公爵）（女王次子）

1. 英国王室继承顺序根据长子继承权来决定，即王位应先由现任君主的长子继承，然后才依次轮到其他儿子，最后才轮到女儿。而且继承者不得是天主教教徒，也不得嫁娶一名天主教教徒。绝大多数有资格继承王位的人都是基督教新教徒，而且在公开场合都大多宣称自己是圣公会成员。此外还规定，王位的继承是由议会来决定的，而非君主本人。

2. 英国保留君主的意义

英国君主制源远流长，历史上国王与议会争夺权力的斗争几经消长，除克伦威尔在英国资产阶级革命胜利后处死国王查理一,成立了共和国,称自己为护国公外,英国君主在历史上未曾缺席过。1688年英国光荣革命后,在形式上继续保留君主,专制君主制逐渐向议会君主立宪制发展,国王与议会间的矛盾变缓,国王权力变弱。在这一过程中王权不断弱化,逐渐从"实权"向"虚权"发展,国王成为虚位元首,是凝聚国家力量的象征。

当今的英国国王从法律上讲,还具有至尊的地位和权力,但在政治实践中,国王的权力要受到内阁或议会控制,英王只是根据内阁和议会的建议,照章办事而已。这表现在:

国王虽然没有实权,但绝不是全无作用,之所以英国至今还保留着国王,实行君主制,就是因为国王有着不可替代的功能。

有西方学者把英国君主的这种作用称作是"无用的有用"。议会和内阁几乎所有的活动都在英王的名义下进行,可见它赋予了政府尊严和正统性,加强了政府活动的合法性。国王在英国的作用是维系国民道德感情的重要象征,因此,君主制在英国能够长时间存在下来是有历史意义的。

二、英国政府

英国政府官方上被称为女王或国王陛下的政府,此外,也被称为英国议会政府、责任政府或内阁政府,也就是说英国政府要对议会负责。由于英国君主的权力受到议会的限制,英国的政府制度被称为君主立宪制,英国君主是一个君临天下,君主统而不治的虚位。

（一）政府机构

1. 政府级别

英国政府是两级制，国家政府和地方政府。地方政府又分为：郡政府和区政府。因而也可以说，英国政府是三级制，由中央政府、郡政府和区政府构成。

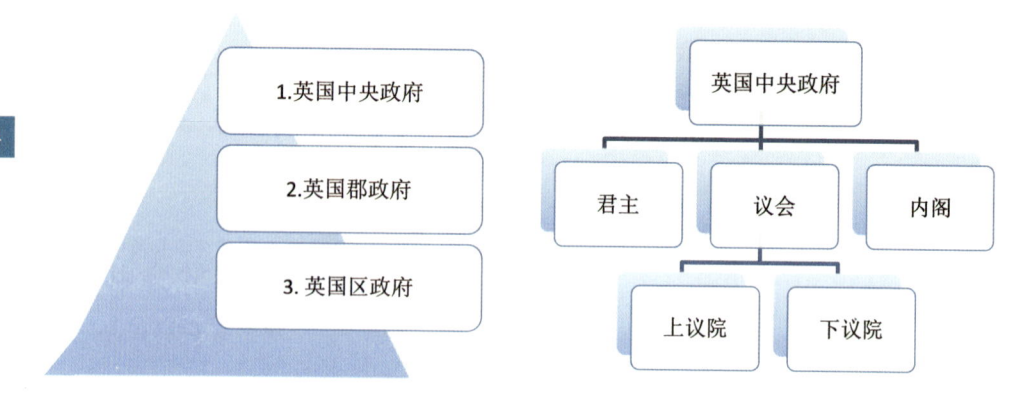

英国是一个集权制国家，政府是三级政府：中央政府、郡政府和地方政府。英国法律规定，英国地方政府的权力都来自中央政府。或者说中央政府的权力大于地方政府。英国中央政府由三部分构成。

因为议会是由上议院和下议院两部分构成，因此也可以说，现在的英国中央政府是由君主、上议院、下议院、内阁四个部分构成的。这样，不但体现出女王的权力受限于议会，英国的政府制度是君主立宪制，还能体现出英国政府受议会制约，议会是集立法、执法和司法于一身的权力机关。

2. 内阁和首相

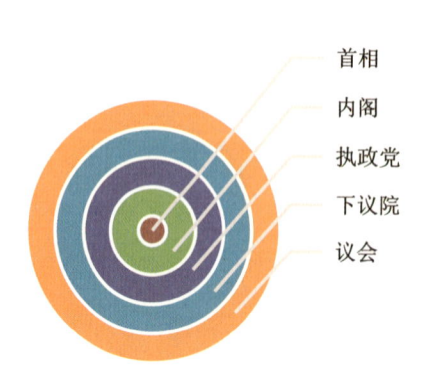

英国国家政府的核心是内阁，内阁的元首是首相。内阁是英国最高的国家行政机关，由政府各部门元首构成，如国防大臣、外交大臣和财政大臣等。内阁由占议会多数席位的政党组成。议会大选后，国王任命议会多数党领袖为首相并授权由他组阁，批准他提出的内阁成员名单，内阁大臣由执政党下议院议员充任。到19世纪中期，议会、内阁的职能和制度进一步完善，责任内阁制最后形成。责任内阁制要求内阁对议会负责，接受议会监督。但在现实生活中，内阁对议会负责的原则往往变成内阁对议会、主要是对下院的控制。在英国的政体中，立法权和行政权并不分立，议会下院是最高立法机关，但立法的实权在内阁手中。实际上，绝大多数议案来自内阁，并总是在议会上优先讨论，得到通过。这样，内阁既参与立法，又负责行政，实际上使议会和君主都从属于自己。

内阁是英国国家政府的领导核心，首相是内阁元首，按惯例，首相兼任内阁首席财政大臣。在内阁出现早期，首相多由贵族议员出任，后来是下院议员任首相者居多。近百年来，首相只来自下院已成惯例。首相既是行政首脑，又是议会多数党领袖，他集行政和立法大权于一身，控制着国家的统治大权。

3. 英国女王陛下的政府

由于英国独特的制度、法律、文化及历史背景，英国中央政府组织结构较为复杂。英国国家政府的正式名称为"女王陛下政府"或"英王陛下政府"（取决于在位君主性别），负责英国的行政功能。首相为政府首脑，由英国君主任命，但是依惯例此人必须是下议院中最有可能获得下议院支持的议员。首相被任命后再挑选其他部长和行政首脑，组成政府内阁。内阁由大约20名最资深的政府部长和首相本人组成。政府对议会负责，回答议会质询。政府提出的任何议案如果未获议会通过，就将可能面临议会的不信任动议，而这项不信任投票一旦通过则将迫使首相或宣布辞职，或解散议会重新举行大选。实践中，各政党指任一名"党鞭"，以保证所有该党的议员根据党的政策投票。这确保了一个在下议院中有较大比例优势的政党能够组成一个稳定的政府。但是一个只在下议院拥有微弱多数的政党组成政府，或是一个多党组成的联合政府，就会比较脆弱。

4. 枢密院

枢密院的全称为女王陛下最尊贵的枢密院（Her Majesty's Most Honourable Privy Council），是英国君主的咨询机构。它在以往具有十分大的权力，但今日只具有礼节性质。枢密院拥有不同的委员会，当中，英国内阁拥有其绝大部分的权力。枢

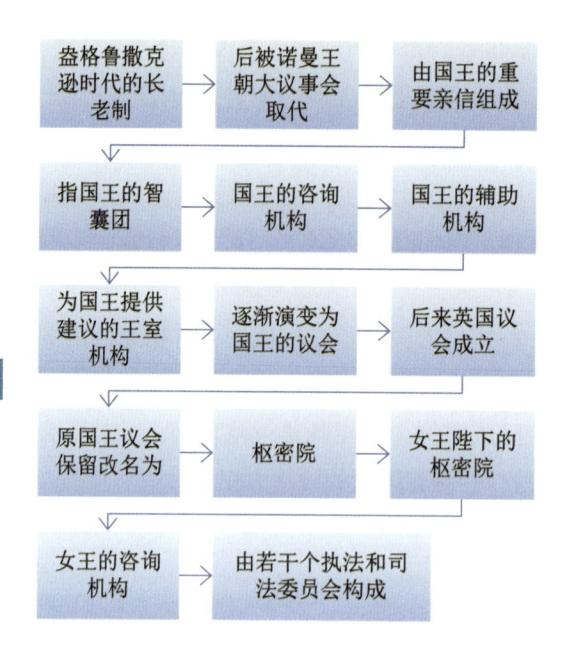

```
盎格鲁撒克     后被诺曼王      由国王的重
逊时代的长  →  朝大议事会  →  要亲信组成
老制           取代

指国王的智     国王的咨询      国王的辅助
囊团        →  机构        →  机构

为国王提供     逐渐演变为      后来英国议
建议的王室  →  国王的议会  →  会成立
机构

原国王议会                     女王陛下的
保留改名为  →  枢密院      →  枢密院

女王的咨询     由若干个执法和司
机构        →  法委员会构成
```

密院亦具有司法职能,并主要由枢密院司法委员会所行使。早在诺曼王朝时代,便已有向君主提供建议的王室机构,该机构主要由权贵、教士和重要官员所组成。枢密院司法委员会是英国其中一所最高法院,亦是英国海外领地、皇家属地和部分独立英联邦国家的最高法院。虽然人们常常说要上诉到枢密院(Privy Council),但实则是上诉至"女皇陛下会同枢密院"(Her Majesty in Council),再由女王向司法委员会征询"意见"。枢密院是英国一个古老的政治与行政机构,现仍是英王作为行政首脑的辅助机构,是形式上的最高行政机关,内阁的很多决定通过枢密院令的形式发表。枢密院的主要职权是发布皇家公告和枢密院令,其成员称枢密院顾问,由英王根据首相建议的特许状任命,任期终身。它拥有300多位成员,下设有若干个咨询或专门委员会,其中最重要的是司法委员会。枢密院会议的法定人数为3人,会议也只是履行法定的程序。

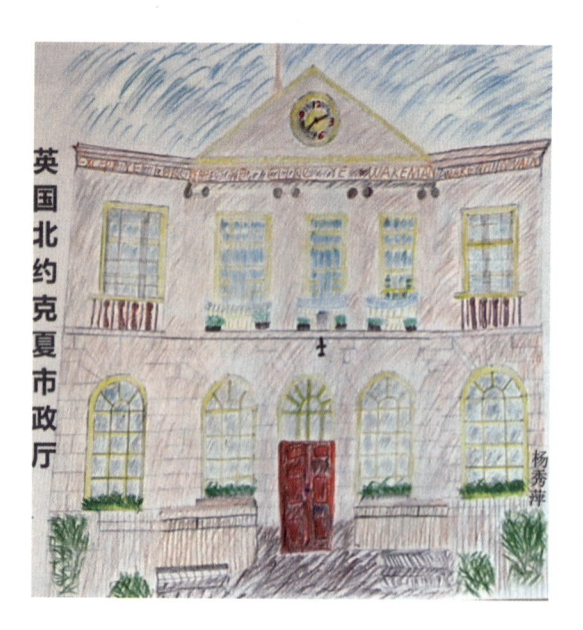

5. 地方政府

地方政府是英国地方行政机构,分为郡、自治市和教区。郡下面管辖非郡级市、城区和乡。地方行政机构实质上是地方议会所设的各种委员会。例如,郡议会设教育委员会,负责本郡的教育行政。英国被分为许多地方当局(Local Authorities),地方当局再分为许多行政区。在地方选举(一般在每年的5月举行,各地区的选举会错开举行,而不会集中在1年)中,每个行政区选举一名代表(地方议会议员，Councillor）参与地方当局。地方当局负责有关教育、公共交通以及公共空间的管理。它们是最基层的权力机构。英格兰的地方政府行政划分很是复杂，与苏格兰、威尔士和北爱尔兰又有很大区别。

第二节　英国议会和司法制度

一、英国议会

英国议会又称威斯敏斯特议会，是英国最高立法机关，是英国政治核心。政府从议会中产生，并对其负责。英国议会是两院制，由上院（贵族院）、下院（平民院）和君主共同组成，行使国家的最高立法权。

（一）两院制

英国议会创建于13世纪，迄今已有700多年的历史，被称为"议会之母"。自有议会以来，通常在伦敦的一座古老的建筑——威斯敏斯特宫（议会大厦）举行会议。每年开会两次，第一会期从3月末开始，到8月初结束，第二会期从10月底开始，到12月圣诞节前结束。1689年为限制英国王权，英国议会通过了《权利法案》。对国王在经济、政治、宗教等事务中的权力进行了严格的限定，确定议会拥有最高权力的基本原则，并对公民应有的权利做了明确规定。一个新的资产阶级君主立宪制政权在英国建立起来。

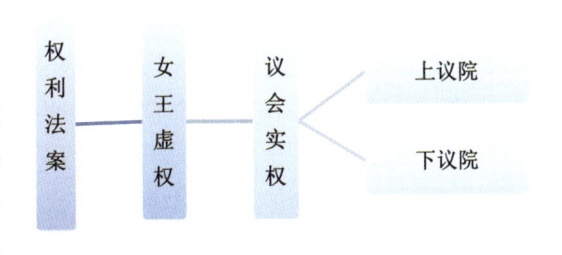

1. 上议院（The House of Lords）

英国的上议院也称贵族院，是由贵族构成的。英国贵族分为两类。

上院的议员不是选举产生的，由贵族组成，现有781人，无任期限制。

上院议长不是由选举产生，他

由贵族院中大法官兼任。开会时议长担任主席。上院开会时间与下院相同。1544年始用"上议院"（House of Lords）的名称。1649年曾一度遭到由英国内战取得政权的革命政府废止，于1660年恢复。上议院的权力曾一度凌驾于由选举产生的下议院之上。然而，自19世纪以来，上议院的权势逐渐减弱，至今已远不如由选举产生之下议院。据1911年与1949年通过的《英国国会法案》（Parliament Act），除去包括预算案在内的各种拨款案外，所有由下议院通过的法案最多可于上议院搁置十二个月，但不可驳回。1999年上议院改革取消世袭贵族上议院议员资格。2006年通过选举产生上院议长废除大法官职务。

1949年4月议会通过"议会法"，规定"公共法案若经平民院连续两个会议通过，虽经贵族院的否决，也可成为法律"。

1958年保守党执政后制定了终身贵族法，其中规定首相可以把公共事务、文艺、科学、企业家、军人、工会官僚等各阶层中取得优异成绩的人提请英王封为终身贵族，取得男爵的封号，进入上院。资产阶级希望在保留上院的基础上，通过扩大贵族范围、增加贵族种类的办法，把贵族院平民化，以缓和群众的反对情绪。英国人民珍惜国家传统，保守的性格也是上议院得以存在的社会基础。除了立法功能以外，贵族院尚拥有司法权：对联合王国内绝大部分的案件，自组最高上诉法院。上议院的司法职能并不由全院共同行使，而是交由院内具有法律经验的议员们，即人称"上议院高等法官"（Law Lords）者。联合王国之最高法院职权并非由上议院单独行使，亦时由联合王国枢密院（Privy Council of the United Kingdom）行使。上议院与下议院皆在威斯敏斯特宫召开会议。

2. 下议院

英国议会下议院（House of Commons of the United Kingdom），又称下院、平民院或庶民院。下议院是通过民主选举产生的机构，共有650名成员，称议会议员，英文简写"MP"（Members of Parliament）。下议院议员是经由"得票最多者当选投票制"选出，议会每届不可长于5年，每5年之内就要宣布解散，解散之时，也就是下议院议员任期的终结。每一位下议院议员都是由一个选区的选民选出，议员当选后，就在议会代表该选区。现今英国政府的内阁阁臣，绝大部分皆来自下议院，而自1902年起，历任英国首相也同样是下院议员。

上议院与下议院之间的诸多区别如下面列表所示：

上议院与下议院的区别

项目	上议院	下议院
任期	世袭	5年
成员称呼	贵族	平民
任职年龄	25岁	18岁
议长	大法官	发言人
合法居住地	本地居民	本地居民
是否薪俸	无薪俸	从1911年起有薪俸
议员数	781人	650人

下议院大约在14世纪出现，一直延续至今。历史上，下议院权力曾远逊于上议院，至今，下议院在两院中占主导地位。现时下议院的立法权力能够超越上议院，而根据《1911年国会法案》，上院驳回大部分议案的权力被削减为仅仅拖延议案通过。英国政府亦需要向下议院负责，首相失去下议院支持，就要下野。2019年10月31日，议会下议院议长翰·伯科告别出任10年之久的议长职务。① 2019年11月4日，英国议会下院投票选举林赛·霍伊尔为新议长。② 下议院之官式全称为"尊贵的与会大不列颠及北爱尔兰联合王国下议院议员"（The Honourable the Commons of the United Kingdom of Great Britain and Northern Ireland in Parliament assembled）。下议院英文"House of Commons"中"Commons"一词来自英文"commoners"（意为庶民），反映下院议员的庶民出身，以区别由贵族所掌的上议院（House of Lords）。这种解释并无史实支持，其实"Commons"一字语出诺曼法语的"communes"，意指议员们

---

① "秩序！秩序！"英国议会下院"咆哮"议长卸任[EB/OL]. 新华网，2019-11-01.
② 英国下议院选出新议长：林赛·霍伊尔接替"网红"议长[EB/OL]. 网易新闻，2019-11-05.

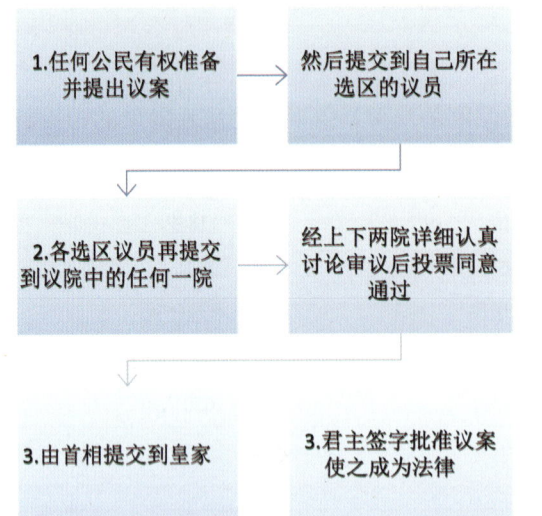

所代表的社区，具地理意味。上、下两院皆设于伦敦威斯敏斯特宫内，而每次会议时，议事厅内必置有一权杖，以彰皇权。下院中设议长、副议长。议长由议会中多数党提名征得反对党同意后选出。

（二）议会的立法权

议会有权制定和废除法律，议会是英国"权力的基础"，英国中央的一切宪政权力皆由选民赋予议会，然后议会再将行政权授予政府，将司法权授予法院，而自己直接行使立法权。议会集三权于一身，高于政府和法院。它通过掌握立法权来体现自己的地位，同时也是借助立法来实现其对政府和法院的约束。

英国的立法过程大体有三个环节。

内阁对法案起草工作实行统一控制。起草工作由专门的法案起草室完成，起草室设在财政部内。政府立法计划内的重要议案，由国王在11月份议会开幕式的讲话中公布，随后送到两院中的任何一个审议，通常情况下是先送到下院，再提交到上院。下议院立法时起重要作用，但上议院有延搁否决议案权。

第二次世界大战结束后工党执政，下议院在推行福利和社会改革政策时，又经常遭到上院用两年延搁否决权加以阻挠，于是1949年4月议会通过"议会法"，规定"公共法案若经平民院连续两个会议通过，虽经贵族院的否决，也可成为法律"，所以贵族院的延搁否决权从以前两年减为一年，上议院的权力被进一步削弱。正常情况下，政府议案要经两院通过，两院通过法案的过程相似。

但主要是涉及财政事务的议案永远由下院审议通过。议会法还规定，在特定环境下，下院可不经过上院而通过议案。

二、英国的司法制度

英国的司法制度源远流长。19世纪末,英国通过对其司法组织系统进行较大规模改革后,初步形成了近代英国司法制度的框架,这对英美法系国家的司法制度有着深远的影响。

(一)英国法院

司法体制与英格兰不同。这是英国司法制度的一大特点。我们介绍的英国司法体制仅指英格兰和威尔士地区。因此英国有三种不同的法律体系,英格兰和威尔士实行普通法体系,苏格兰实行民法体系,而北爱尔兰实行与英格兰相似的体系。英国司法机构分民事法庭和刑事法庭两个系统。英国法院分三级,如左图1所示。

上议院,如左图2所示,是英国最高级别的法院。根据犯罪情况的轻重缓急,又有民法和刑法之分,民事法院和刑事法院之分。

在英格兰和威尔士,民事审理机构按级分为郡法院、高等法院、上诉法院民事庭、上院;刑事审理机构按级分为地方法院、刑事法院、上诉法院刑事庭、上院。英国最高的司法机关为上院,它是民、刑案件的最终上诉机关。1986年皇家检察院成立,隶属于国家政府机关,负责受理所有的由英格兰和威尔士警察机关提交的刑事诉讼案。总检察长和副总检察长是英政府的主要法律顾问,并在某些国内和国际案件中代表王室。英国刑事审判使用陪审团制度的历史可以追溯到中世纪,在刑法中已经根深蒂固了。

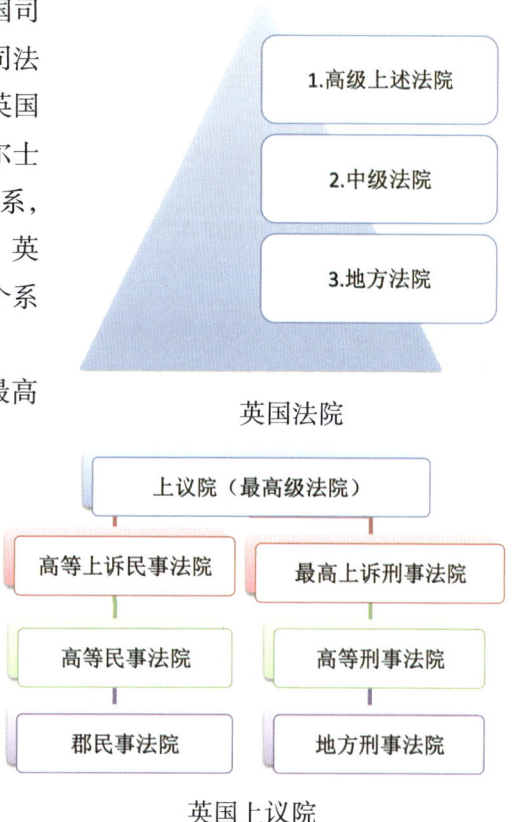

(二)英国律师

英国律师制度始终保留许多封建传统,等级森严。英国律师分为两大类别,如图所示。

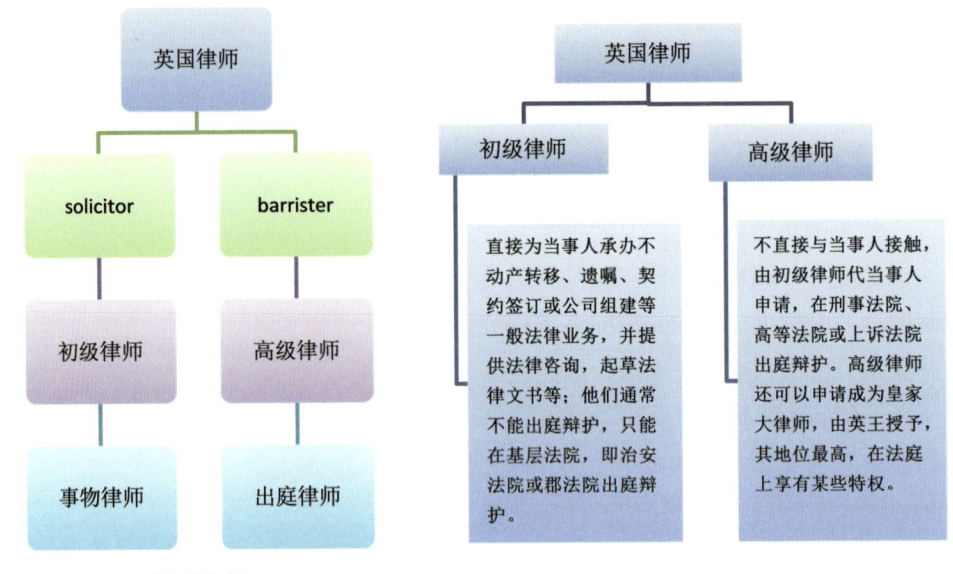

英国律师

```
英国律师
├── solicitor → 初级律师 → 事物律师
└── barrister → 高级律师 → 出庭律师
```

英国律师
- 初级律师：直接为当事人承办不动产转移、遗嘱、契约签订或公司组建等一般法律业务，并提供法律咨询、起草法律文书等；他们通常不能出庭辩护，只能在基层法院，即治安法院或郡法院出庭辩护。
- 高级律师：不直接与当事人接触，由初级律师代当事人申请，在刑事法院、高等法院或上诉法院出庭辩护。高级律师还可以申请成为皇家大律师，由英王授予，其地位最高，在法庭上享有某些特权。

英国这两大类律师之间存在着诸多区别，下面是详细解释。

英国律师组织具有浓厚的中世纪行会气息，高级律师理事会、初级律师协会和伦敦4大律师学院（林肯、内殿、中殿、格雷律师学院）基本控制着律师的培养、职称授予和行业纪律。[①] 英国法官一律采用任命制。大法官、法官上院议员、上诉法院法官由首相推荐，英王任命。英国没有司法部，大法官拥有对司法人员的任免权。法官必须是"法律协会"的出庭律师，并有一定年限的司法实践。法官一经任命，非经本人同意，一般不能被免职。最高法院法官则为终身职。地方法院法官72岁以后才可以退休，法官待遇优厚。

（三）司法原则

英国的司法原则是指司法独立原则和司法公正原则。

英国没有专门的司法部，也没有司法部部长。司法行政事务在英格兰和威尔士由法务大臣和内政大

英国司法原则
- 司法独立原则：是指英国司法制度不受任何干扰，以确保人民民主的实行。英国议会中的下议院主要负责立法和任命法官，首相内阁负责执法，而上议院也是英国最高等的上诉法院，在司法上是独立的，不受立法和执法的干扰，司法独立是英国民主的基础和保障。
- 司法公正原则：是指司法机关及其司法人员在司法活动的过程和结果中应坚持和体现公平和正义的原则。司法公正是社会正义的重要组成部分，它包括实体公正和程序公正。人民应在遵循公正原则的基础上，了解法律条款，建立陪审团制度。

---

① 邹瑜.法学大辞典[M].北京：中国政法大学出版社，1991.

臣行使。英国的法务大臣是最高法院院长、上议院议长、内阁成员兼具一身的全国司法部门的首脑，担负有司法、立法、行政三种职务。上议院是民、刑事案件的最高上诉审级，是最高审判机关，行使国家的最高司法权，上议院的判决是终审判决。

（四）宪法

英国是世界上最早建立议会的国家，但英国不是成文法国家，至今英国都没有一部成文宪法。英国宪法不是一个独立文件，而是由成文法、习惯法、惯例组成。包括最早签署的法律文件《大宪章》（1215年）、《人身保护法》（1679年）、《王位继承法》、《权利法案》（1689年）、《议会法》（1911年、1949年）以及历次修改的选举法、市自治法、郡议会法等法律文件。这些法律文件都是在英国不同历史改革时期所制定的，反映了英国的文化传统，都具有宪法的性质。如果英国不脱欧，英国还要遵守欧盟法律，这也是毋庸置疑的。

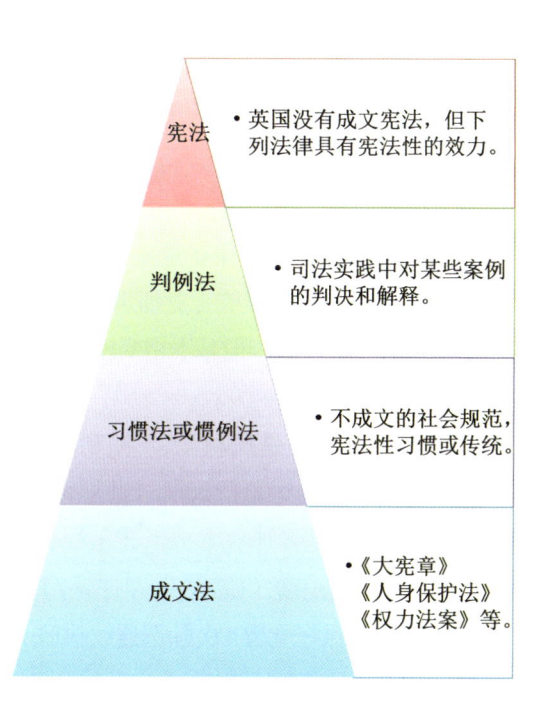

宪法	英国没有成文宪法，但下列法律具有宪法性的效力。
判例法	司法实践中对某些案例的判决和解释。
习惯法或惯例法	不成文的社会规范，宪法性习惯或传统。
成文法	《大宪章》《人身保护法》《权力法案》等。

第三节　英国政党和普选制度

一、英国政党

英国是世界上最早出现资产阶级政党并最先确立和实行两党制的国家。英国政治是由政党决定的，英国政党体制从18世纪起即是英国宪政中的重要内容。英国政党为数众多，目前保守党和工党是英国社会中的两大主要政党，他们在英国政坛中为争夺执政党而激烈竞争。除此之外，英国还有各种名目繁多的少数党制衡英国政治，因此英国政党是英国政治的源头。

（一）英国主要政党

1. 自由党

自由党与保守党几乎同时产生，他们的地位不分上下，在当时的社会中轮流掌控政府，前身是辉格党。"辉格"（Whig）一词起源于苏格兰的盖尔语，意为马贼，英国资产阶级革命时，有人用它来讥讽苏格兰长老派。1679年，就詹姆斯二世是否有权继承王位的问题，议会展开激烈争论。一批议员反对詹姆斯二世的王位继承权，被政敌讥称为"辉格"，他们也渐以此自称。辉格党人是指那些反对绝对王权，支持新教徒宗教自由权利的人。19世纪中期，辉格党演变为自由党，于19世纪末20世纪初衰落。它与保守党在第一次世界大战之前构成英国社会的两党制，但一战后自由党的地位逐渐被工党所取代，工党成为英国第二大党，其间也会偶尔与两党之一构成联合政府，但基本格局没有发生实质性变化，是英国的中立党派。

2. 保守党

保守党的前身是托利党。"托利"（Tory）一词起源于爱尔兰语，意为不法之徒。1679年，议会讨论詹姆斯二世是否有权继承王位，赞成的人则被政敌称为"托利"。托利党人是指那些支持世袭王权、不愿去除国王的人。19世纪中叶托利党壮大起来，改称保守党（Conservative Party），目前是英国议会第一大党，英国右翼党。1979—1997年保守党曾4次胜选连续执政18年。

2010年5月英国大选后，保守党重获执政地位，与自民党组成联合政府。2019年7月鲍里斯·约翰逊当选保守党领袖。保守党的支持者一般来自企业界和富裕阶层，他们的支持者主张自由市场经济，严格控制货币供应量，减少公共开支，压低通货膨胀，限制工会的权利，加强"法律"和"秩序"等。

3. 工党

工党是英国第二大党，英国两大主要执政党之一，左翼党，1900年2月建立于伦敦，称"劳工代表委员会"，1906年改称工党。工党初期是工会组织与费边社、独立工党和社会民主同盟之间的联盟，只有集体党员，没有个人党员，也没有明确的纲领，其宗旨是在议会里实现独立的劳工代表权，以后费边社和独立工党的社会改良主义在党内的影响不断增长。工党于1918年通过名为《工党与新社会制度》的纲领和新党章，将生产、分配和交换手段的社会化列为自己的目标，并开始吸收个人党员。1924年1月，工党在自由党的支持下首次组阁，并从此开始与保守党轮流执政。1945年以前，工党仅于1923—1924年和1929—1931年两次短期执政。1945年大选至1951年，组织过两届内阁，在此期间，发起重新建立社会党国际。1964—1970年、1974—1979年，先后组织了4届内阁。1979年、1983年、1987年和1990年4次大选连遭失败。1997—2010年连续执政13年。2010年5月大选失利，成为反对党。

4. 自由民主党

自由民主党紧随保守党和工党之后，是自20世纪30年代以来第三大党。1988年3月由原自由党和社会民主党内多数派合并组成，领袖尼克·克莱格，2007年12月当选。自民党政治主张居中偏左，在很多问题上与工党立场相近。主张通过减税还富于民，提高个税起征点；呼吁限制金融城过度扩张，对银行家薪酬课以重税；承诺公平教育，保护公民权利和自由；倡导宪政改革，提出减少议员议席，在选举制度上采用比例代表制；支持欧洲制宪，主张加入欧元区，反对进行英欧关系公投。2010年5月大选后，与议会第一大党保守党达成协议，组建卡梅伦联合政府，获得5个内阁位置，首次成为执政党。

（二）英国两党制的形成

英国是一个两党制的国家，英国两党制的形成发展大体上经历三个阶段。

1. 辉格党与托利党先后执政时期

1714年乔治一世即位后，英国逐渐形成国王不出席内阁会议，由议会多数党领袖主持内阁的宪法惯例，从而使内阁被议会多数党控制。辉格党和托利党依据议会席位多少的变化而轮流组阁，为两党制的形成奠定了基础。

2. 保守党与自由党轮流执政时期

在这个阶段中，两党从议会内的政党发展为全国性的、群众性的政党，这是两党制形成的基本条件和重要标志。经过多次议会改革，彻底改变了下院与上院、王室之间的力量对比，国王成为虚君，削弱了上院的权力，提高了下院的地位。在此基础上确立了两党制。

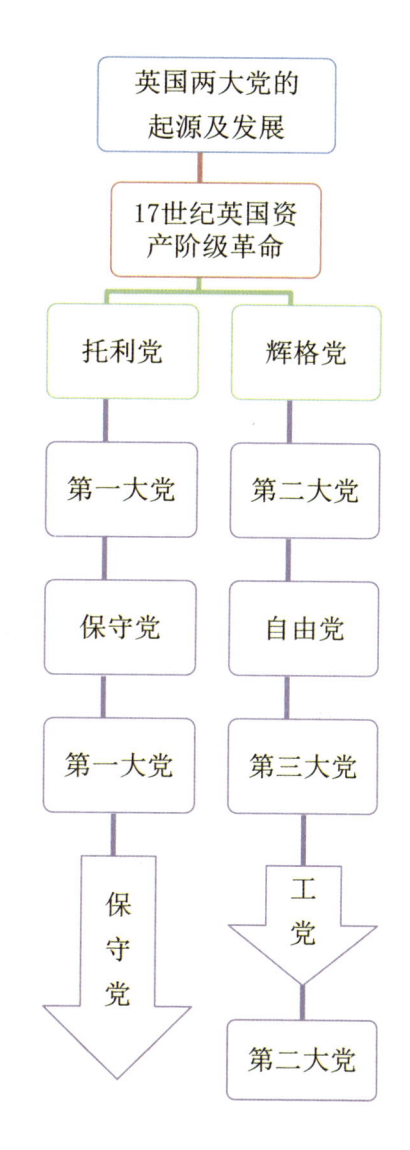

3. 两党制逐步完备

从19世纪末20世纪初开始，两党制逐步完备。保守党于1907年首创影子内阁，以后凡在大选中获得仅次于下院多数议席的政党则成为法定的反对党。反对党在议会中有可能通过不信任投票取代执政党的地位。

（三）英国其他政党

英国除了多数党派外，名目繁多的少数党派也不少。

苏格兰民族党 Scottish National Party	英国共产党 Communist Party of Britain, CPB	威尔士民族党 Plaid Cymru
绿党 Green Party	英国独立党 UK Independence Party	英国民族党 British National Party

除此之外，北爱尔兰也有一些少数派政党：

北爱尔兰统一党 Ulster Unionist Party	民主统一党 Democratic Unionist Party
社会民主工党 Social Democratic and Labour Party	新芬党 Sinn Fein

二、普选制度

英国大选是全国范围的选举。两党派的目的就是要赢得大选进而起到操纵议会实现本党派的政治纲领。英国大选的本质是两党之争，选出下议院的执政党。英国议会中上议院议员采取贵族世袭制，不需要进行选举。下议院议员都是通过选举方式产生的，首相也是下议院议员，因此英国大选是选出下议院的议员，每个议员背后都需要有政党的支持才能获得更多的选票，一个政党支持的议员数量越多，这个政党在议会中占据的席位也越多，才能最终脱颖而出，成为执政党。

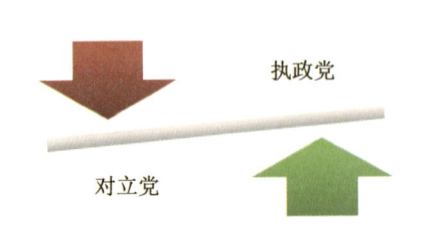

（一）执政党和对立党

议会选举归根结底是要看下议院选举时哪个党派支持的议员人数更多，支持的议员数量越多的那个党派就能获得成为执政党的先机，只有成为执政党，首相才能有权组阁，形成政府。执政党和对立党就是一对冤家，随时可能翻盘，因而无论哪个政党成为执政党都可能被推翻。

1. 执政党

执政党并不是指某一党派的名称，而是指在议会选举中能够击败其他政党，在议会中获得更多席位的政党，这个政党就是执政党或多数党派、强势党。

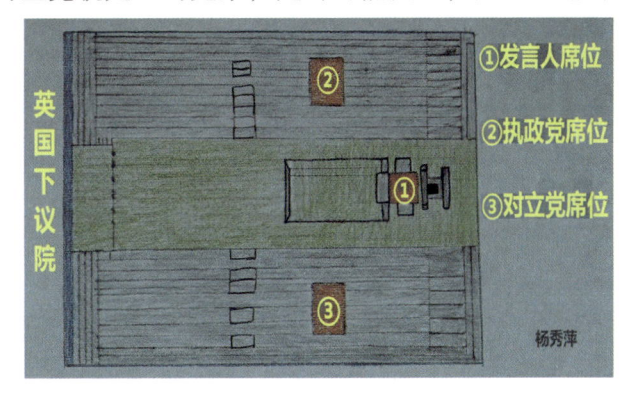

英国下议院

2. 对立党

对立党也并不是指某一党派的名称，而是指在议会选举中被其他政党击败，在议会中获得更少席位的政党，这个政党就被称作对立党或少数党派、弱势党。如图所示：在下议院议席中，①是发言人席位；②是执政党席位也就是政府席位；③是对立党席位也就是少数党席位。首相是执政党元首，组阁，形成政府内阁，对立党形成影子内阁，监督执政党，双方形成对峙局面。

（二）选区的划分

根据各地区人数，把全国划分成若干选区，每五十万人数为一个选区，英国共有650个选区，其中英格兰有533个、威尔士有40个、苏格兰有59个，而北爱尔兰有18个。到2016年，英国总人口为65、112，103，全国划分为650个选区。英国下院议员的选举实行一人一票，匿名投票，从形式上看体现了民主的原则。但由于实行单一名额相对多数选举制，每个选区只有一名议员，且采用得票相对多数的人当选的办法，选举结果有可能出现一个代表少数选民的政府，一个实质上违背民主要求的政府。

2001年全国659个议员选区中			
工党	保守党	自民党	其他党派
413人	166人	52人	28人

每一个年龄在18岁以上的男女都有权利投票。每一个投票人只能投给一个候选人。因为候选人没有居住地限制，法律也没限制候选人的人数，往往会出现在同一个选区，好几个后候选人在竞选下议院议员。

（三）英国首相

英国首相是英国政府的首脑，是代表英国王室和民众执掌国家行政权力的最高官员。2019年7月24日，鲍里斯·约翰逊接任特蕾莎·梅，成为英国首相。[①] 英国首相不是直接选举出来的，是间接选举出来的。一般情况下，国会下议院普选结果一公布，获得绝大多数议席的绝大多数党派首领自动成为首相人选，人选经君主任命后正式成为首相。英国大选的基本制度是简单多数选举制，即一党所占有的议员数量。如果一党拥有绝大多数的议员，则此党将组成下届政府，该党党首则成为首相。下面两图表中普选结果属于正常情况。

1997年全国659个议员选区中			
工党	保守党	自民党	其他党派
418人	165人	46人	30人

1997年普选结果，659个选区，659个议员，工党占418个，占一半以上人数，成为执政党，当之无愧，党首布莱尔被女王任命为首相。

2001年普选结果与上届结果相差不大，英国工党减少5人，413人同样占绝大多数，成为英国执政党，党首布莱尔再次当选为英国内阁首相。

（四）悬浮议会（Hung Parliament）

悬浮议会是英国的政治术语，指无任何党派赢得下议院（House of Commons）650个席位中的半数以上席位。如果在议会中没有任何党派拥有半数以上席位，则合并拥有多数席位的两个或多个政党，组成联合政府，其中绝大多数党的党首将成为首相，也可能是单独一党成立政府，并通过与其他党派非正式的联盟和协议而得以延续

2010年全国650个议员选区中			
保守党	工党	自民党	其他党派
302人	257人	56人	35人

下届政府。"悬浮议会"是一种消极状态，和联合政府执政就成了一种常态。

1. 2010年大选候选人分别为前任首相、工党领袖戈登·布朗（Gordon Brown），

---

① 约翰逊和特朗普除了拥有同款发型，还有这些相似之处 [N]. 新京报，2019-07-24.

保守党党首大卫·卡梅伦（David Cameron），以及自由民主党代表尼克·克莱格（Nick Clegg），三大党在议会选举中所获议席均未达到半数以上。

保守党未达到在议会占多数所需的326个议席，英国将出现自1974年以来的首个"悬浮议会"。所谓"悬浮议会"，是指在议会制国家中，没有任何一个政党在议会取得绝对多数。而一旦出现悬浮议会，通常会由筹组联合政府、组建少数派政府或重新选举等三种方式来解决。而保守党、工党如果和其他小党派协商组成联合政府，过程可能需要许多天。650议员的半数是325人，保守党是302人，工党257人，自民党是56人。任何一党都不够半数以上，只能通过两党合并形成联合政府。最终结果是保守党与自民党合并形成卡梅伦联合政府。

2015年全国650个议员选区中

保守党	工党	苏格兰民族党	自民党	其他党派
331人	232人	56人	8人	23人

2. 2015年保守党卡梅伦第二轮大选中650个选区中已有586个选区出票，获得282票，已遥遥领先任何一个绝大多数党派。

2017年全国650个议员选区中

保守党	工党	苏格兰民族党	自民党	其他党派
318人	261人	35人	12人	24人

在650个选区中保守党获得331个议席，超出半数325，工党赢得232个议席，苏格兰民族党赢得56个议席，卡梅伦政府当选新一届政府首相。

2017年6月9日，英国公投脱欧后，首相卡梅伦还在任期中，卡梅伦属于不主张脱欧的留欧派，不得不提前卸任，由同样是保守党的议员特蕾莎·梅接手处理与脱欧相关的事宜。

特蕾莎·梅参加2017年大选，在大选中，执政的保守党虽然取得议会最多的318个议席，但是并未赢得326席的过半席位，时隔7年，英国再次出现"悬浮议会"的政局。

2019年全国650个议员选区中

保守党	工党	苏格兰民族党	自民党	其他党派
365人	203人	48人	11人	23人

3. 2019年英国全国分650个选区，一个选区选出一个议员。保守党获365人，工党203人，苏格兰民族党48人，自民党下滑至11人，北爱民主统一党8人，新芬党7人，威尔士党4人，北爱社会民主工党2人，绿党1人，北爱联盟党1人，其他党派8人。

2019年7月23日，鲍里斯·约翰逊当选英国执政党保守党领袖。2019年7月24

日，鲍里斯·约翰逊正式接任特蕾莎·梅，成为英国新一任首相。① 2019年12月13日，英国议会下院选举结果显示，鲍里斯·约翰逊领导的保守党赢得的议会席位已经超过325个，超过议会总席位的半数，赢得此次大选，约翰逊将继续担任英国首相。②

第四节　英国媒体

一、英国报纸

随着传媒技术的发展，传媒不但为大众提供了新闻信息和休闲娱乐，而且成为一种创造财富的重要手段，是 GDP 的一个重要组成部分。由于英语在当今国际交流中的主导地位以及英国在国际社会中的独特角色，英国的新闻产品和英文节目跨越和占据了世界传媒版图上的大部分角落，并享有着不可撼动的地位。传媒业在英国相当发达。在英国这样一个拥有6000万人口的国家，报纸、杂志、书籍、电视、广播以及各种音像制品等传媒，在人们日常生活中几乎无所不在。报刊作为英国传媒的一种手段，种类多，数量大，在人们的生活中具有很大的影响力。

（一）英国全国性高级报纸

1.《泰晤士报》(The Times) http://www.thetimes.co.uk /

2.《每日电讯报》(The Daily) Telegraph http://www.dailytelegraph.co.uk/

3.《卫报》(The Guardian) http://www.guardian.co.uk/

4.《金融时报》(The Financial Times) http://news.ft.com/home/rw

5.《星期日电讯报》(Sunday Dispatch) http//www.Sunday Dispatch.co.uk/

6.《观察家报》(The Observer) http://www.observer.co.uk/

7.《星期日泰晤士报》(The Sunday Times) http://www.sunday-times.co.uk/

（二）英国全国性通俗报纸

1.《每日快报》(The Daily Express) http://www.express.co.uk/

2.《每日邮报》(The Daily Mail) http://www.dailymail.co.uk/

3.《每日镜报》(Daily Mirror) http://www.mirror.co.uk/

---

① 约翰逊就任英国首相 [EB/OL]. 新华网，2019-07-25.
② 鲍里斯·约翰逊领导保守党赢得英国大选 [EB/OL]. 新京报网，2019-12-13.

4.《星期日快报》（The Sunday）Express http://ww.Sunday express.co.uk/

5.《世界新闻报》（The News of the World）http://www.newsoftheworld.co.uk/

（三）地方性报纸

该类报纸主要以刊登本地新闻和广告为主，具有浓厚的地方特色。包括晨报、晚报、周报、日刊。

1.《格拉斯哥先驱报》（Glasgow Herald）http://www.herald.co.uk/

2.《旗帜晚报》（The Evening Standard） http://www.thisislondon.co.uk/

3.《新闻晚报》（The Evening News）http://www.eveningnews.co.uk/

（四）英国主要期刊

1.《经济学家》（The Economist）http://www.economist.com

2.《旁观者》（The Spectator）http://www.spectator.co.uk/

3.《新政治家》（The New Statesman） http://www.newstatesman.co.uk/

（五）英国广播电视台台标

1.《妇女界》（The Woman's Own）http://www.goodtoknow.co.uk/

2.《妇女之国》（Woman's Realm）http://www.anagramgenius.com/

3.《泰晤士报文学增刊》（The Times Literary Supplement，The TLS） http://www.the-tls.co.uk/

（六）英国其他周刊及科普刊物

1. 周刊（Weeklies）

（1）《现在》（Now）http://www.nowmagazine.co.uk/

（2）《侦探》（Private Eye）http://www.private-eye.co.uk/

（3）《笨拙》（Punch）http://www.punch.co.uk/

（4）《听众》（The Listener）http://www.listener.co.nz/

（5）《新社会》（New Society）http://www.newsociety.com

（6）《闲暇》（Time Out）http://www.timeout.com/london/

2. 科普（Scientific periodicals）

（1）《发现》（Discovery）http://www.discovery.com/

（2）《自然》（Nature）http://www.nature.com/

（3）《科学通讯》（Science News）http://www.sciencenews.org

（4）《地理杂志》（The Geographical Magazine）http://www.geographical.co.uk/

（5）《新科学家》（New Scientist）http://www.newscientist.com

（6）《科学世界》（Scientific World、）http://www.thescientificworld.com

（7）《未来音乐》（Future Music）http://www.futuremusic.co.uk/

（8）《学科进展》（Science Progress）http://www.scilet.com

二、英国通讯社

英国全国共有3家通讯社。

（一）路透社

1850年成立，世界重要通讯社之一，总部设在伦敦。在158个国家和地区设立分支机构，拥有1930名记者。

（二）新闻联合社

1868年创办，由4家公司联合经营，专门为英国和加拿大的企业提供公关和投资信息。

（三）AFX新闻有限公司

由法新社和《金融时报》联合经营，向欧洲的金融业及企业界提供信息服务。在欧洲各国、美国及日本设立分支机构，总部设在伦敦。

三、广播电视

全国有4家广播电视公司。

（一）英国广播公司（BBC）

该公司成立于1922年，由一些无线电广播器材制造商联合成立，通过征收执照费和广播器材的销售利润支撑财政运转，国家也拨一部分款项，基本是半官方的电视公司。在英国无线电广播中，BBC迄今保持着统治力量，收听率达到了人口的56%，其节目产出占所有广播节目的30%。另外，BBC不但制作电视节目，也制作广播节目，目前BBC拥有全球1.2亿的听众。

（二）另外还有商业独立电视公司ITV、SKY、BSB电视台

（三）广播电台，除电视公司办广播以外，另有三个全国性商业电台

1. BBC

英国广播公司，总部位于英国伦敦，前身为 British Broadcasting Company，是英国最大的新闻媒体，也是世界上最大的新闻媒体。

2. ITV

英国独立电视台（简称 ITV），是英国第二大无线电视经营商，在1955年设立，目的是为英国广播公司进行竞争。独立电视是由15个营运商组成，有独立的台徽和识别。

3. Channel 4

英国电视四台从形式到内容以表现实验性、改革性和创新性为主。同时结合互联网、手机和电视等，自创许多互联网音视频节目，在新媒体领域独树一帜，在英国传媒业产生了非常大的影响。

4. Channel 5

英国电视五台于1997年3月开播，拥有适应各种年龄层的电视节目，包括时政、儿童节目、电影、戏剧和体育节目等。

5. SKY

SKY电视台由传媒大亨默多克的新闻集团所控制，1998年，天空电视台在英国首个开创140个频道的数字服务，已经扩展到300多个频道。

6. UKTV

英国电视台是由英国广播公司（BBC）下属的环球子公司和维珍传媒（VirginMedia）合资成立的电视公司。UKTV目前拥有超过十个的子频道，是英国最大的电视公司之一。

美国部分

U.S.A

第一章

美国自然地理

第一节 美国地理特点

一、地理位置和地形特点

美国全称为"美利坚合众国"（英语：United States of America），简称"美国"（United States），是由华盛顿哥伦比亚特区、50个州和关岛等众多海外领土组成的联邦共和立宪制国家。其主体部分位于北美洲中部，美国中央情报局《世界概况》1989年至1996年的初始版中美国总面积是937.3万平方公里，人口3.3亿[1]，通用英语，是一个移民国家。其主体部分位于北美洲南部，是美洲第二大国家。美国本土位于北美洲南部，领土还包括北美洲西北部的阿拉斯加和太平洋中部的夏威夷群岛等。

---

[1] 美国国家概况 [EB/OL]. 外交部，2019-03-11.

（一）美国的地理位置

美利坚合众国（United States of America）从大西洋到太平洋，几乎横跨整个北美洲大陆，面积仅次于俄罗斯、加拿大、中国，世界排名第四。本土东西长4500公里，南北宽2700公里，海岸线长22680公里。整体上，美国大陆东临大西洋，西临太平洋，北接加拿大，南靠墨西哥，东南接墨西哥湾。领土还包括北极边缘的阿拉斯加以及远在太平洋赤道地区的夏威夷。美国的地理位置独一无二，具有得天独厚的优越性，是世界上任何国家都无法比拟的，被美国人视为充满机遇的国家，被许多人誉为是世界上最宜居的地方。

美国的战略位置优越，不但有大西洋和太平洋不离不弃的守护，东西两侧还有阿巴拉契亚山脉和落基山脉作为天然屏障，远离其他大洲，邻国少，在北美只与加拿大和墨西哥接壤，两国实力不如美国强大，对美国构不成威胁。南美虽然有几个领土和人口大国，但很多是移民国家，而且军事和经济力量与美国差距悬殊，和美国不接壤。优越的地理环境为美国的农业和运输带来了优越性，有利于其种植业畜牧业的发展，水利运输方便。

（二）美国的地形特点

美国海岸线长，是世界上海岸线最长的国家之一。本土海岸分东海岸、西海岸和墨西哥湾沿岸，有许多重要港口濒临这些海岸，水利运输和航空运输极为方便。地形大致分为三个南北纵列带：总体为东西两侧高中间低，东部为低缓的阿巴拉契亚山脉，中部为宽阔的中央大平原，西部为高大的落基山脉、内华达山脉和海岸山脉。

1. 东部阿巴拉契亚山脉与大西洋沿岸低地

阿巴拉契亚山脉位于大西洋沿岸平原西侧，基本与大西洋海岸平行，长约2300多公里，一般海拔1000—1500米，由几条平行山脉组成。在阿巴拉契亚山脉和大西洋沿岸之间，有一条大西洋沿岸低地。这条低地北狭南宽，面积不大，有几条发源于阿巴拉契亚山脉流向大西洋的河流，如康涅狄格河，哈德逊河，波托马克河，詹姆斯河等。这些河流不长，但水量充足，水利丰富。从历史上看，这一地区是欧洲人在北美最早的殖民地，有美国独立时最早的13个州。这里工业发达，是美国政治文化中心，如，纽约、费城、华盛顿、波士顿都在这一地区。

2. 中部大平原

美国学术界对于大平原的东部界线有不同的认识，一般认为在西经97°附近。美国大平原是世界上著名的平原之一，包括蒙大拿、怀俄明、科罗拉多、新墨西哥、北达科他、南达科他、内布拉斯加、堪萨斯、俄克拉荷马、得克萨斯等州。

作为一个自然区，它实际上一直延续到加拿大，西起落基山山麓的海拔1800米等高线一带；东到密西西比河谷地，大约沿着等高线为海拔300米的位置；北起漫长的美国与加拿大边界；南达大西洋沿岸平原一带，平原面积达到美国国土面积的一半以上。起源于两侧山脉的诸多河流，如，密苏里河、田纳西河、俄亥俄河、流经平原，注入强大的密西西比河。密西西比河发源于美国西部偏北的落基山脉，由北向南纵贯美国大平原，把美国分为东西两半，最后注入墨西哥湾。中心平原面积巨大，土壤肥沃，适于农业耕作，农作物有机质含量很高，是美国重要的农业区和天然的粮仓。但此处无充分的湿度及生物的保护，极易受到风蚀，而且风蚀起来的严重程度是惊人的。

3. 西部科迪勒拉山系

美国西部是科迪勒拉山系，主要由落基山脉、内华达山脉和海岸山脉以及山间平原和盆地组成。美国中心大平原的西部是落基山脉，是北美最大的分水岭，几乎美国所有的大河都发源于此，它北起加拿大的育空高原，纵贯美国西部，向南一直延伸到墨西哥境内，在落基山中部的一个宽阔盆地上，有黄石国家公园，那里有很多温泉，是著名的游览区。

二、美国的地理特征

在美国广大的土地上包含各种自然景观。从佛罗里达温暖的海滩，到阿拉斯加寒冷的北国地带；从中西部平坦广阔的大草原，到终年为冰雪覆盖的落基山脉；享誉全球的有，壮观的大峡谷、极长的密西西比河，声如雷鸣的尼亚加拉大瀑布。美国位

美国内陆四大地理分区：东北部　中西部　南部　西部

于西半球，按着美国各部分地形特点的差异，美国内陆可分为四大地理分区：东北部、中西部、南部、西部，各部分契合完整如削，其地理形成演变至今亦未可知。

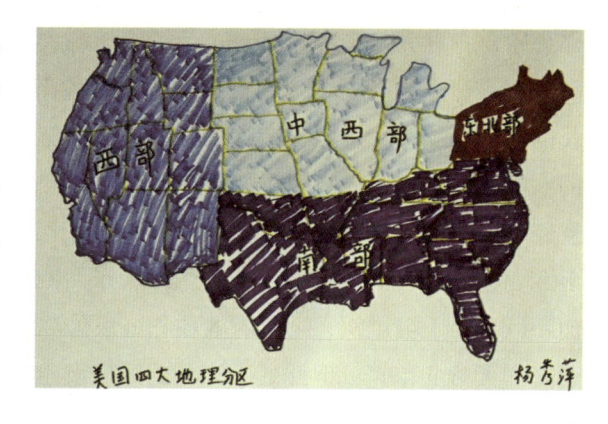

四大地理分区又可细化为九个分区。

（一）东北部

美国东北部为美国人口调查局所定义的美国地区。美国东北部北临加拿大，西临中西部，南接美国南部，东向大西洋。此区域乃美国工商业最发达的区域及都市化程度最高的区域，美国第一大都会纽约市即位于该区。美国东北部是全美最富裕的地区，包括11个州，从北到南分别为：缅因州（Maine），新汉布什尔州（New Hampshire），佛蒙特州（Vermont），纽约州（New York），马萨诸塞州（Massachusetts），罗得岛州（Rhode Island），康涅狄格州（Connecticut），宾夕法尼亚州（Pennsylvania），新泽西州（New Jersey），特拉华州（Delaware），马里兰州（Maryland）。东北部还可分为新英格兰以及中大西洋地区。

（二）中西部

美国中西部是指美国地理上中北部州，包括俄亥俄州、印第安纳州、密歇根州、伊利诺伊州、威斯康星州、艾奥瓦州、肯萨斯州、密苏里州、明尼苏达州、内布拉斯加州、北达科他州及南达科他州。这个区域再细分为中北部东方，基本上指的是五大湖地区，及中北部西方，基本上指的是大平原区。由于中西部地区的土壤肥沃，盛产包括玉米、燕麦及小麦各种谷物，其中以小麦最为重要，因此早期中西部也被称为美国的"面包篮"。中西部各州大部分为平原地形，但各地仍有些不同。芝加哥是中西部地区的最大城市，亦为全美第三大城，有时被人们称为"中西部首都"，是美国最重要的经济中心之一，钢铁工业、机械制造业、农业技术、贸易、文化教育等方面均居领先地位。

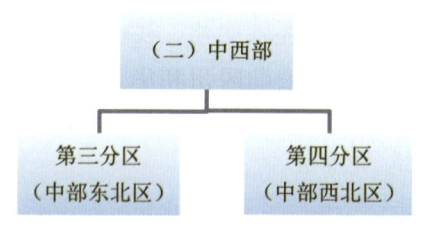

（三）南部

美国南部指美国的南部至东南部的广大地区，大部分是平原。南部有相当特殊的文化和历史背景，发展出了独特的传统、文学、音乐形式以及各种的烹饪食物。依据美国人口调查局的定义，美国的南部地区包括了16个州，并且可以再细分为三个分区域：

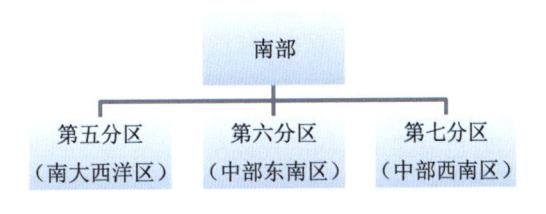

南大西洋区分佛罗里达州、乔治亚州、北卡罗来纳州、南卡罗来纳州、弗吉尼亚州、西弗吉尼亚州、马里兰州、特拉华州；中部东南区分亚拉巴马州、肯塔基州、密西西比州、田纳西州；中部西南区分阿肯色州、路易斯安那州、俄克拉荷马州、得克萨斯州。

（四）西部

美国西部包括亚利桑那州、科罗拉多州、加利福尼亚州、新墨西哥州、内华达州、犹他州、蒙大拿州、怀俄明州、爱达荷州、俄勒冈州、华盛顿州、阿拉斯加州。美国自建国以来疆域多次向西扩展，因此美国西部的定义也随着时代而变化。一般多以密西西比河作为美国东西部的分界线。如果采用广义的定义，美国西部占去了美国一半以上的领土。美国西部本身又可再细分为不同的地域。亚利桑那州、科罗拉多州、加利福尼亚州、新墨西哥州、内华达州、俄克拉荷马州、得克萨斯州及犹他州又被视为美国西南部。而蒙大拿州、怀俄明州、爱达荷州、俄勒冈州和华盛顿州则是美国西北部的地区。华盛顿州、俄勒冈州和加利福尼亚州三州位于太平洋沿岸，称为美国西岸；太平洋区，在落基山附近的各州称为山岳区。美国西部的地形主要是高山。

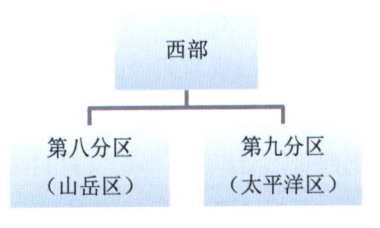

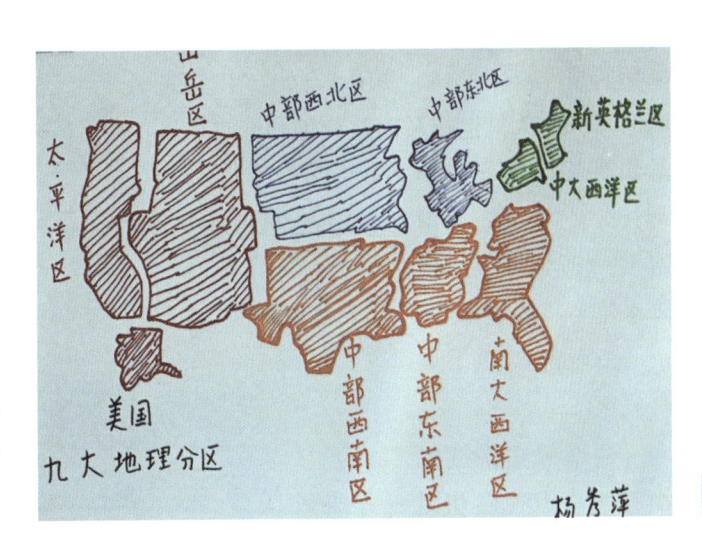

西雅图、旧金山和洛杉矶是美国西部最重要的城市。没有美国西部运动就没有今天现代化的美国，西部开发是美国西部牛仔文化、乡土文化、农牧文化的溯源，是美国社会文化的重要根基之一，也是美国人核心价值观的重要组成部分。美国西进运动不仅是美国从东到西的群众性移民、不断的领土扩张和大规模经济开发，同时也锤炼了美国的民族精神。

第二节　美国水力资源

一、气候特点

与西欧相比美国北部也算是靠南的，但气候差异依然很大。美国大部分地区位于北回归线与北极圈之间，以温带和亚热带气候为主，北温带属于大陆性气候，南部属亚热带气候。中北部平原温差很大，芝加哥1月平均气温 –3℃，7月24℃；墨西哥湾沿岸1月平均气温11℃，7月28℃。

（一）美国气候类型

1. 中央平原的大陆性气候区

这一区域呈大陆性气候特征，冬季寒冷，1月份平均温度为 –14℃左右，夏季炎热，7月份平均气温高达27℃～32℃。年平均降水量为1000～1500毫米。

2. 东南部亚热带气候区

因受墨西哥湾暖流的影响，美国东南部气候温暖湿润，1月份平均温度为6℃，7月份平均温度为24℃～27℃，年平均降水量为1500毫米。

3. 西部高原干燥气候区

西部的主要气候类型为高山气候和温

带海洋气候。这一区域属内陆性气候，高原上年温差较大，科罗拉多高原的年温差高达25℃。年平均降水量在500毫米以下，高原荒漠地带降水量不到250毫米。

4. 太平洋沿岸的海洋性气候区

主要气候类型为温带海洋性气候、地中海气候和温热带沙漠气候。这一区域冬暖夏凉，雨量充沛。1月份平均气温在4℃以上，7月份平均气温在20℃~22℃。年平均降水量为1500毫米左右。

（二）气候形成的原因

影响美国气候形成的原因有很多，例如，海拔高度、纬度、大气环流、海岸线、港湾、地形、洋流等，在众多因素中，地形和海洋因素尤为重要。

1. 纬度

美国大部分位于北纬30°~50°度，地处温带，气候温和，以温带气候为主。

2. 大气环流

西部沿海受西风带和亚热带高气压带控制，形成热带沙漠气候、地中海气候和温带海洋性气候。

3. 地形

（1）美国西部有高大的山脉阻挡，太平洋水汽不容易向东深入，东部低缓的山地与高原对来自大西洋的水汽没有阻拦，因此美国的降水主要来自大西洋，年降水量自东向西递减，到太平洋沿岸有所增加。

（2）美国中部为平原，南北畅通，冬季来自北方的冷空气可能长驱南下，夏季来自南方的暖气可能长驱北方，从而使美国的气温年较差增大，加剧了美国气候的大陆性特点。

4. 洋流

西侧太平洋沿岸有加利福尼亚寒流经过，降温减湿；东南部大西洋沿岸有墨西哥湾暖流经过，增温增湿。

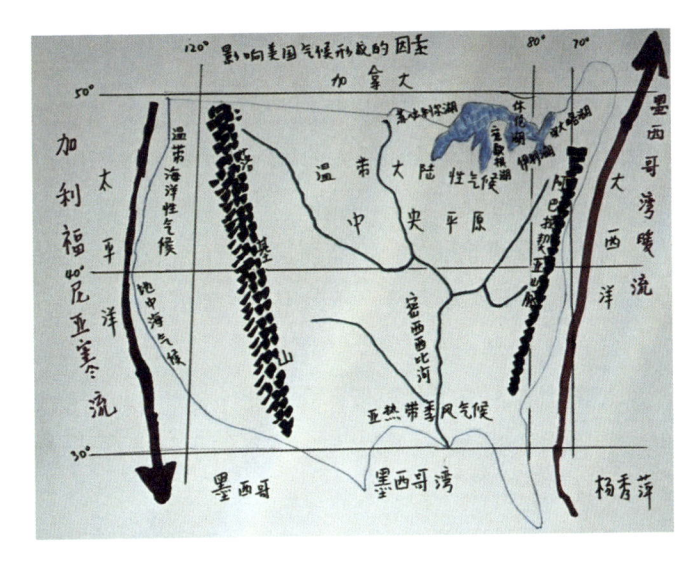

二、气温和降水

气候类型由气温和降水来决定，而"高温、炎热、温和、凉爽、寒冷"分别是对不同气候类型气温特征的描述。

（一）气温特征

1. 美国佛罗里达半岛南端，夏威夷州位于北回归线以南，属热带。热带气候一般用"高温"来形容，由于热带全年皆夏，故也说成"全年高温"。

2. 亚热带气候的最低月均温均在0℃～15℃之间，但最高气温月温度都很高（稍低于热带），所以都用"炎热"来形容，感觉上，"炎热"比"高温"温度略低。

3. 温带大陆性气候的最低月均温在0℃以下，但由于深入内陆，温差大，夏季很热，冬季很冷，故描述成"冬冷夏热"，这里的"冷"即"寒冷"，"热"即"炎热"例如美国中部。

4. 美国西部太平洋沿岸是温带海洋性气候，最低月均温均在0℃～15℃之间，但由于终年受西风（大西洋方向的海风）影响，所以，冬不冷、夏不热，即"冬暖夏凉"，这里的"暖"即"温暖"，"凉"即"凉爽"。

5. 北美洲西北部的阿拉斯加州位于北纬60°～70°度，属北极圈内的寒冷气候区，而极地气候终年寒冷，所以用"终年低温"或"全年寒冷"来形容。

（二）降水

1. 美国本土位于北温带，介于北纬25°～49°，大部分地区属温带和亚热带，气候和降水比较适宜，降水与地下水均十分丰富，有利于工农业生产的发展，可谓得天独厚。

2. 由于幅员辽阔，地形复杂，并受不同气流的影响，各地的气候差别很大：当佛罗里达半岛已是百花齐放的季节时，北部的五大湖区还处于寒冷之中。

3. 美国西部是高大的山系，阻挡了来自太平洋的气流，使得太平洋沿岸大陆的西岸地区的降水只是集中在沿海地区，而落基山脉的东侧降水很少，气候干旱。美国东部是低矮的阿巴拉契亚山地，对来自大西洋的水汽阻挡作用很小，导致美国的降水从东南沿海向西北内陆地区递减。

三、河流及水系

美国河流湖泊众多，支流纵横，水资源丰富，水系复杂，不仅有内陆河，还有与加拿大、墨西哥接壤的国际河。

（一）美国水系的特点

1. 凡位于落基山以东的注入大西洋的河流都称为大西洋水系，大西洋流域系统范围最大，主要有密西西比河、康涅狄格河、哈森河、格兰德河、圣劳伦斯河。其中密西西比河全长6020公里，居世界第四位，也是北美洲流程最长、流域面积最广、水量最大的河流，位于北美洲中南部，注入墨西哥湾，流入大西洋。

2. 凡位于落基山以西的注入太平洋的河流称太平洋水系。太平洋流域系统的河流，主要有科罗拉多河、哥伦比亚河、育空河等。

3. 北美洲中东部的大湖群——五大湖。包括苏必利尔湖、密歇根湖、休伦湖、伊利湖和安大略湖，属冰川湖，总面积24.5万平方公里，为世界上最大的淡水水域，素有"北美地中海"

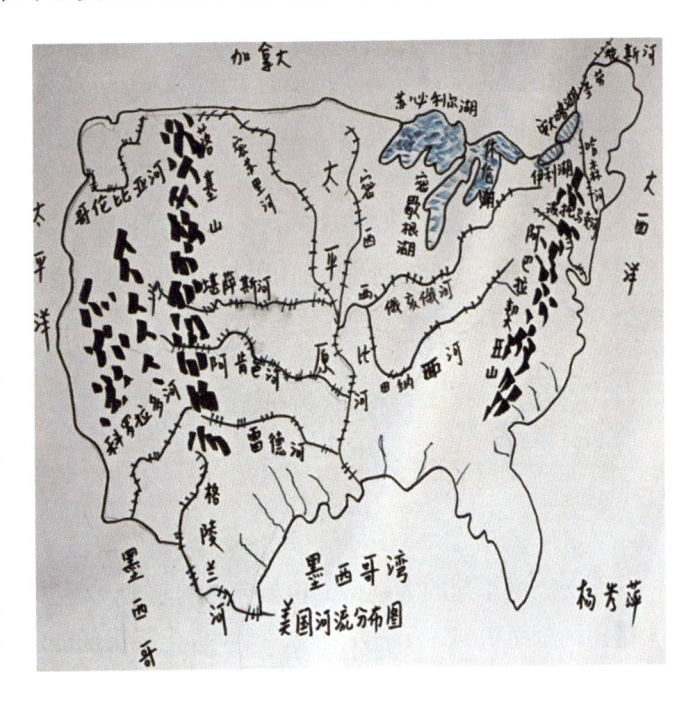

之称，其中密歇根湖属美国，其余4湖为美国和加拿大共有。苏必利尔湖为世界上最大的淡水湖，面积在世界湖泊中仅次于里海而居世界第二位。五大湖湖水汇入圣劳伦斯河，流入大西洋。

（二）河流

1. 内陆河

（1）密西西比河（The Mississippi River）

（2）俄亥俄河（The Ohio River）

（3）密苏里河（The Missouri River）

（4）田纳西河（The Tennessee River）

（5）阿肯色河（The Arkansas River）

（6）波托马河（The Potomac River）

（7）哈森河（The Hudson River）

2. 国界河

（1）与加拿大共有：

①美国东北国境的圣劳伦斯河（The St.lawrence River）

②美国西北国境的哥伦比亚河（The Columbia River）

③美国阿拉斯加境内的育空河（The Yukon River）

（2）与墨西哥共有：

④美国西南国境的格兰德河（The Rio Grande River）

⑤美国西南国境的科罗拉多河（The Colorado River）

3. 美国较长的河流

	河流名称	长度（千米）
1	密西西比河	6200
2	格兰德河	3200
3	育空河（北美洲西北）	3000
4	科罗拉多河	2300
5	哥伦比亚河	1900

（三）湖泊

北美洲中东部的大湖群，包括苏必利尔湖、密歇根湖、休伦湖、伊利湖和安大略湖，总面积24.5万平方公里，为世界上最大的淡水水域，素有"北美地中海"

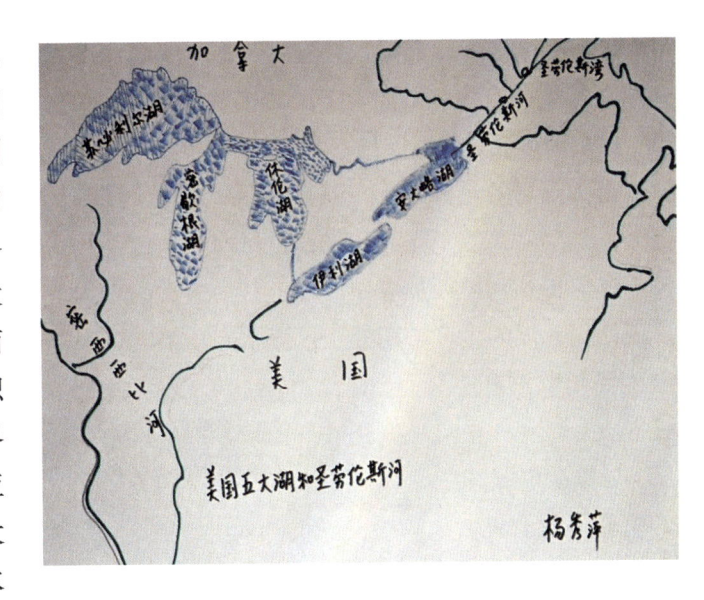

之称，其中密歇根湖属美国，其余4湖为美国和加拿大共有。苏必利尔湖面积在世界湖泊中仅次于里海而居世界第二位，是北美洲五大湖之一，也是世界上面积最大的淡水湖，面积82410平方公里，比世界第二大淡水湖维多利亚湖（68000平方公里）大得多；是亚洲最大淡水湖、世界最深淡水湖贝加尔湖（31500平方公里）的2.6倍；是欧洲最大淡水湖拉多加湖（18000平方公里）的4.6倍；是南美洲最大淡水湖的的喀喀湖（8330平方公里）的10倍。五大湖区不仅风景秀丽，而且地下资源相当丰富，储量大，品种多，质量好，开采条件也很便利。湖东面的阿巴拉契亚山地是美国最重要的煤田，其储量占全国的一半。苏必利尔湖的西面和南面是美国重要的铁矿产区，蕴藏量约占美国的80%。在休伦湖和密歇根湖沿岸还有丰富的石灰石、锰、铀、金、银、铜和盐等矿产资源。

第三节　美国自然资源

一、矿产资源

美国是一个自然资源丰富的国家，也是世界上重要的能源大国，矿产资源储备丰富，铁矿石、煤炭、天然气、铅、锌、银、铀、钼、锆等产量均居世界前列，但战略资源如钛、锰、锡、钴、铬、镍等则主要依赖进口。

（一）储量丰富

1. 煤炭资源

美国煤的总储量是3.2万亿吨，其中探明储量为3,961亿吨。美国拥有世界上最大的可开采的煤炭储量，并且是一个煤炭出口国。煤炭分布的范围很广，50个州中有36个州有煤炭资源。美国最主要的煤炭分布在东南部的阿巴拉契亚山脉附近，这里的煤储量大，产量占全国的50%，炼焦煤占全国的90%。中部大平原煤田储量虽占全国的三分之一，但产量较少，煤质较差。落基山地区的西部煤田储量也大，煤层厚，便于露天开采，但目前开采量不大。此外，还有北部煤田、太平洋沿岸煤田和阿拉斯加煤田。以上共为美国的六大主要煤田。目前，由于石油的广泛使用，煤的生产长期处于停滞状态。美国煤炭每年有一定数量出口，出口对象主要是欧洲和日本。

2. 铁矿资源

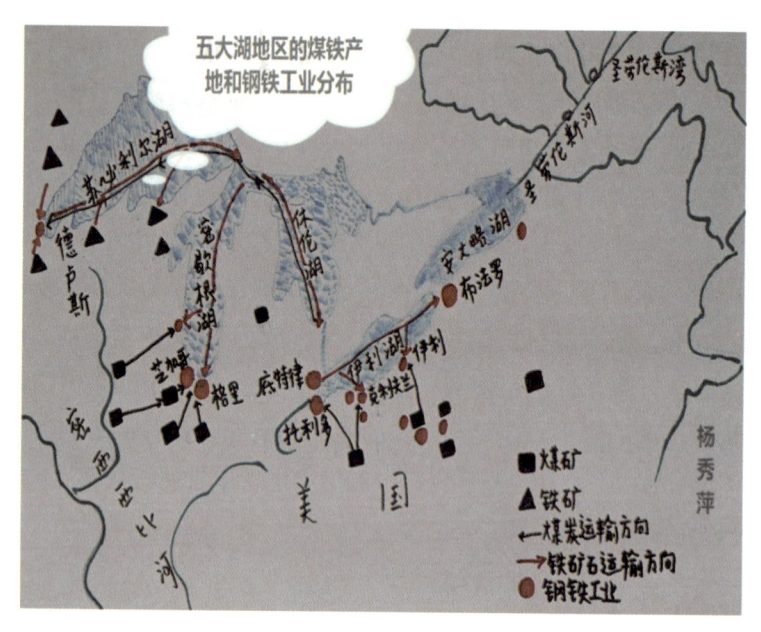

美国现有铁矿石约1,000亿吨，其中探明储量为174亿吨。铁矿主要分布在五大湖中苏必利尔湖的西岸，产量占全国的四分之三。美国第二大矿区位于伯明翰附近。纽约州北部、宾夕法尼亚中部及田纳西河流域均有铁矿分布。近年，在新墨西哥发现约20亿吨的铁矿储量。

3. 有色金属

美国铜矿主要分布在美国西南山区和落基山一带。其中亚利桑那州的铜矿石产量就占全国产量的一半。美国也是铅矿储量和产量最大的国家，占世界的36%。铅矿分布于密苏里州以及落基山和阿巴拉契亚山两侧的14个州。美国锌的储量仅次于加拿大，居资本主义世界第二位。锌矿资源主要分布于密苏里州、纽约州和科罗拉多州。在爱达荷州有铅、锌、银共存的克达伦矿区。犹他州的宾翰有兼产铜、铅和银的矿区。

4. 石油储量

美国原油产量在世界上长期处于领先地位，产区在西南部和墨西哥湾沿岸，尤其集中在得克萨斯、路易斯安那和俄克拉荷马三个州。另外，在阿拉斯加、普鲁德霍湾和加利福尼亚州石油储量也都极其丰富。但美国石油的消费量大，每年要大量进口。

5. 天然气储量

美国是资产阶级国家中天然气产量最多的国家，也是消费量最多的国家，需要从加拿大和墨西哥取得。美国天然气产区大致和石油产区一致，主要分布在得克萨斯、俄克拉荷马、加利福尼亚和宾夕法尼亚等州。天然气从这里经输气管送往芝加哥、底特律、洛杉矶等工业城市。路易斯安那州的气田产量占全国的一半以上，主要输往南部各城市。

（二）工业区

矿产资源推动了工业发展，美国逐步建立起的三大工业区是东北部工业区、西部工业区、南部工业区。渐渐从传统产业部门转变为新兴产业部门。

工业区	工业部门	工业中心
东北部	煤炭、汽车、化学	纽约、华盛顿、芝加哥
南部	石油、飞机、宇航、电子	休斯敦
西部	宇航、电子、飞机制造	旧金山、洛杉矶

1. 东北工业区

东北部地区是美国资本主义发展最早的地区，全国的钢铁、机械、汽车、化工等传统工业大部分集中分布在这里。工业区主要分布在五大湖以南和大西洋北岸，是北美主要的制造业基地，钢铁工业、汽车、农机等居重要地位。匹兹堡有"钢都"之称，底特律是世界知名的汽车城，克利夫兰是美国重型机器制造业中心，芝加哥为本区最大的工业城市，

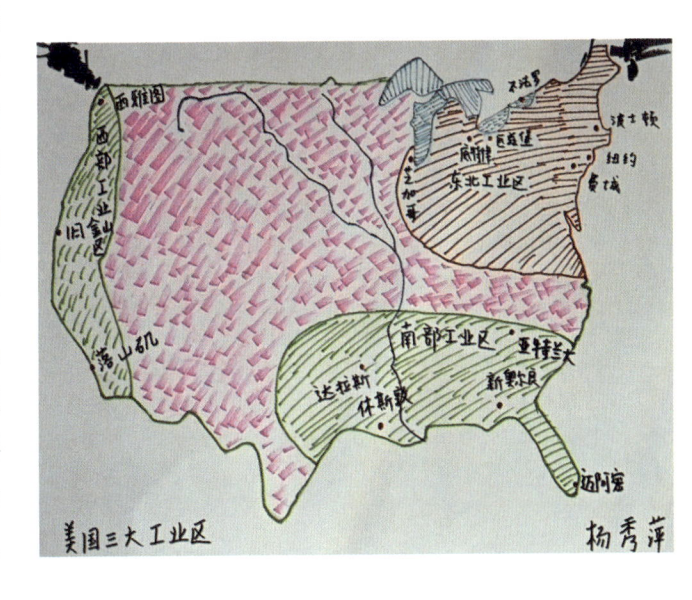

铁路枢纽。

2. 南部工业区

南部地区地价便宜，劳动力充足，过去以农业为主，环境污染较东北部小，美国工业逐渐由东北部向南部发展，形成美国新兴的石油、飞机、宇航、电子等休斯敦、新奥尔良工业基地。

3. 西部工业区

太平洋沿岸的狭窄平原和谷地，是西部工业的集中地带，宇航、电子、信息技术等新兴工业发展较快。美国是世界上高新技术产业基地，位于旧金山（圣弗朗西斯科）东南端的硅谷，是美国兴起最早、规模最大的高新技术产业中心，著名产品为硅片。

（三）主要工业城市

	东北部主要工业城市
纽约	位于美国纽约州东南部大西洋沿岸，是美国最大的城市及港口。曼哈顿下城及华尔街金融区，被称为世界金融中心。纽约证券交易所是世界第二大证交所。纽约时代广场位于百老汇剧院附近，被称作"世界的十字路口"，是世界娱乐产业的中心之一。曼哈顿的唐人街是西半球最为密集的华人集中地。还拥有哥伦比亚大学、纽约大学、洛克菲勒大学等名校。纽约轨道交通系统是世界上最为发达的城市轨道交通系统之一。服装、印刷、化妆品等行业均居全美国首位，机器制造、军火生产、石油加工和食品加工也占有重要地位。
芝加哥	位于美国密歇根湖南部，是美国第三大城市，也是国际金融中心之一，拥有很多高楼大厦，被誉为"摩天大楼的故乡"。在钢铁工业、机械制造业、农业技术、贸易、文化教育等方面均居领先地位。芝加哥市工业以钢铁、金属、食品加工、电子、石油加工、印刷和运输机械设备工业为主。钢铁工业占美国第一位，有著名的美国钢铁公司和钢厂。肉类加工也居全国首位。
底特律	美国密歇根州最大的港口城市、世界传统汽车中心和音乐之都。黑人约占该城市人口的80%。原为印第安人住地，后被法、英占领，1899年归属美国。汽车业是主导产业部门，现代化生产水平高，年产量约占全美的27%。二战期间，是重要的军事基地，飞机、坦克制造等军事工业发达。其他还有钢铁、仪表、化学、金属加工、医药、盐矿开采等工业。有各种教堂达1000多处，素称"教堂城"。
匹兹堡	位于美国宾夕法尼亚州西南部，烟煤、石灰石和铁矿石蕴藏量丰富，加上内河港口运输便利，具有大规模发展钢铁工业的良好条件。曾是美国著名的钢铁工业城市，有"世界钢都"之称。但1980年代后，随着中国钢铁产量上升，匹兹堡的钢铁业务已经淡出，现已转型以生物技术、计算机技术、机器人制造、医疗健康、金融、教育而闻名的繁荣的工商业城市。
	南部主要工业城市

续表

休斯敦	是美国得克萨斯州第一大城市，墨西哥湾沿岸最大的经济中心，以其能源（特别是石油）、航空工业和运河闻名世界，是全球最重要的工业基地之一，美国制造业城市中居第一位。墨西哥湾沿海蕴藏着极丰富的石油、天然气，是美国的石油和化工工业中心。在能源、空间科学、生物技术和领先的科技研发业务领域拥有庞大的客户群。
西部主要工业城市	
西雅图	位于美国华盛顿州西北部太平洋沿岸，其航天、计算机软件、生物信息科学、基因科学、远程医疗、电子设备、医疗设备、环境工程等先进技术处于领先地位。拥有领先的经济群体，如航空航天、信息技术、生命科学及生物科技工程、洁净技术及环境工业、后勤和国际贸易。农业较为落后，主要种植小麦和蔬菜等常见农产品。工业主要为制造业，是美国西北部主要工业中心。制造业是其经济的支柱产业，还有化工业和炼钢业等。
洛杉矶	位于美国加利福尼亚州西南部，是美国第二大城市，也是美国西部最大的城市，洛杉矶的矿藏资源也相当丰富，主要有石墨、镁、煤、铁、石油和天然气等。是美国重要的工商业、国际贸易、科教、娱乐和体育中心之一，也是美国石油化工、海洋、航天工业和电子业的主要基地。洛杉矶郊区的好莱坞是全球最著名的影视娱乐和旅游景点。
旧金山	音译"圣弗朗西斯科"，美国加利福尼亚州太平洋沿岸的港口城市，世界著名的旅游胜地。美国太平洋沿岸新兴工业城市，工业规模不大，但种类较多，传统工业有机械、服装、食品和印刷等。重工业部门有石油化工、飞机制造、汽车和电子工业等。临近世界著名高新技术产业区硅谷，是世界上最重要的高新技术研发基地之一，是美国西海岸最重要的金融中心，也是联合国的诞生地。

二、森林资源

美国拥有18亿公顷的森林，占全国土地总面积的31.5%左右，主要树种有美洲松、黄松、白松和橡树类。2014年的数据，美国的森林覆盖率是33%，日本的森林覆盖率是67%。

整体来看，俄罗斯是全球森林面积最大的国家，高达814.9

万平方公里，主要是寒带和亚寒带针叶林。其森林覆盖率约为49.8%，在大国中也处于较高的水平。巴西的森林面积，全球第二，约为492.55万平方公里，主要是热带雨林。其森林覆盖率约为58.9%。加拿大，拥有全球第三大的森林面积，约为347万平方公里，森林覆盖率约为38.2%。第四名的美国，森林面积约为310.37万平方公里，森林覆盖率约为33.9%。

三、土地资源

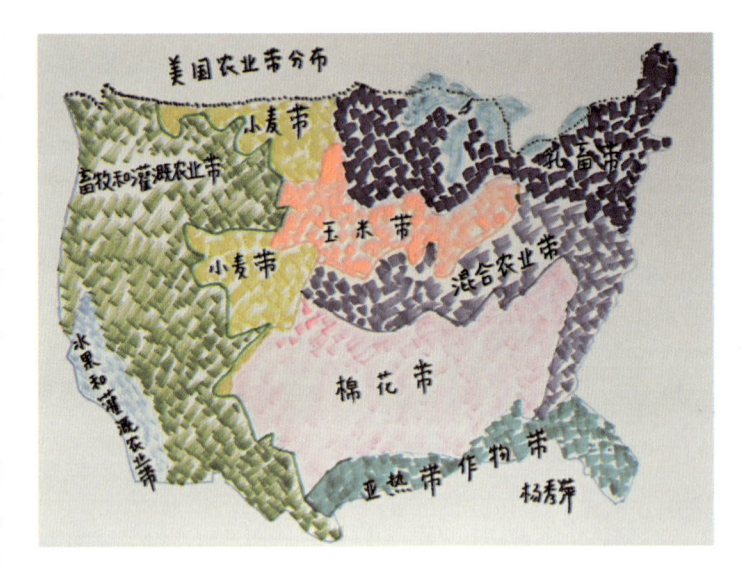

农业用地（耕地和牧地）约为4.3亿公顷，占地球上全部农业用地的10%左右。雨量充沛，土壤肥沃，粮食产量占世界总产量的1/5，主要农畜产品如小麦、玉米、大豆、棉花、肉类等，产量均居世界第一位。美国土地实行私有制，即百姓可以买卖土地，并且拥有永久产权。土地持有人在政策规定许可的范围内，可以自由买卖、出租和抵押。不同地区的土地，从河流、山脉、农田再到密集的城市及其中心，其价格相差很大。美国各地区土地因地形、气温、降水、土壤等多种不同自然因素的影响，土地的地域差异较大，不同地区适合种植不同的农作物，因而各地域农业带变化呈多样性。

（一）乳畜带

分布在五大湖及东北地区，自然条件是气候冷湿，适宜牧草生长，土地贫瘠，不宜耕种，适合发展畜牧业。社会条件：城市人口集中，畜产品市场广阔。

（二）小麦区

分布在中央大平原的中北部。北部春小麦，中部冬小麦，由气候决定。其他自然原因是地势平坦，土壤肥沃，雨热同期，水源充足。

（三）棉花带

分布在南部，大概35°N以南。自然条件是热量充足，无霜期长，春夏降水多，秋季降水少，适宜棉花成熟。社会条件是不利的，因为长期不合理开垦，导致土壤肥力下降，植棉业已衰落，现在已发展为畜牧业为主的多种作物区。

（四）玉米带

分布在小麦区之间，自然条件是地势低平，土层深厚，气候温和，雨量适中。

第四节　美国和美国人

一、美国面积和人口

美利坚合众国是美国全称，也是美国官方名称。美国是包括华盛顿哥伦比亚特区、50个州和关岛等众多海外领土组成的联邦共和立宪制国家。美国主体部分位于北美洲南部，地大物博，国土总面积是937.3万平方公里，全国总人口数为3.3亿，是一个由各国移民构成的国家，绝大多数移民来自欧洲国家，所以欧洲文化是美国的主流文化，英语是美国人的官方语和通用语。

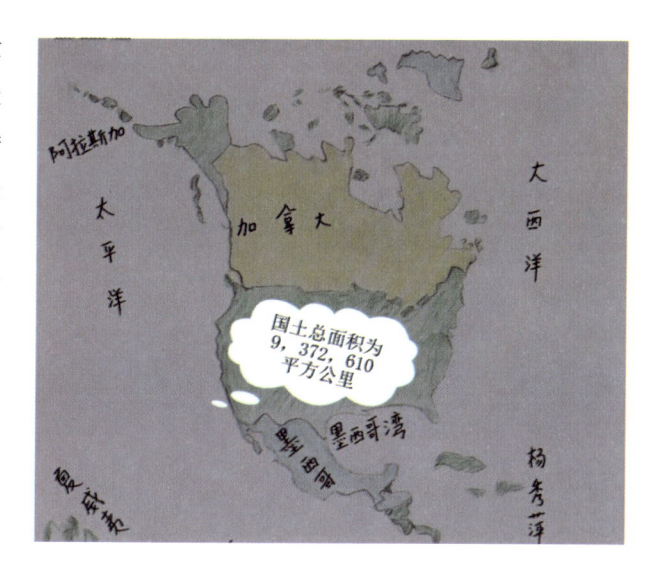

（一）国土总面积

全世界领土面积最大的国家是俄罗斯，面积第二大的国家是加拿大。美国大陆主体部分位于北美洲南部，幅员辽阔，领土广大，总面积是937.3平方公里，面积是世界上第四大的国家，仅次于中国，领土包括美国本土、北美洲西北部的阿拉斯加和太平洋中部的夏威夷群岛。美国从东部的大西洋到西部的太平洋长为4500公里，从南到北宽为2700公里，全国海岸线长为22680公里。美国阿拉斯加与美国内陆分离，是美国最北、最冷、面积最大的州。夏威夷位于太平洋群岛中部。得克萨斯州是美国内陆领土面积最大的州。阿拉斯加州领土面积是得克萨斯州的两倍,是美国领土面积最大的州。罗得岛是美国领土面积最小的州。

(二)美国人口

1. 总人口

美国是一个多民族、多种族的国家,2004年总人口2.91亿,美国白人占总人口的78%。截至2013年4月,美国总人口数量为3亿1574万3千人,为世界上人口第三大国。

截至2017年,美国总人口3.24亿,其中欧裔美国白人占62.1%,拉丁裔占17.4%,非裔美国人占13.2%,亚裔美国人占5.4%,混血占2.5%,印第安人和阿拉斯加州原住民占1.2%,夏威夷原住民或其他太平洋岛民占0.2%(少部分人在其他族群内被重复统计)。

截至2018年,美国人口3.27亿,欧裔美国人占62.1%,拉丁裔占17.4%,非洲裔美国人占13.2%,亚裔占5.4%,混血占2.5%,美国印第安人和阿拉斯加州原住民占1.2%,夏威夷原住民或其他太平洋岛民占0.2%(少部分人在其他族群内被重复统计)。这些移民中,54.6%信仰新教,23.9%信仰天主教,1.7%信仰犹太教,1.6%信仰东正教,0.7%信仰佛教,0.6%信仰伊斯兰教,1.2%信仰其他宗教,16.1%无宗教信仰(少部分人群属于多宗教信仰,被重复统计)。

截至2019年12月,美国总人口约3.30亿。非拉美裔白人约占62.1%,拉美裔约占16.9%,非洲裔约占13.4%,亚裔约占5.9%,混血约占2.7%,印第安人和阿拉斯加原住民约占1.3%,夏

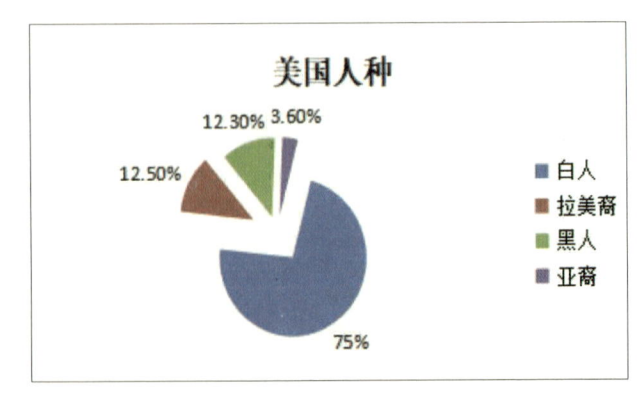

威夷原住民或其他太平洋岛民约占0.2%（少部分人在其他族群内被重复统计）。人口中约46.5%信仰基督教，20.8%信仰天主教，1.9%信仰犹太教，0.9%信仰伊斯兰教，0.7%信仰佛教，0.5%信仰东正教，1.2%信仰其他宗教，22.8%无宗教信仰（少部分人群属于多宗教信仰，被重复统计）。

右面数据显示，2010年美国人口总数突破3亿，位居世界第三。其中白人占75%，拉美裔占12.5%，黑人占12.3%，亚裔占3.6%，华人约243万，占0.9%，多已入美国籍。拉美裔取代黑人成为国家第二大种族，位于白人之后。

2. 人口密度

人口密度是单位土地面积上的人口数量。通常使用的计量单位有两种：人/平方公里；人/公顷。它是衡量一个国家或地区人口分布状况的重要指标。计算人口密度的土地面积是指领土范围内的陆地面积和内陆水域，不包括领海。由于人口密度指标是假定人口均匀分布在它所涉及的一定地域内，因此，人口密度计算的范围愈小，就愈能如实地反映人口分布的情况；范围愈大则只能概括地揭示人口分布的大势。[①] 一般把人口密度划分为几个等级：第一级，人口密集区大于100人/平方公里；第二级，人口中等区25人/平方公里～100人/平方公里；第三级，人口稀少区1人/平方公里～25人/平方公里；第四级，人口极稀区小于1人/平方公里。2013年美国人口密度是34.2人/平方公里。美国人口密度大于100人/平方公里的地区主要分布在大西洋沿岸、五大湖地区和太平洋沿岸，形成三个城市带。三大城市带，交通便利，地形以平原为主，地势平坦开阔，气候温暖适宜，水源充足，开发较早，工农业基础好，城市集中，人口稠密。

（1）太平洋沿岸城市群（圣弗朗西斯科—洛杉矶—圣迭戈）

（2）大西洋沿岸城市群（波士顿—纽约—华盛顿）

（3）五大湖沿岸城市群（芝加哥—底特律—匹兹堡）

---

① 世界人口密度最大的十个国家[EB/OL]. 腾讯网，2020-05-18.

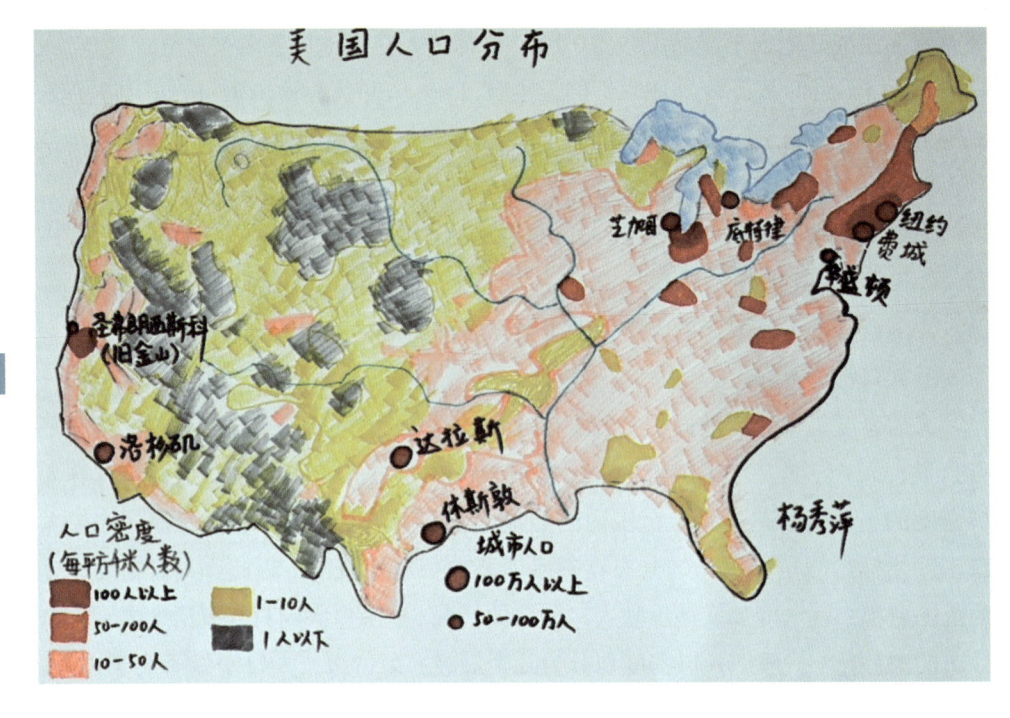

3. 美国人口分布特征

美国是一个高度城市化的国家，绝大多数人居住在城市。美国原来人口最稠密的地区在国家的东北部，包括新英格兰、中西部和大西洋中部海岸。随着美国不断向西开发，如今美国人口已从人口最多的纽约州向西扩散，2003年，人口第一稠密区变成西部加利福尼亚州，人口第二稠密区在得克萨斯，人口第三稠密区在纽约州。美国人口高度城镇化，在2008年时约有82%的人口居住在城市及其郊区（同时期世界城镇化率为50.5%），这使得美国有许多广袤土地无人居住。目前人口最多的州已被得克萨斯州所取代。西部阴影为加利福尼亚州，中间最南端阴影为得克萨斯州，东南部阴影为佛罗里达州。

（三）美国行政区

美利坚合众国的行政区划由州级行政区、县级行政区、市级行政区、镇级行政区组成。美国的州级行政区是一级行政区，由50个州，1个直辖特区（首都所在地华盛顿哥伦比亚特区），5个岛屿自由邦和十多个其他远洋小岛组成。美国有50个州和一个特区，共51个行政区。其中50个州包括本土的得克萨斯、加利福尼亚、佛罗里达等48个州以及海外的阿拉斯加州和夏威夷州。特区为首都华盛顿周围的哥伦比亚特区。

美国内陆有48个州，加上两个分开的阿拉斯加州和夏威夷州，共50个州，加上1个华盛顿哥伦比亚特区，总共为51个行政区，是一级行政区。美国50个州又有各自下属的县、市行政区和镇级地方行政区。按照最传统的划分方式，美国本土的48个州可以划分为九大区域，分别为：新英格兰，中大西洋地区，东南地区，南方地区，中西部地区，上密西西比—五大湖区，落基山区，太平洋沿岸地区，西南地区。

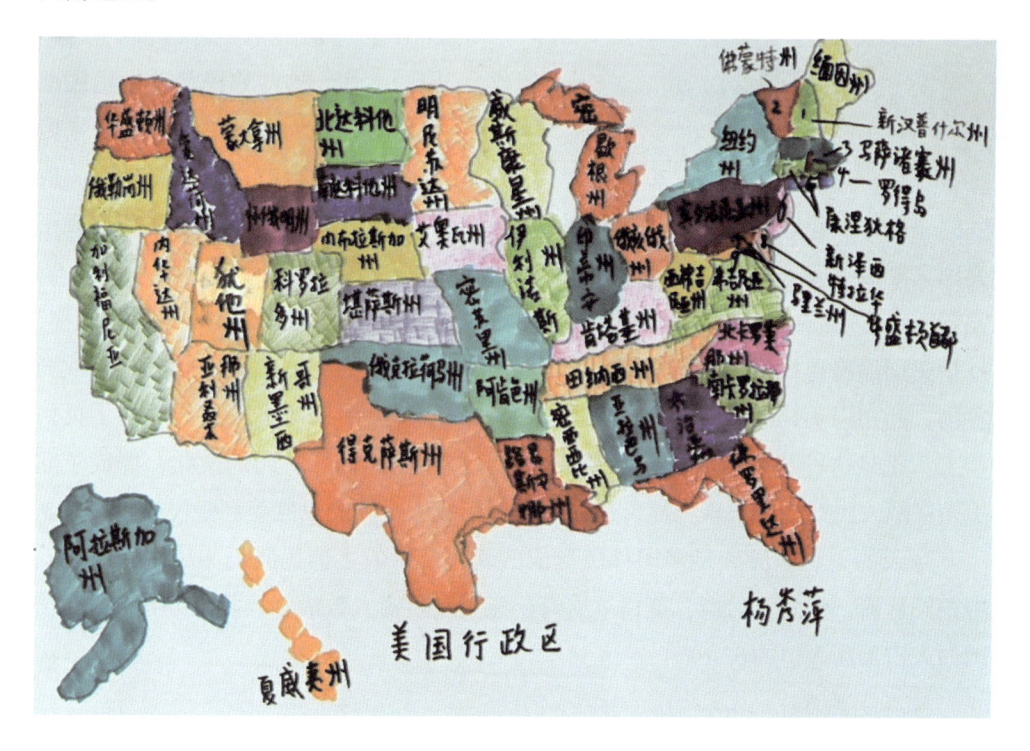

二、美利坚民族

美国是一个移民构成的国家，这些移民来自欧洲不同的国家和地区，拥有不同的传统文化和背景。1607年,一百多个英国殖民者在北美洲南端东部海岸登陆,在詹姆斯河上游建立了詹姆斯城。这些移民刚到北美的时候,印第安人帮助他们克服了艰难困苦,使他们北美大陆立足。此后,英国在东起大西洋沿岸,西至阿巴拉契亚山脉的狭长地带建立了13个英属北美殖民地,殖民地居民来自欧洲各国,起初英格兰人最多,但后来德意志人和爱尔兰人数量超越了他们。正是这种共同地域、共同经济生活、共同的信仰、共同的文化,促成了北美殖民地人民共同的心理特征,从而使他们形成一个统一而独立的美利坚民族,因为早期移民多为英格兰人,这就使来自欧洲其他各国的白人移民也转而使用英语。

（一）白人

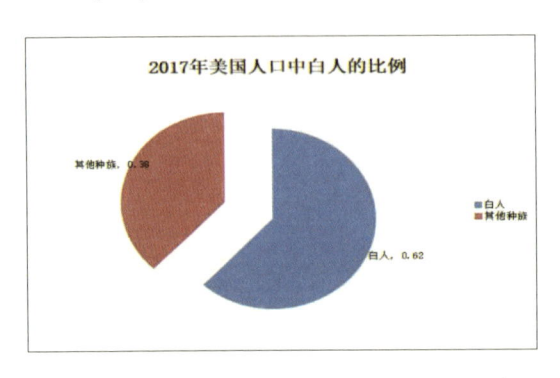

美国是一个多种族、多民族的国家,全国有100多个少数民族甚至更多,美国人中绝大多数人为欧裔白人,大多数的美国人（在2004年有74.67%）是欧洲白人移民的后代。这些移民是首批殖民地安居者,他们在此结婚生子,繁衍后代,其中也有许多移民是在内战后的"南部重建运动"中来到美国的,这些欧洲白人共同的生活,信仰等构成了美国大陆的主流文化。在绝大多数的白人中,WASPs又是白人中的绝大多数人。WASPs（白人盎格鲁-撒克逊新教徒）,即White Anglo-Saxon Protestants英语的简称,是指美国盎格鲁撒克逊新教徒裔。欧裔美国人是美国的主体民族,居民来自欧洲各国,起初以英格兰人最多,但德意志人和爱尔兰人后来居上,人数超越了英格兰人。正是这种共同地域、共同经济生活、共同的信仰、共同的文化,促成了北美殖民地人民共同的心理特征,从而使他们形成一个新的民族美利坚民族。

今天的美利坚民族是多国移民形成的新民族,但主体民族仍为美国白人,其中德国后裔,爱尔兰后裔,英格兰后裔,意大利后裔人数最多。截至2017年1月美国白人占美国人口的62.1%。

（二）黑人

英语African Americans指"非洲裔美国人",包括历史上被欧洲殖民者劫运到美国的非洲黑人奴隶的后裔,这也是美国黑人最主要的来源之一,还包括黑人新移民及其后裔以及难民或其他非法移民。2017年美国黑人约有4680万人,占全国总人口的13.2%,是美国少数族群中除拉美人之外的第一大少数族群。美国黑人在美国历史上起着重要作用，他们积极参加美国独立战争和反法西斯战争。美国黑人的历史可以追溯到16世纪美洲沦为欧洲殖民地的时期。16～19世纪，欧洲殖民者从非洲劫运大批黑人奴隶到美洲，其中半数以上运入今美国境内，主要在南部诸州的棉花、甘蔗种植场和矿山当苦工，深受白人种族主义者的残酷剥削和虐待。随着美国工业的发展，南方的黑人陆续迁往北方和西北方城市。1861～1865年南北战争后，虽然从法律上废除了奴隶制度，但是黑人仍受种族歧视和压迫，三K党的暴行严重威胁着黑人的生命安全。如今，美国给予黑人更多的教育待遇和社会福利。

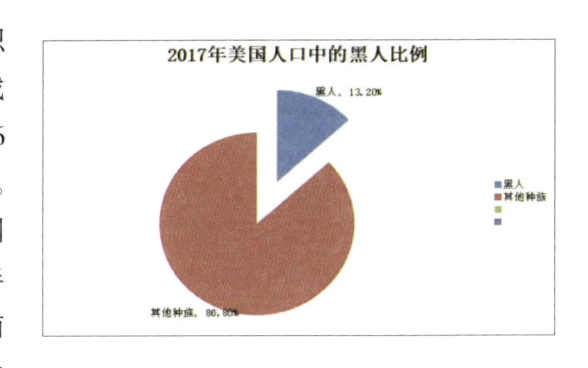

（三）西班牙裔

英语是Hispanic，简称西裔、西语裔，又称拉丁裔（Latino；又译拉美裔），指从拉丁美洲移居到美国讲西班牙语或葡萄牙语的人，殖民地时期曾受控于西班牙帝国的拉美人。美国人称拉美裔人为"西班牙裔"（Hispanic），实际他们和西班牙人不同，是欧洲人和当地印第安人的混种。因此，在种族歧视时代，美国人把他们视为有色人种，属于被歧视范围之内。实际上，西裔不完全是西班牙后裔的意思，更多的是指代拉丁裔，现在他们在美国总人口中所占比例已超过黑人成为全国第二大族群。

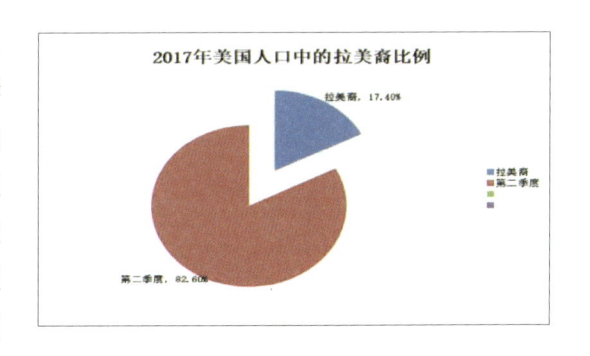

（四）华裔美国人

英语是Chinese Americans，指具有美国国籍的华人，或具有中国血统的美国人。美籍华人是全球华人群体的一部分。美国国会在1882年5月通过了第一部《排华法案》。该法案第一次在法律上明文禁止华人通过归化取得美国国籍。

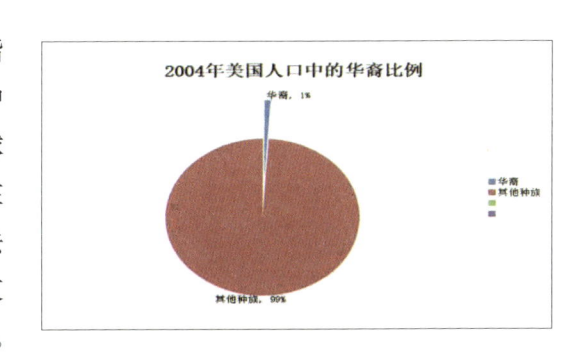

这在美国法律史上是唯一一个明确指定某个种族不得入籍的法案。对中国人来说，该法案是极具污辱性的种族歧视的产物。他们是美国受教育程度最高的人群之一，却面临着一个"玻璃天花板"，无法获得与他们付出的努力相称的全部职业声望和成功。

2004年美籍华人总数有340万，占亚裔美国人口的22.4%，美国总人口的1%，高于其他亚洲国家侨民所占的比例。华裔包括在美国出生的以及新的中国移民。

（五）犹太裔美国人

犹太人又称犹太民族，闪米特人的一支，和阿拉伯人同源，人种为欧罗巴人种闪米特-含米特亚种，根据犹太教（Judaism）律法《哈拉卡》的定义，一切皈依犹太教的人（宗教意义）以及由犹太母亲所生的人（民族意义）都属于犹太人。犹太人发源于西亚的以色列地或希伯来地。狭义上来讲则要追溯到在"种族"范畴上的历史。根据有关犹太人组织的统计，2017年全球犹太人总数约在1400万人左右，其中630万人定居在以色列，570万人居住在美国，其余则散居在世界各地。以色列是世界上唯一一个以犹太人为主体民族的国家。犹太人知名人士数量比较多，犹太人口总数仅占全球总人口的0.2%，但根据统计显示，从1901年到2004年间共有167名犹太人或具有犹太血统的人获得诺贝尔奖，占诺贝尔奖总获奖人数的22%。

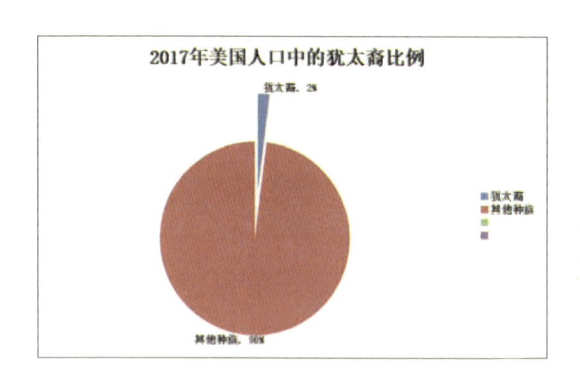

三、美国文化

美国是一个年轻的移民国家，它的源头恐怕是世界上最繁杂的。二战以前，美国以基督教、盎格鲁文化为核心，极力消除土著文化和其他种族文化的个性，在融合各边缘文化的基础上塑造一种单一本体的美国主流文化。究竟什么是美国和美国人，1782年法裔美国人赫克托·圣约翰·德·克雷夫科尔在给他朋友的书信中首次提到了，美国是一个新型的熔炉国家，是一个由世界众多国家的人民融合而成的一个新民族，新的国家，美国人是一种新人，这些新人抛弃了古老的欧洲传统，获得了新的世界，在这个新世界中，他们采取新的原则，拥有新的思想，形成新的观念。

（一）熔炉文化

美国建国时间晚，国家历史短，是一个新国家，是一个由世界各地移民构成的国家，没有自己统一的民族，无法形成一个具有强大生命力的文化认同来统一和传承美国的文化，这些移民多数来自欧洲不同的国家和地区，因而形成的主流文化是欧洲文化。除欧洲白人外，还有黑人、拉美人多民族，亚裔人，犹太人等，他们把自己国家的传统、文化和背景带入美国，形成多样化、多元化美国文化的景观。美国历来被人们比喻成"大熔炉"，就是因为不同民族、不同种族和不同文化的人来到美国后，他们就是美国人，他们必须融入美国这个大家庭，如果他们不能融入美国的主流文化，与之格格不入，他们就不能幸福地生存下来。这些来自不同国家、种族和宗教的人们有着共同美好的心愿，他们都祈求获得自由、新的机遇以及更好的生活，他们需要一个新的国家，一个能帮助他们实现自己愿望和梦想的国家。这个国家需要一种凝聚力，需要团结，因而不同的种族、民族、宗教和文化需要融合在一起锻造，契合，熔化成一种新的文化——美利坚文化。

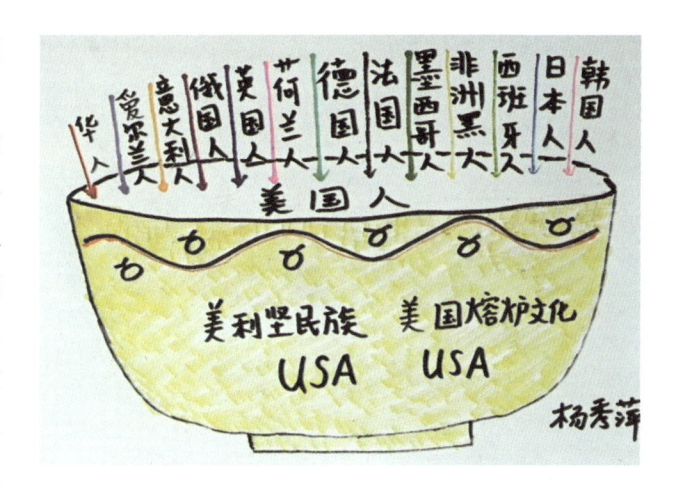

这个由世界各国移民构成的国家、这个由多种族、多民族、多宗教、多文化构成的国家，需要所有移民包括来自主流文化的欧洲人把自己全身心地投入到这个美利坚大熔炉中，在这个新世界中以新的身份脱颖而出———美国、美国人、美利坚民族。

"大熔炉"文化指的是美国独特复杂的多种族、多民族文化的融合，已经被来自世界多个国家和地区的移民自觉地接受，被认同为是新型的美国文化、美利坚民族文化。其第二代移民已经从经济、语言和政治上成功地转化为美国公民，他们被美国化，变成了地道的美国人，他们摆脱了原生文化带给他们的影响，适应了美国生活，变成了"土生土长"的美国人，他们以自己是美国人而骄傲和自豪，他们表现出在多元文化背景下，对某种统一的"美国文化"的认同行为、文化自觉意识和文化的建构过程。

（二）马赛克文化

从美国成立之初到20世纪60年代这个时期，由100多个民族构成的美国民族需要大融合，国家需要统一，文化需要归一，才能形成美利坚合众国和美利坚民族。鉴于这个目的，美国熔炉文化应运而生，美国的多民族、多种族、多宗教、多文化元素是熔炉文化的特色，美利坚人民忽略了自己本民族传统文化，融化了自己的个性特征，响应国家政策，接受时代的洗礼，纷纷融入这个大熔炉，锻造自己，成就了国家的团结和统一，促成了民族的融合和独立。美国的熔炉文化是以基督教——盎格鲁撒克逊文化作为根基，不断吸收新的文化，逐步形成的一种新文化。逐步吸收同化外来文化，从内部自我更新为新文化的一种文化归一，可以视为文化求同，目的是为了形成独一无二的美利坚文化。但是20世纪60年代以后，美国熔炉文化受到马赛克文化的挑战，甚至被取而代之。马赛克文化成为美国文化的新景观，体现了美国的文化存异，更能彰显出美国现阶段的文化具有兼收并蓄的包容特征。

马赛克原本是一种建筑材料，用在房屋装修的瓷砖和地砖，被借用来指代美国的文化求同存异的特性。美国马赛克文化宛若一幅由多种颜色构成的图画，每个色彩保留了自己单一的独立性，无论怎样鲜艳和渐变，并不与其他色彩混合在一起，显示出自己的个性和差异性，表明美国在完成民族大融合之后更加注重美国各民族人民在美国多元文化背景下的发展和创新，体现了美国文化海纳百川的恢宏气势。

（三）沙拉碗文化

所谓的熔炉文化就是多民族，多元文化彼此渗透交流，最后同化形成一种具备向心力的新文化——美利坚文化，体现出美国建国之初迫切需要民族融合、国家团结的特点。而马赛克文化又体现了美国完成各民族大融合后，形成美利坚民族身份背景下的个性发展。20世纪70年代以后，有学者认为美国多元文化背景下的熔炉文化（cultural melting pot）和马赛克（cultural mosaic）文化已经不适合当代美国文化的时代节奏，他们又提出用"沙拉碗"文化现象取代熔炉文化。

"沙拉碗"是指美国多元文化背景的移民群体联合在一起，像一个大的沙拉碗，不同文化各自保持特色，根本没有合并融合为某种单一均质的文化特性，它体现出马赛克文化的特点，但也不只是像马赛克文化那样仅仅保持各自文化的单一性和独特色彩。

美国人在熔炉文化中实现了民族的契合与统一，在马赛克文化中又保留了本民族的个性差异。现在美国最需要的是发展、合作与创新，正如"沙拉碗"的文化特色，每种蔬菜水果既保留各自的原汁原味，又需要互相混合搅拌，互相搭配，体现出美国文化的发展和与时俱进，既要保持和发展各民族传统文化特色，又要吸取其他民族文化的特点，各民族文化互相装点、搭配，各民族在美国这个平台上实现了百花齐放，百家争鸣，才能达到美国文化的发展、合作与创新。因而，用沙拉碗比喻美国文化更符合美国当前的文化现状，更贴近美国当代的社会现实。

四、美国的阶级结构

关于美国社会是否存在阶级结构一直以来有着很大争议，而对于美国社会上、中、下阶层的定义也有许多不同的观点。许多美国民众认为可分成三个阶层，分别是"富裕""中产阶级"和"贫穷"，并以此衍生出更复杂的社会阶层，也有人否认美国存在社会阶层之分。大部分人划分的原则是依据财富、收入、教育水平、职业类别，以及是否参与特定

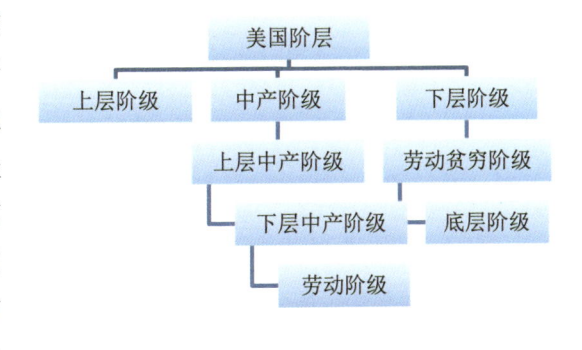

的次文化或社交圈来区分一个人所处的社会阶层。

社会学家丹尼斯·盖伯特（Dennis Gilbert）、威廉·汤玛森（William Thompson）、乔瑟夫·希吉（Joseph Hickey）和詹姆士·汉斯林（James Henslin）提出一套分为六个社会阶层的系统。这些阶层模型包括上层阶级，由富裕且有权势的人组成；上层中产阶级，由受过高等教育且薪资优渥的专业人士组成；下层中产阶级，由受过大学教育的专业业务员以及办公室助理组成；劳动阶级，由工作内容大多是重复规律的蓝领阶级职员组成；最后是较低的阶层，再分为劳动贫穷阶级和底层阶级（underclass）。上图是根据美国各个社会阶层所做出来的系统分类。

美国富上层阶级是拥有大财富的富有者，他们的富有来源于大财团股份有限公司，上层阶级在数量上非常小，只占人口的大约10%，但控制了美国财产的65%。这些财富大部分得自于遗产。上层阶级的收入很大程度上来源于资本财产，尤其是来源于股份所有权。

美国中产阶级绝大多数是受过良好教育的专业人士，他们占全国人口的40%，占据全国财富的40%，他们很富有，但不属于上层阶级，他们构成美国重要的消费群体。他们努力工作才能获得财富，生活富足。

美国下层阶级是指那些收入低于美国全国年均收入的人。他们包括部分美国黑人、说西班牙语的拉美人、白人弱势群体以及众多从外国新来的美国移民。

第二章

美国历史

第一节　美洲大陆的发现和殖民

一、美洲原住民

印第安人是美洲的原住民，曾为世界文明发展做出杰出贡献，其中最具代表性的是玛雅文化和印加文化。玛雅文化比美洲其他地区的文化发展得早，水平也高，因而玛雅人有"美洲的希腊人"之称。印加文化在彩陶、建筑、石刻、纺织和黄金、银铜加工方面有杰出成就，印加人被称为"新大陆的罗马人"。

（一）印第安人

印第安人（Native American）是对所有美洲土著的统称，并非单指某一个民族或种族。印第安人分布于南美洲和北美洲各国。他们所说的语言有上百种，一般统称为印第安语或美洲原住民语言。印第安人的族群及其语言的划分情况至今均没有公认的分类。1492年哥伦布计划去印度寻找新航线，但船只在中途被吹离了正确航线，结果转向去了中美洲，以为当地居民是印度人，后来为了纪念哥伦布，把住在那里的原始居民一直称作"印第安人"，直到现在。美洲印第安人是美国最早居民，美洲大陆最初没有人类居住，印第安人的祖先是从亚洲迁移过去的。他们大约在四五万年前从亚洲北方进入美洲，然后逐步向南迁移，最终布满整个美洲大陆。据说这些印第安人在一万年前第四纪冰川的时候，是蒙古人种的一支，踩着冰从亚洲穿越白令海峡到了阿拉斯加，接下来的一万年中他们不断繁衍生息，

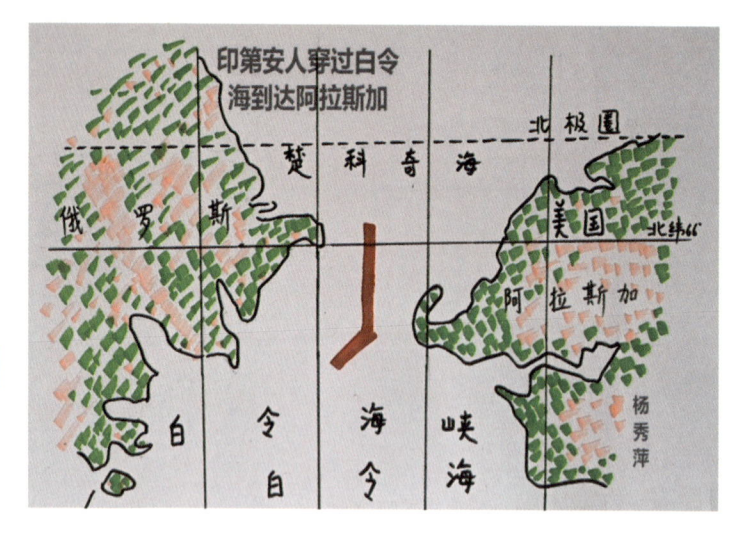

不断南迁和定居，逐渐就形成了哥伦布到达后看到的美洲原住民：北美地区印第安人，中北美阿兹特克人，南美印加人。如左图所示：白令海峡处于北寒带，靠近北极圈，气候寒冷，常年冰天雪地，海峡结冰封冻时，印第安人可移居北美洲，阿拉斯加是他们登陆的最好地点。

（二）印第安文化

在长期的发展中，印第安人中一些比较发达的民族，如玛雅人、阿兹特克人和印加人，进入了阶级社会。玛雅人是古代印第安人的一支，是美洲唯一留下文字记录的民族。他们构成了多样的美洲土著人民族，生活在墨西哥南部和中美洲北部。印第安人长期以来从事采集、狩猎、捕鱼以及经营农业，他们最先会种植玉米、马铃薯、棉花、番茄和金鸡纳树等植物，对人类的农业生产做出了贡献。古代印第安人中的美洲印第安人创造了辉煌的美洲文化，包括不同时期和地域的玛雅文化，阿兹特克文化，印加文化。玛雅人是古代印第安人的一支，是美洲唯一留下文字记录的民族，他们生活在墨西哥南部和中美洲北部，他们创造了印第安人最古老的文明——玛雅文化。玛雅人擅长农业，培育了许多作物，制定了太阳历，创造了自己的象形文字玛雅人在建筑方面也有很高水平，3世纪末至10世纪是玛雅文化的繁荣时期，后被兴起的阿兹台克文化和印加文化所取代，直到15世纪欧洲殖民者登陆新大陆开拓殖民地，才被欧洲主流文化所替代。

二、哥伦布发现新大陆

早在13世纪欧洲人就从意大利旅行家和商人马可·波罗写的《马可·波罗游记》中获悉了古代中国繁荣的景象，这激起了欧洲人对东方的热烈向往，对以后新航路的开辟产生了巨大影响。为了寻求新航线，意大利航海家哥伦布游说欧洲各国,四处寻求资助者。1492年西班牙国王被他说服决定赞助他穿过大西洋抵达亚洲的印度。

(一)美洲名字的由来

意大利旅行家和航海家	
哥伦布	1492年第一次航行中,哥伦布所乘的船只在中途被吹离了正确航向,在现在的西印度群岛登陆,哥伦布误认为他西航所达之处为印度,故称当地居民为"印第安人"。
亚美利哥	1499年亚美利哥·维斯普奇(Amerigo Vespucci)随同葡萄牙人奥赫达率领的船队从海上驶往印度,他们沿着哥伦布所走过的航路向前航行,克服重重困难终于到达美洲大陆。亚美利哥对南美洲东北部沿岸做了详细考察,并编制了最新地图,确定哥伦布到达的这些地方不是亚洲的印度,而是一个原来不为人知的新大陆。

后来为了纪念亚美利哥,即以他的名字称这块大陆为"亚美利加洲",简称"美洲"。1493年、1498年、1502年,哥伦布又三次航行牙买加、波多黎各诸岛及中美、南美洲大陆沿岸地带,遗憾的是,直到哥伦去布逝,他都坚持认为所到之处是印度,不是一个新大陆,一个人类未知的地方。新大陆发现后,欧洲人口持续不断地向美洲迁移,欧洲各国纷纷在美洲建立起属于自己国家的殖民地。

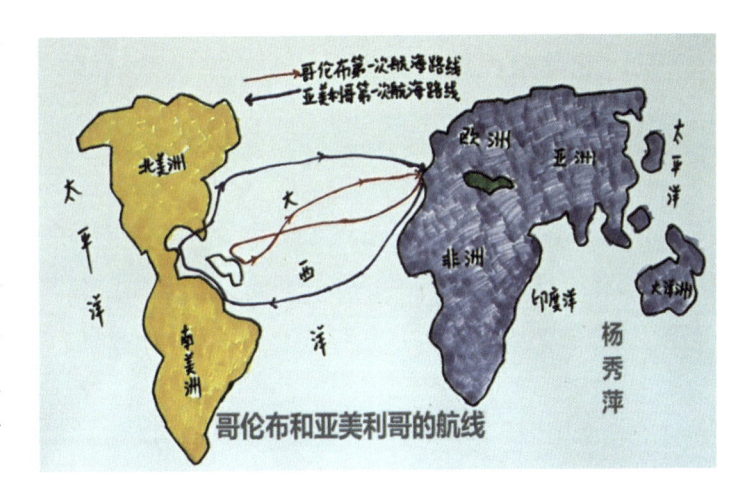

(二)更多新航线的发现

为了拓宽海外市场,欧洲人热衷于更多新航线的探索,除了十五六世纪意大利航海家哥伦布和亚美利哥对新大陆的发现,葡萄牙航海家迪亚士、达·伽马以及麦哲伦也开辟了更多新航线。

1. 1487年,迪亚士沿着非洲西海岸向南驶去,到达非洲最南端,发现好望角,开辟了一条往东方去的新航线。

2. 达·伽马1497年从里斯本出发,寻找通向印度的海上航路,是从欧洲绕好望角到印度航海路线的开拓者。1502—1503年和1524年又两次航海到印度。

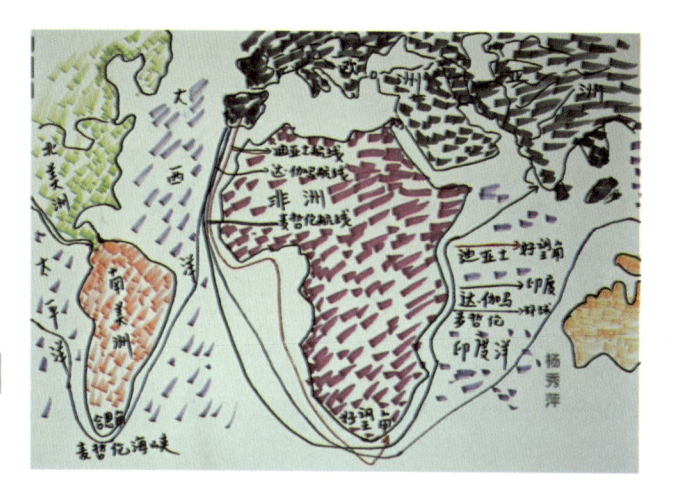

3. 1519—1522年麦哲伦环球航行路线从欧洲出发向西依次经过大西洋、南美洲、太平洋、大洋洲、亚洲、印度洋、非洲、大西洋、回到欧洲。发现了南美洲最南端合恩角,为了纪念他,把他经过的海峡称为麦哲伦海峡。

三、北美殖民地的建立

克里斯多福·哥伦布发现美洲大陆之后,欧洲各强国开始热衷对美洲的殖民扩张,之后大量欧洲殖民者来到了美洲进而改变了美洲大陆的历史。尽管是哥伦布开始了大量的美洲移民热潮,但是他并不是第一个来到美洲的欧洲人,来自斯堪的纳维亚半岛的北欧人是第一个登陆美洲的欧洲人,他们早在哥伦布发现美洲大陆500年前就在文兰〔Vinland〕建立了殖民地,但是后来他们放弃了在美洲的殖民地。

(一)英国在北美建立的最早殖民地

西班牙最先成为欧洲第一个进入美洲征服当地原住民文化的势力,其在美洲的占领地幅员辽阔,包含了绝大部分的南美洲和中美洲以及北美洲的一部分。葡萄牙人占据了巴西,英国人、法国人还有荷兰人则占据了加勒比海中的大小岛屿。1607年,英国在詹姆斯敦建立北美洲第一个殖民地,弗吉尼亚殖民地。除此之外,英国与法国也分别在北美洲的新英格兰及路易西安纳建立各自的殖民地。刚开始的殖民人口大部分都是由各个国家派遣的,后来变成了人民为了逃离欧洲的贫穷或是宗教迫害的主要地方。1620年,清教先驱乘着五月花号船,在北美建立起第二块殖民地。

（二）英国在北美的 13 个殖民地

英国从1607年到1732年陆陆续续在北美大西洋沿岸建立了13个殖民地。

1. 1607年，英国在詹姆斯敦建立北美洲第一个殖民地——弗吉尼亚殖民地，联邦第十州。

2. 1620年建立殖民地马萨诸塞，联邦第六州。

3. 1623年移民在新罕布什尔建立渔村，1629年被命名为新罕布什尔，联邦第九州。

4. 1632年建立马里兰殖民地，联邦第七州。

5. 1636年建立罗得岛殖民地，联邦第十三州。

6. 1639年建立康涅狄格殖民地，联邦第五州。

7. 1662年建立北卡罗来纳殖民地，是联邦第十二州。

8. 1662年建立南卡罗来纳殖民地，成为联邦第八州。

9. 1664年建立纽约殖民地，联邦第十一州。

10. 1664年建立新泽西殖民地，联邦第三州。

11. 1681年建立宾夕法尼亚殖民地，联邦第二州。

12. 1701年建立特拉华殖民地，联邦第一州。

13. 1732年建立乔治亚殖民地，联邦第四州。

四、早期殖民地的社会政治结构

英国在北美建立的每个殖民地都发展了自治体制，居民大多数是拥有自己土

地的独立农民。

（一）政治结构

北美殖民地是英国人定居的海外拓殖地，因此不同于那些被征服后进行统治的殖民地。殖民地居民能享受到比较大的民主权利。殖民地的许多州还实行以市镇为单位的自治。当地居民直接参政，自己管理自己。北美13个殖民地都是单独的实体，每个殖民地都有自己独立的政治体制。从它们与英王的不同关系，可分为三种类型。

1. 特许（自治）殖民地

自治殖民地由英王直接向殖民地颁发特许状，总督由当地议会选举产生，经英王批准，任期一年。议会采用两院制，议员均由自由民选举产生。法官由总督和参事会任命。如罗得岛、康涅狄格。

2. 业主殖民地

业主殖民地是英王封赏给他的大臣或大贵族（即业主）的领地。总督由业主挑选，经英王批准后任命。除宾夕法尼亚之外，马里兰和特拉华都采用两院制议会。上院由英王或业主任命，下院由自由人选举。法官也由总督和参事会任命。法律一般须经英王批准。自治和业主殖民地都承认英王的宗主权，每年要向英王缴纳象征性的租税。为加强控制，1752年后，除罗得岛、康涅狄格2个自治殖民地和宾夕法尼亚、特拉华2个业主殖民地外，其余9个殖民地都成为英王的直辖殖民地。殖民地最高行政首脑称总督，握有军事、政治、财政大权，代表英王进行统治；下设参事会协助总督管理分配殖民地经费等事务。

3. 王室殖民地

王室殖民地由英王直接派遣总督治理。王室殖民地共有8个：马萨诸塞、弗吉尼亚、新罕布什尔、北卡罗来纳、南卡罗来纳、纽约、新泽西和佐治亚。它们大多也采用两院制，上院由英王任命，同时充当总督的参事会，下院由自由人选举，一切法律须经英王批准。法官由总督任命。

在上述三种殖民地中，有关案件均可向英王的枢密院上诉，枢密院也拥有审查殖民地立法的权力。1619年，弗吉尼亚首先成立维护资产阶级与种植园主利益的议会，继而其他各殖民地也相继成立议会。通过上述制度不难看出，各殖民地拥有巨大的自主权，殖民地民选议会掌握着财政、立法大权，能够对政府实施有效影响，使其充分尊重民意。当地总督也多顺从民选议会的意志。

（二）殖民地的社会结构

殖民地的民族成分十分复杂，除印第安人、黑人外，还有法国人、荷兰人、德意志人、瑞典人、瑞士人、爱尔兰人和英国人等，其中英国移民最多。随着欧洲移民大量地向殖民地移入，北美13个殖民地的人口逐渐增多，除印第安人外，在1750年时约238.4万，其中黑人人口38.4万，到1775年已有260万人。殖民地的阶级结构也很复杂，顶端是大商人和大种植园主，中间是小土地所有者、小工厂主、技师、自耕农等，再下面是佃农、雇农、渔民、手工业者、工匠、学徒等，压在最底层的是契约奴、黑人。印第安人则是屠杀与剿灭的对象。殖民地人民反抗英国殖民统治和压迫的斗争与反对殖民地的剥削者的斗争交织在一起，贯穿于这一时期的始终。

（三）殖民地的经济结构

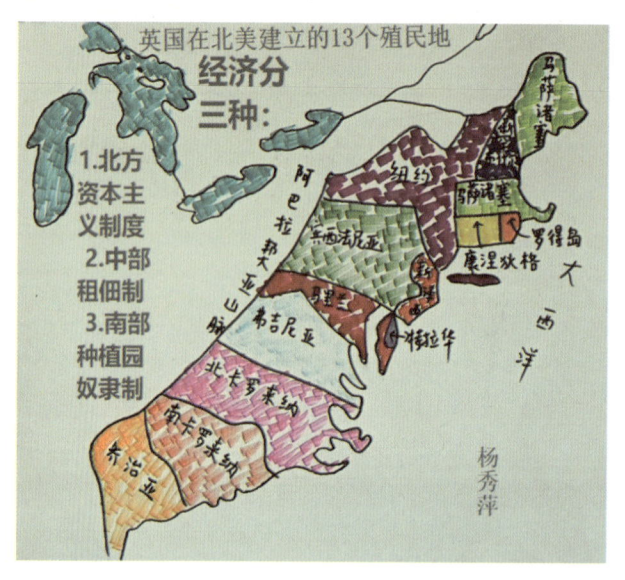

在北美的13个殖民地中，移民来源本来十分复杂，却产生了共同的民族认同感，并由此形成了强大的凝聚力，他们为摆脱英国殖民统治而斗争，从根本上说是由于各殖民地之间存在着密切的经济联系。

1. 北方资本主义生产方式的发展

18世纪中叶，北美殖民地的资本主义经济发展步伐加快，尤其在造船、冶金、纺织、面粉加工、锯木和玻璃制造等行业发展最快。尽管北方各州尚处在资本主义手工工场阶段，但却代表了经济发展的方向。

2. 中部租佃制

土地集中在少数大地主手里，把土地分成小块出租给佃农，并且抬高地租，残酷剥削佃农。在大多数殖民地上实行《长子继承法》（大地主死后土地由长子一人继承），南部和中部殖民地上实行了《限定嗣续法》，禁止大地主出卖土地，也禁止没有身份的人继承土地财产，这种半封建的租佃制仅限于中部某些地区。北美拥有广阔的土地，劳动者占地容易，但中部地区由于存在这种半封建的租佃制，经济发展缓慢，经济结构当中农业占有很大比重。由于中部和北部的经济联系更为紧密（如纽约和马萨诸塞），因此资本主义生产关系在这两个地区有了相当程度的发展。

3. 南部种植园奴隶制

两种形式，即黑奴制和白人契约奴制，种植园主既是地主和奴隶主，又是农业资本家，他们榨取奴隶的血汗，奴隶生产的产品主要作为商品在欧洲市场上销售，因此北美的奴隶制实际上仍然是资本主义的重要组成部分。南部经济特点是与欧洲，尤其是与英法进行密切的贸易联系，但正是由于这种依赖性，以及奴隶制度本身存在的一些无法克服的问题，使得南部本地区内的工商业并不发达，而农业高强度剥削使得农业先进技术难以推广。

在英属北美的北中南三大区域中，南部经济是相对落后的。

第二节　美国独立战争

一、英国对殖民地的政策

英国在哥伦布发现美洲新大陆后，也到"新大陆"去"探险"。英国自从建立殖民地以来，对北美殖民地实行的政策是重商主义，这促进了英国资产阶级经济的发展。在英国重商主义政策保护下，英国工业品源源不断地运到北美大陆，北美殖民地变为英国工业品的销售场所及原料供应地，1753—1763年的十年是英国工业品对美出口最强盛的十年。

（一）重商主义政策

英国都铎王朝统治时期采取重商主义经济政策，客观上促进了商品经济的发展，为英国建立成熟的市场经济体制，确立资本主义生产关系奠定了基础。1497年，约翰·卡博特和他的儿子塞巴斯蒂恩得到了英王亨利七世的资助，继葡萄牙、西班牙之后曾进行美洲的"探险"航行，到达了纽芬兰岛的博纳维斯塔。此后，在大约长达一个世纪的时间里，英国对美洲的拓殖一直落后于西、葡等国。

伊丽莎白女王继续采用这种代表商业资本主义利益的重商政策，主观上是为了加强专制王权。在这一历史时期商业资本迅速壮大起来，伊丽莎白不得不依靠商业资本家的经济支持来加强王权，以应付频繁的战事，同时商业资本也需要王权的保护，以赚取更大的经济利益，这样王权便与商业资本结合起来。重商政策客观上促进了商品经济的发展，使市场经济因素在封建社会内部不断孕育成长。这一时期由于伊丽莎白鼓励发展工业、海外贸易，于是出现了新的企业组织形式——股份制企业。

北美13州殖民地打破英国重商主义对其规定的发展模式是他们摆脱母国统治走向独立的主要原因之一。

该政策贯穿于整个殖民地时期，对殖民地的发展起到既积极又消极的双重作用。英国的重商主义从制定到执行始终考虑母国的经济利益，对殖民地不同地区产生的消极影响渐居于主导地位。

（二）七年战争

英法七年战争1756年爆发，1763年结束，持续七年，故而得名。英国针对法国及印第安的战争，称为法国和印第安战争（又称法印之战），是美国以英国的两个主要敌人来命名的。该战争是英法两国为争夺更多的北美殖民地和北美市场而发动的战争。英国是七年战争中的最大赢家，法国在《巴黎和约》中被迫将整个加拿大割让给英国，并从整个印度撤出，只保留5个市镇，英国成了海外殖民地霸主成了，迈向日不落帝国的传奇。

（三）颁发法案

英国将这次大帝国战争在法国和印第安战争中损失的战费转嫁在北美殖民州身上，引起了当地居民的不满，生活在殖民地的人民水深火热，民不聊生，战后英国又发布各种税法盘剥人民。

时间	法案	提出对殖民地人民的禁令
1763年	王室法令	禁止殖民地居民非法开垦土地
1764年	糖税法	向移民征收更多的糖税
1764年	货币法案	禁止殖民地人民印刷纸币
1765年	印花税法案	收到各种印刷品需要缴纳印花税
1765年	驻营条例	为派驻到殖民地的英军提供食宿
1766年	宣告法案	英政府享有北美殖民地的立法权
1767年	海关法案	为北美殖民地增加税收的法案
1767年	税收法	为北美殖民地增加税收的法案
1767年	茶税法	输入北美的玻璃茶叶等征收关税

（四）更多反抗因素

英国政府不断地向北美各殖民增加税收，实行高压政策，竭力压制殖民地经济发展，从殖民地搜刮更多财富。殖民地人民不满英国的盘剥和束缚，双方矛盾日益尖锐，引发很多冲突，最终导致独立战争爆发。

1. 印花税条例

1765年，英国国会为转嫁沉重的军费负担而向英属北美殖民地直接征税，为了进一步控制殖民地和镇压印第安人，派遣一万名军队常驻北美，由当地负责全部开支。1765年3月22日，英国国会通过印花税条例规定，北美殖民地的印刷品包括报纸、书刊、契据、执照、文凭、纸牌、入场券等均需加贴印花税票，税额自2便士到几英镑不等，违者罚款或监禁。印花税条例遭到殖民地人民的强烈反对。

2. 秘密反抗组织

"自由之子""通讯委员会"等秘密会社组织起来，带领群众捣毁税局，焚烧印花税票，把税吏身上涂满柏油、粘上羽毛、游街示众。自由之子指的是1767年在独立战争中美利坚合众国在反对殖民主义的战争中，最普遍的一个组织即激进民主主义的"自由之子"协会。这个组织的主要成员是工人、手工业者和城市小资产阶级。1772年，殖民地资产阶级最早的一批反对英国统治的机构"通讯委员会"成立，这些机构是殖民地新政权的雏形，对组织北美革命力量起到重要作用。

3. 唐森德税法

1767年英国国会通过了由财政大臣C·唐森德提出的向北美殖民地征税的法案。印花税条例废除后，根据财政大臣唐森德的提议，英国国会于1767下半年通过四项向殖民地征税的法案，总称《唐森德法》。是年6月29日通过的《唐森德税法》是其中的第二项。税法规定自英国输往殖民地的纸张、玻璃、铅、颜料、茶叶等均一律征收进口税,还规定英国关税税吏有权闯入殖民地民宅、货栈、店铺,搜查违禁物品和走私货物。

4. 政治歧视

《唐森德税法》公布后,引起北美殖民地人民的愤怒抗议,要求废除。1768年2月,马萨诸塞议会又向各殖民地议会发出巡回信件,重申"无代表即不纳税"的原则,殖民地人民再度掀起抵制英货运动,并用武力反抗英国税吏的搜查与压迫。英国对北美的贸易额大幅度下降。英国政府以解散纽约、马萨诸塞两州议会为要挟,但遭到殖民地人民更大的反抗,英国遂于1770年3月被迫废除《唐森德税法》。

5. 波士顿惨案

1765年,驻营条例颁布后,英国政府派遣军队驻扎北美5年间,军队和当地人民的冲突不断发生,当地人民与英国军队之间的积怨已深,一股反抗的暗流逐渐壮大。1770年3月5日波士顿的绳索制造工人聚集在海关,向守卫海关的英国兵投掷雪球。英军前来镇压,面对情绪激愤的人们,士兵在慌乱中向群众开了枪,当场打死3人,后又有2人因伤势过重,次日死去。这次流血事件史称"波士顿惨案"。波士顿惨案的消息很快传到其他城市,人民纷纷起来抗议英军驻扎。波士顿这座仅有1.7万人的城市,竟有5万人加入死难者送葬的行列。英国军队被迫撤出波士顿。

6. 波士顿倾茶事件(Boston Tea Party)

又称波士顿茶党事件。1773年,英国政府为倾销东印度公司的积存茶叶,通过《救济东印度公司条例》,给予东印度公司到北美殖民地销售积压茶叶的专利权,免缴高额的进口关税,只征收轻微的茶税,明令禁止殖民地贩卖"私茶"。东印度公司因此垄断了北美殖民地的茶叶运销,其输入的茶叶价格较"私茶"便宜百分之五十。该条例引起北美殖民地人民的极大愤怒,纽约、费城、查尔斯顿人民拒绝卸运茶叶。波士顿革命分子塞缪尔·亚当斯领导的一个由三组每组50个当地人组成的组织——"自由之子",打扮成印第安人偷偷摸到三艘船上,将342箱茶叶倒入港口内。英国政府下令关闭波士顿港口,直到他们把扔下茶叶的钱偿还,还将战船和军队驶入殖民地。

7. "不可容忍的法案"

1774年英国政府通过一系列"强制法案"(Coercive Acts),旨在加强控制。这些法案虽然是针对马萨诸塞州,但被北美居民称作"不可容忍的法案",后来费城等其他港口也陆续响应,最终导致了1775年4月的美国独立战争。

8. 第一届大陆会议

1774年9月5日到10月26日，12个殖民地（佐治亚除外）的代表在费城召开第一届大陆会议，通过决议，与英国断绝一切输入、输出与消费的关系，支持抵制英货活动，史称"第一届大陆会议"（Continental Congress of the United Colonies）。除佐治亚代表缺席外，其他12个殖民地的55名代表都参加了会议。大陆会议围绕民族独立问题展开了激烈的争论，民主派主张殖民地完全与宗主国决裂并立即开始军事行动，保守派则主张与英国永久联合。在大陆会议期间，北美各地人民到处举行集会，通过决议，表明对时局的态度。

二、独立战争的开始

1775年4月19日，波士顿人民在莱克星顿上空打响了独立战争的第一枪，莱克星顿的枪声拉开了美国独立战争的序幕。

（一）莱克星顿枪声

1775年4月，马萨诸塞总督兼驻军总司令托马斯·盖奇得到一个消息：在距波士顿不远的康科德镇上，有"通讯委员会"的一个秘密军火仓库。盖奇立即命令少校佛朗西斯·史密斯和约翰·皮特凯恩率800名英军前往摧毁，以挫伤民兵士气。4月19日凌晨，他们来到了距离康科德6英里的小村庄——莱克星顿，忽然，他们发现村外的草地上站着70多个村民，正手握长枪严阵以待。史密斯知道这些武装村民就是莱克星顿的民兵，北美大陆殖民地上的居民都叫他们"一分钟人"（Minutemen），因为他们行动特别迅速，只要一听到警报，在一分钟内就能集合起来，立即投入战斗。让史密斯吃惊的是，这些民兵为什么这样快就知道英军的行动呢？原来，"通讯委员会"的侦察员早就得到了情报，并在波士顿教堂的顶上挂起一盏红灯。"通讯委员会"的信使，雕版匠保尔·瑞维尔看到后立即骑马到莱克星顿，通知隐藏在那里的反英领袖塞缪尔·亚当斯撤离，然后

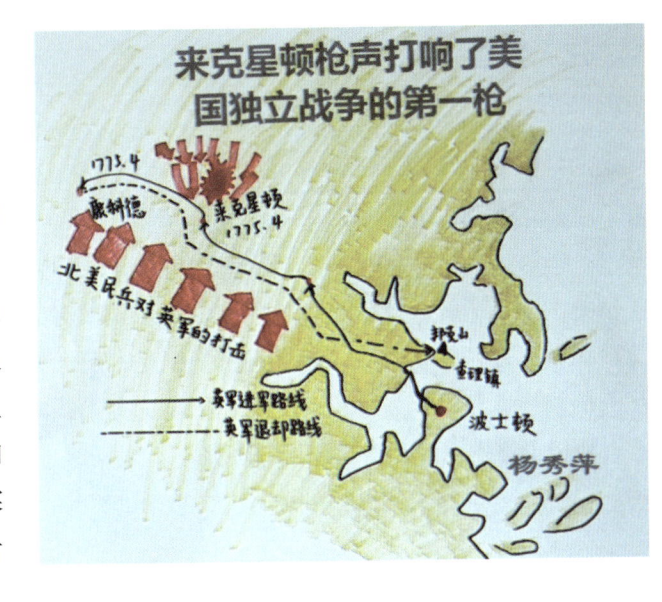

赶到康科德报警。附近各村镇的民兵已得到消息，从四面八方向康科德赶来，包围了正在撤退的英军。莱克星顿的枪声震动了大西洋沿岸的13个殖民地，标志美国独立战争从此开始。

（二）第二次大陆会议

为了联合抗英，1775年5月10日第二届大陆会议在费城召开，与会代表66人，新代表中有本杰明·富兰克林和托马斯·杰斐逊，决定建立各殖民地联合武装力量即大陆军，任命华盛顿为总司令。10月13日，又决定建立大陆舰队。1776年7月4日，大陆会议通过了由托马斯·杰斐逊起草的《独立宣言》，正式宣布北美13个殖民地断绝与英国的隶属关系，宣告美利坚合众国诞生。

（三）托马斯·潘恩（Thomas Paine）

英裔美国思想家、政治家、革命家，美国独立战争期间，他撰写了铿锵有力并广为流传的小册子《常识》，极大地鼓舞了北美民众的独立情绪，最早提出"自由民主论"。《常识》告诉北美殖民地人民一个最简单的道理：北美应该独立于英国之外。潘恩在书中第一次明确地提出：英国属于欧洲，北美，属于它自己。

（四）独立宣言

1776年6月11日，大陆会议任命本杰明·富兰克林、托马斯·杰斐逊、约翰·亚当斯 等五人组成委员会（Committee of Five）起草美国独立宣言，绝大部分由托马斯·杰斐逊起草，7月4日独立宣言获得通过。独立宣言之本文可分为五个章节：序文、前言、控诉英王乔治三世、谴责英人和总结。主张上帝面前人人平等，秉造物者之赐，拥诸无可转让之权利，包含生命权、自由权、追寻幸福之权。

三、独立战争的过程

独立战争的过程分三个阶段

1. 防御阶段 1775—1778年
2. 进攻阶段 1778—1781年
3. 反攻阶段 1781—1783年

战争初期，双方力量相差悬殊。英国是世界上最强大的殖民国家，拥有世界第一流的海军，驻北美的英军约3万人，装备精良，训练有素，而北美殖民地人口仅300万，兵力不足，装备落后，缺乏训练。但是，殖民地军民联合，同仇敌忾，又有优秀的领导者和军事指挥员，而英军的海上补给线时常被干扰，在北美又不得人心，所以最终殖民地获得胜利，并且独立了。

（一）战争经过

1. 防御阶段

美国独立战争主战场在北方，英军掌握主动权。英军的总战略是以海军控制北美东部沿海，同时以陆军分别从加拿大和纽约南北对进，打通尚普兰湖、哈得孙河谷一线，以孤立反英最坚决的新英格兰诸殖民地，然后将其他殖民地各个击破。殖民地方面力量薄弱，基本上采取避免决战、保存实力等待时机破敌、争取外援的方针。1776年6月，为了扑灭北美殖民地独立的力量，英国政府派遣约翰柏高英将军从加拿大尚普兰山谷出发，又派两只部队增援，企图打破乔治华盛顿的部队与新英格兰之间的联系，从而达到包围新英格兰的目的。

2. 进攻阶段

美国独立战争进攻主战场在南方，美军以弱胜强。英军新任统帅H.克林顿利用南方"效忠派"较多，且靠近英属西印度群岛等有利条件，将主力南调，企图首先控制南方诸州，然后与北方据点纽约遥相呼应，遏制北方。美军企图在法国陆、海军配合下，控制沿海战略要地，同时大力开展游击战，消耗敌人的有生力量，以争取最后胜利。5000多人被包围在萨拉托加，柏高英多次试图突围，但却均未获得成功，被迫于1779年10月7日向时任纽约州北部司令的霍雷肖·盖茨将军投降。这次战役，北美军队俘虏了6名将军、300名军官和5000多名战士，史称萨拉托加大捷。这也是历史上美国独立战争最重要的转折点。萨拉托加战役的胜利改变了独立战争的形式，从此美军的战略从防御阶段转入进攻阶段。

3. 反攻阶段

1781年4月—1783年9月，为战略反攻阶段。在长达3年半的战略相持中，美国大陆军和民兵以游击战和游击性的运动战为主要作战形式，在广阔的南部战场上与敌周旋，歼敌耗敌，战略上日趋主动。英军虽然凭借正规军的优势，取得若干战术上的胜利，但在持久的消耗中，渐成强弩之末。最后，不得不放弃了控制南方的努力。萨拉托加大捷以后，国际形势发生了重大变化，法国、西班牙和荷兰加入反英斗争行列。华盛顿率领大陆军进行决战前的休整，以不屈不挠的顽强意志，带领大陆军战胜困难，去迎接最后胜利。1778年6月，法国军舰开进北美，英军被迫撤出费城，主攻美国南方，但在南方遭到民兵游击队的不断打击。1780年，英军退往弗吉尼亚的约克镇。1781年，华盛顿实行北兵南调，采用佯攻纽约战术，率军悄然南撤。与此同时，一支拥有36艘战舰的法国舰队在约克港外打败英国海军，切断了英军海上补给线。美法联军包围了约克镇英军，英军司令康华利势穷力竭，被迫于10月19日率8 000英军投降，约克镇战役取得胜利。

（二）战争的结果

约克镇战役是独立战争以来北美大陆军赢得的最大一次胜利，此后美英双方实际上停止了重大的军事行动，美国人民经历了各种难以想象的磨难，遭受巨大牺牲，终于取得独立战争的胜利。

1783年9月3日，英美在巴黎签订和约，英国承认美国独立，并将阿巴拉契亚山和密西西比河之间北起加拿大、南至佛罗里达的全部土地划归美国。至此美国独立战争才得以告终。

四、独立战争的意义

从1775年4月北美殖民地民兵在莱克星顿打响了第一枪到1783年9月战争结束并签订巴黎和约为止，殖民地人民以顽强不屈的毅力，必胜的信心，整整坚持了8年之久的艰苦斗争，最终赢得巨大胜利，彻底摆脱了英国政府的殖民剥削和压榨，粉碎了英国统治的枷锁，获得了北美殖民地的独立和新生。

（一）战争胜利的原因

北美殖民地人民赢得战争胜利的原因是多方面的。首先北美独立战争是一场为实现国家民族独立而发动的正义战争，是一场为人民利益谋福祉的战争，注定要赢得广大殖民地人民的关注。在人民群众的支持和积极参与下，托马斯·潘恩所写的宣传手册《常识》激发了北美人民为独立而战的激昂情绪；乔治·华盛顿凭借杰出的军事指挥才能，领导北美大陆军冲锋陷阵；本杰明·富兰克林显示了卓越的外交天才，出使法国，说服了法国政府出兵帮助北美摆脱困境以及美国建国先父们的运筹帷幄；荷兰、法国的军事援助；托马斯·杰斐逊起草的《独立宣言》，鼓舞了北美人民抗英的斗志。总之，北美人民怀着不独立，毋宁死的必胜决心是任何千军万马都无法克服的。

（二）战争的意义

美国独立战争具有重要意义，美国独立战争是历史上第一次大规模的反抗殖民者并取得重大胜利的战争，是一场正义的战争，对鼓励其他殖民地人民奋起反抗起到了相当大的作用。美国独立战争的地位也体现在政治方面，美国独立战争是一场资产阶级性质的斗争，也是一场资产阶级的革命，这场战争不仅使得英国的殖民统治被破坏，并成立了美利坚合众国，使得封建残余逐步消除，同时生产力得到了相应的发展，为美国走上资本主义道路奠定了良好的经济与政治基础。同时，也对世界造成了重大的影响，开创了殖民地人民反抗殖民者，建立独立国家的先河。这对日后世界范围内的民族革命起到了良好的借鉴意义。

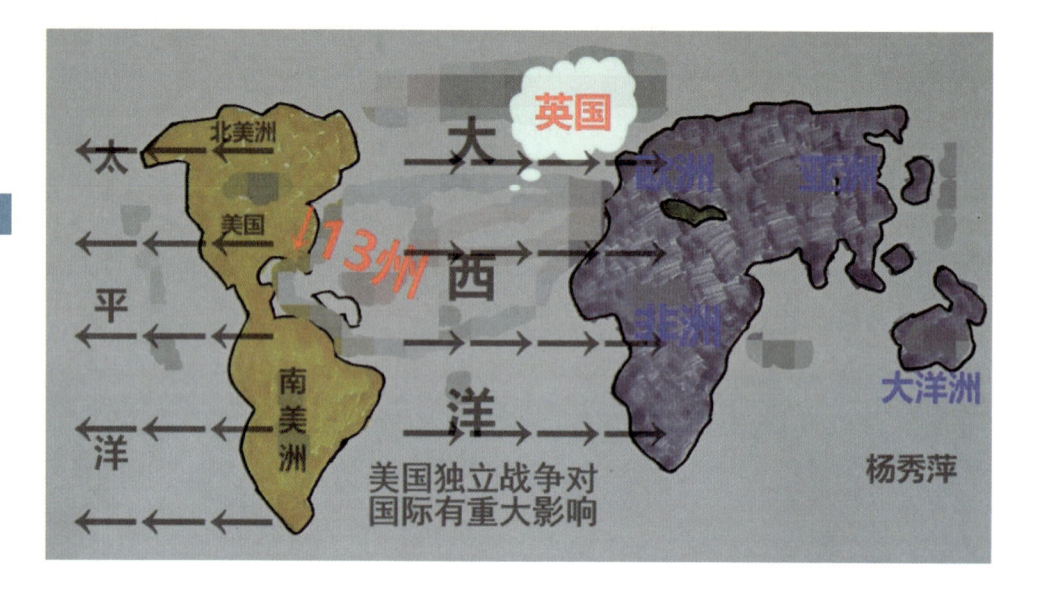

第三节 美国宪法的制定

一、《联邦条款》

什么是美国《联邦条款》？是北美13个殖民地宣布独立后为建立邦联制国家而颁布的宪法性文件。1777年11月15日大陆会议上通过，1781年3月1日经各州批准后生效。

（一）内容

《联邦条款》内容共包括73个条款，宣布13个州同意组成邦联，取名为美利坚合众国。该条款给予各州的权力较大，第2条规定"各州保留其主权、自由和独立，以及其他一切非由本邦联条款所明文规定授予合众国国会的权力、司法权和权利。"规定实行一院制国会体制，对国会的权力施加许多限制。国会无权向各州征税，无权管理各州商业贸易，凡决定宣战、媾和、征兵、铸币和确定货币价值等重大事项，都须征得9个以上州的同意。该条款没有规定设立常设的行政机构，规定只是在需要时可成立委员会，也没有设立统一的司法机构，只规定"邦联议会有设立海事法庭之权"。[①]

（二）《联邦条款》的弱点

《邦联条款》是独立战争胜利后北美十三个殖民地代表签署的一份政治协议，它表明联邦政府建立起来了，并取得了一定成就，但它最明显的弱点就是各州的结合仅由一根"沙土做成的绳索"联系在一起，随时可能崩溃。《邦联条款》并没有起到帮助美国建立一个紧密有效的全国性联邦政府，当时的联邦政府只是13个州组成的一个松散联盟，各州仍然独立，并不团结，各州享有各州的主权，各行其是。在这种体制下，邦联国会没有征税权，同时由于缺乏全国性的行政和司法机构，国会只能依靠各个州的地方政府（各地政府之间往往缺乏协作）来实施其指定的法律。同时，国会对于各州之间的关税也无权介入。由于条例规定只有所有州的一致同意才能修改《邦联条例》，而各州对于中央政府非常不重视，经常不派人员参加中央会议，因此国会经常因为表决人数不足而被迫休会。实践证明，它所设计的体制，中央政府的权力过弱，而地方政府权力过大，因而全国难以形成强有力的统一力量，这一缺陷后来由美国宪法所纠正。

（三）邦联和联邦的区别

联邦很常见，俄罗斯就是联邦，美国也是联邦，英国也是。他的下一级行政单位是一个类似于半主权国家的个体，但是又服从于中央的权威。中央政府有实权，具有真正的领导权，而且联邦比较稳定，成员很难脱离这个政权，就像俄罗斯和车臣一样。邦联制就不一样了，邦联制下的成员拥有完全主权，成员构成也不够稳定，具有自由退出权力，就像英联邦、欧盟。他们在国家之上都有更高一级的政府单位，例如，英联邦是女王，而欧盟有自己的委员，邦联政府有一定的名义上或实际上的权力，但是其权力是否生效则要看成员的意思了。

项目	联邦制政府	邦联制政府
组成单位	美国各州是州政府	美国各州是主权国家
本质	美国是主权国家	美国是国家联盟
国家元首	有统一元首	无统一元首
权利关系	国家权高于各州权	各州权高于国家权

---

① 罗肇鸿，王怀宁. 资本主义大辞典[M]. 北京：人民出版社，1995：975.

美国在殖民地期间是先成立的13个州政府，每个州政府都有自己的州议会，都有实权，独立战争期间，在《邦联条款》指导下成立的议会是一个松散不团结的邦联政府和议会，不是一个有实权的联邦政府和议会。这样的邦联政府和议会不能有效地行使自己的主权，注定是无能的政府和议会，若不及时修正，胜利的果实就会烟消云散。

因此，美国在独立战争胜利后，召开了第一届立宪会议，废除了《邦联条款》，制定了宪法，通过法律确立了美国联邦政府和州政府之间的权力分割关系，不必再纠结究竟是联邦政府权力大还是州政府权力大的问题。

二、立宪会议

独立战争之后，美国在联邦条款的指导下产生诸多不可调和的社会问题，国家处于风雨飘摇之中，这引起华盛顿等建国先父们的忧虑。

（一）立宪会议的召开

为防止战争果实烟消云散，建国先父们决定于1787年5月25日至9月17日在费城举行一次大会，目的是修订漏洞百出的《联邦条款》，但由于《联邦条款》问题太多，修改已经是不可能了，来自弗吉尼亚州36岁的年轻律师约翰·麦迪逊提出废除《联邦条款》，制定一部人类历史上最早的第一部成文宪法：《美利坚合众国宪法》。此会议在费城召开，又称费城会议、联邦会议或费城大会，就是我们今天所指的美国历史第一次立宪会议。

（二）宪法的制定

最初的决议案写明了这次会议的目的是起草《邦联条例》的修正案，但是会议最终决定重新起草一部宪法。费城制宪会议代表投票同意采用秘密会议的方式召开，并且同意新的法案需要获得13个州中的9个州的批准才能生效。有人批评说这是对会议权限和现行法律的逾越，但是会议代表对邦联体制下的政府极度不满的，全体一致同意将宪法草案交付各州表决。最终，弗吉尼亚州和新泽西州提出的宪法草案经过合并形成美国宪法政治制度的雏形。

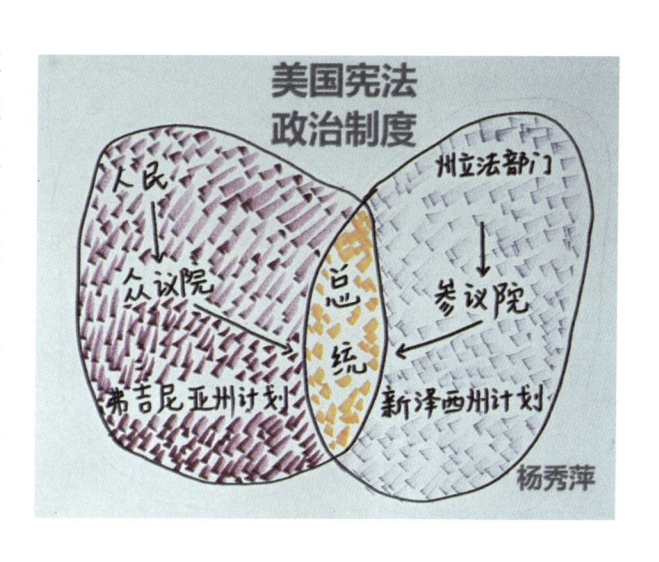

项目	立法部门	执法部门	司法部门
弗吉尼亚州	众议院	总统制	人民司法
新泽西州	参议院	总统制	州司法部门
美利坚合众国	两院制	总统制	高级法院

美国宪法第六条第二款将其本身的地位表述为"国家的最高法律"。法官们通常将之理解为：当国会或者州的立法机关制定的法律与美国宪法有所冲突的话，这

些法律将被宣布无效。两个多世纪以来，美国联邦最高法院通过众多判例不断地强化美国宪法的权威性。

（三）宪法的通过

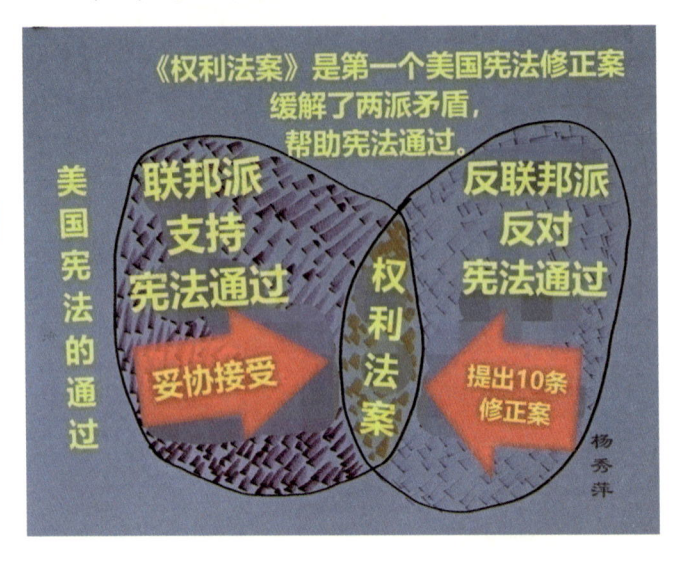

1787年9月17日，39个制宪会议代表签署了《美利坚合众国宪法》，并提交给纽约的邦联国会。1787年制定的宪法没有把《独立宣言》和当时一些州宪法中所肯定的民主权利包括在内，这遭到广大人民群众的强烈反对。当宪法摆在全国人民的面前时，那些支持宪法通过的人被称为联邦派，而那些反对宪法通过的人被称为反联邦派。后来在资产阶级民主派的压力下和1789年法国资产阶级革命的影响下，美国国会于1789年9月25日通过10条宪法修正案，作为美国宪法的补充条款，并于1791年12月15日得到当时9个州的批准开始生效。这10条修正案通称《权利法案》。

《权利法案》的主要内容是：国会不得制定剥夺公民的言论、出版、和平集会和请愿等自由的法律；公民的人身、住宅、文件和财产不受非法的搜查或扣押；非依法律的正当程序，不得剥夺任何人的自由、生命或财产，以及司法程序上的一些民主权利等。

国会于1787年9月28日通过新宪法，并同意向13个州提交宪法。1788年6月21日，新罕布什尔州成为第九个批准新宪法的州，达到2/3州批准的法定要求，实质上终止了《邦联条例》及其政府。1790年5月29日，罗得岛州成为最后一个加入1787年美国宪法的原北美13殖民州。根据这部宪法，美国成为一个由各个拥有主权的州所组成的联邦国家，同时也有一个联邦政府来为联邦的运作而服务。从此联邦体制取代了基于邦联条例而存在的较为松散的邦联体制。

（四）宪法的原则

美国宪法是美国公民的基本法律，是美国政府运行的指导原则。宪法的制定者们努力地制定灵活的、有助于国家未来的法律规范。宪法保护美国公民的权利，美国公民也要遵循它。美国的宪法建立在七个基本原则之上：人民主权、共和制、联邦制、三权分立、制约与均衡、有限政府、个人权利。

1. 人民主权

意思是人民当家做主，这不是直接统治，而是通过选举间接选出国家总统。总统和夫人是美国第一公民，第一夫人，总统享有最高执法权，但每个人都是平等的，都受到宪法的保护和制约。比如，任何人，包括总统在内，都不能为所欲为，违法或创造法律。公民有选举权，通过投票选举自己的代表去制定或废除法律。

美国总统
国会议员
美国公民
宪法

2. 共和制

人民主权也是共和制的一个原则。美国的民主共和制表明美国是一个共和政体。美国公民通过投票来推选出政治代表，来行使他们的权利。

3. 联邦制

联邦制是一种通过在州政府和联邦政府之间分享权力的方式，进行国家管理的体制。

联邦政府只享有宪法明确列举的授予权力，而未列举的保留权力归各州所有。这就是说，美国作为一个国家只享有宪法赋予的权力，比如：货币发行权和对外

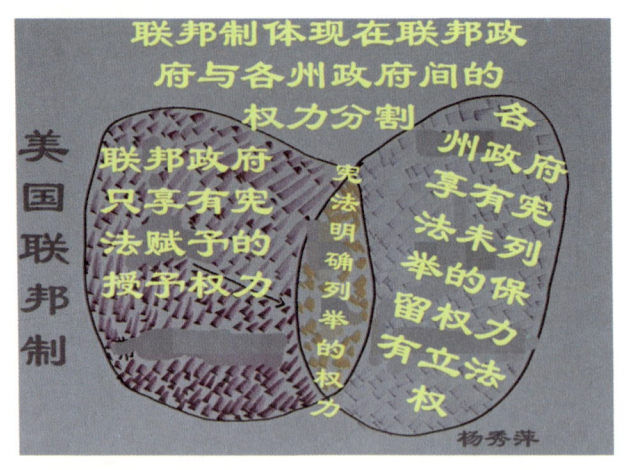

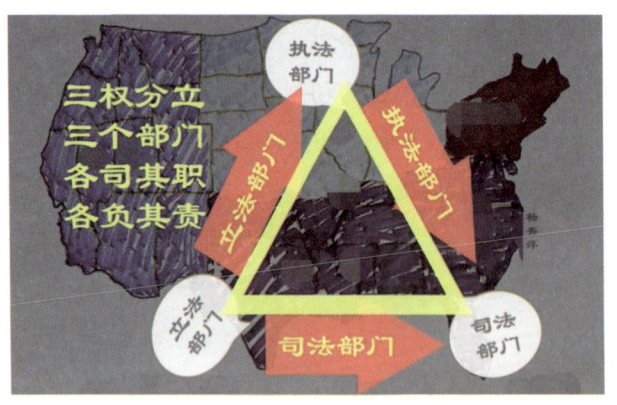

宣战权，等等。各州所拥有的权力包括，没有列入各联邦政府的，且宪法尚未禁止的各项权力，比如制定学校规制制定新的婚姻法，等等。也有一些权力是联邦政府和州政府共同享有的，比如征税。这些，被称为并存权力。

4. 三权分立

宪法的一、二、三条将政府的权力分成：行政权，立法权，和司法权。三权分立确保每一届政府都不会享有过多的权力。由国会代表组成的立法机关制定法律。由总统领导的行政机关执行法律。司法部门，包括法院系统负责解释说明法律。

5. 制约与均衡

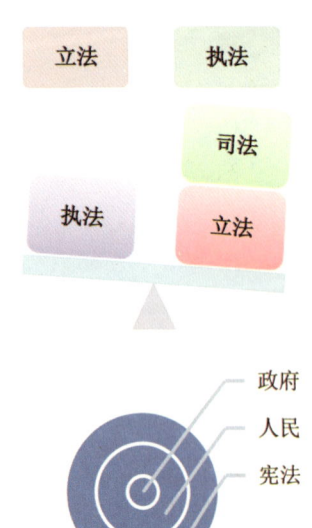

法律需要国会通过，但总统有否决权。即使总统通过了，最高法院也可以指出里面的某个法律违反了宪法的某个基本原则。所以，没有另一方的认可，任何一个部门都不可以完全做主。立法、执法和司法中任何两个部门的关系彼此是即制约又平衡的。

6. 有限政府——制约与均衡里就有了"有限政府"的概念。它确保了政府各个部门之间的相互制约和协作。以及，没有一个人能浪费他们的职权。人人都必须遵守法律，没有例外。

7. 个人权利——是美国宪法中的一个真正的重点。它允许个人提出宪法的修正案，如果通过了严格的审批，这就将成为宪法中的一部分了。美国宪法是一部可以修改的、随着时间的推移而不断完善的法律文件，但它仍然始终坚持着美国宪法的基本原则。宪法是代表人民意愿制定的基本法律，保护美国个人人权和基本财产不受侵犯。

（五）宪法的内容

美国宪法规定实行资产阶级性质的联邦制，肯定了以立法、行政、司法三权分立，相互制衡为原则的资产阶级总统制民主共和政体。宪法原文由序言和7条正文组成。规定立法权属于美国国会，并规定了国会的组成；行政权属于美国总统，以及规定总统产生的办法；司法权属于美国联邦最高法院，并规定最高法院的组成；各州的相互关系和义务；宪法修正案提出和通过的程序；联邦宪法和按照宪法制定的法律为全国最高法律；本宪法经9个州制宪会议批准后生效。

美国宪法的英语序言：We the people of the United States, in order to form a more perfect Union, establish justice, insure domestic tranquility, provide for the common defense, promote the general welfare, and secure the blessings of liberty to ourselves and our posterity, do ordain and establish this Constitution for the United States of America.

中文翻译如下：我合众国民，为立善盟，树正义，护国安，保共守，促公利，而使吾辈及后世得享自由之幸，特为美利坚合众国制定此宪。美国宪法之父是詹姆士·麦迪逊（1751—1836年），美国第四任总统。[1]

三、美国第一任总统

乔治·华盛顿（1732—1799），美国政治家、军事家、革命家，首任总统，美国开国元勋之一。华盛顿出身于弗吉尼亚的一个富有家庭，曾加入英军参与法国印第安人战争，有卓越的军事才能，1759—1774年为弗吉尼亚下议院议员，带头反对英国统治。[2]1775—1783年在美国独立战争中任大陆军的总司令。1787年主持制宪会议，制定《美国宪法》以取代《邦联条例》。1789年，当选美国总统，1793年赢得连任，一直担任总统直到1797年。他在两届的任期中多有创举，任期结束后自愿放弃权力，不再谋求第三个任期，1799年12月14日在弗农山庄逝世。在政治思想上，华盛顿主张国家独立，反对殖民统治；坚持国家统一和团结，反对分裂和倾

---

[1] US Constitution of 1787.

[2] 艾伦·艾萨克斯. 麦克米伦百科全书[M]. 郭建中，江昭明，毛华奋，等译. 杭州：浙江人民出版社，2002：1230.

轧；坚持共和制，反对君主制；认为权力永远属于人民，还认为各国人民都有权建立它认为最能幸福地生活下去的那种政体的政府。① 他没有致力于在联邦层面废除奴隶制，但在遗嘱中声明解放他自己的黑奴。② 其作品集收入《华盛顿选集》等。

第四节　美国的扩张时代

一、杰斐逊时代

19世纪前50年是美国的扩张时代，也是杰斐逊总统收购领土，开创自由主义思想的时代。托马斯·杰斐逊（1743—1826年）美国政治家、思想家、哲学家、科学家、教育家，第三任美国总统，第一届民主共和党领袖，是美国独立战争期间的主要领导之一。1776年，与约翰·亚当斯和本杰明·富兰克林在内的起草委员会的成员，起草了美国《独立宣言》。此后，他先后担任了美国第一任国务卿，第二任副总统和第三任总统。他在任期内保护农业，发展民族资本主义工业。他被视为美国历史上最杰出的总统之一，同华盛顿、林肯和罗斯福齐名。虽然托马斯·杰斐逊一生都拥有奴隶，然而，他却非常反对奴隶制度，当年，他在代表弗吉尼亚参加1783年的大陆会议时，起草了一份禁止新加入联邦的州存在奴隶制的草案。可惜的是，他的提案由于一票之差没能通过。杰斐逊倡导宗教信仰绝对自由，政教分离，他认为教育自由不仅有助于改进人们的道德品质，培养训练民主社会的合格公民而且是启发民智，防止政府腐化的根本保证；他

---

① 孙鼎国，王杰. 西方思想3000年·上 [M]. 北京：九州图书出版社，1998：265-266.
② 朱庭光，秦晓鹰，孙耀文. 外国历史名人传·现代部分：上册 [M]. 北京：中国社会科学出版社，1984：398-406.

倡导思想言论自由和出版自由，他对美国新闻自由事业的最大贡献莫过于促成了《权利法案》的诞生，第一次将新闻自由写进国家宪法。托马斯·杰斐逊作为美国历史上最博学、最勤奋的思想家和政治家之一，是他那个时代最为真诚的自由主义者，他一生对暴政、专制深恶痛绝，对自由、民主无限向往，而且终其一生而为之奋斗。1803年，他任职期间，从法国手中购买路易斯安那州，使美国领土几乎增加了一倍。同时也控制了北美河流系统的中心地带，结合西部地区丰富的资源，为美国资本主义发展提供了条件。

二、美国第二次独立战争

美国独立战争结束后，英美之间的主权之争并未停止。1811年2月11日，美国再次与英国断绝贸易，双方关系进一步恶化。

（一）1812年美英之战爆发

美英战争发生于1812至1815年，是美国独立后第一次对外战争，在历史上影响巨大，被称为第二次美国独立战争。美国独立后在北美大陆上的扩张政策与英国发生了尖锐的矛盾。对于英方的蛮横态度，美国国内形成了主战派和主和派。主战派以执政的民主共和党为主，他们认为对英国的外交手段和经济制裁都是无用的，唯一的办法就是开战。1812年6月美对英宣战，企图侵占英国属地加拿大，觊觎英国殖民地。

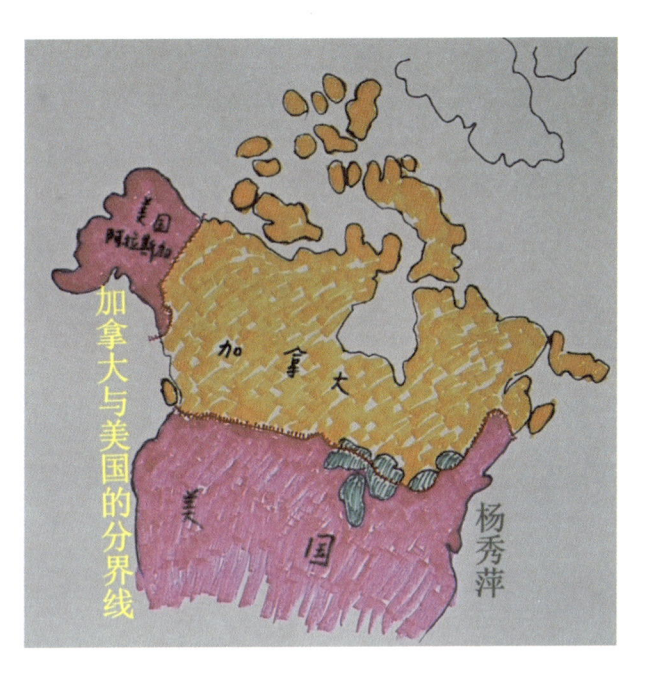

1813年，美国攻击英国北美殖民地加拿大各省。1813年10月至1814年3月，英国在欧洲击败拿破仑帝国，将更多的兵力增援至北美战场。英国占领美国的缅因州，并且一度攻占美国首都华盛顿，将美国白宫和其他建筑物付之一炬。白宫被烧毁的9月，美国组织反攻，英军将领罗斯战死，麦克亨利堡上空飘起了美国星条旗。英国陆军在美国南部的路易斯安那州战场上的恰普兰湖战役、巴尔的摩战役、新奥尔良战役中多次遭到挫败，并且海军也遭受败局。作为英国殖民地的加拿大省，人口稀少，防御松懈，美国欲向北扩张，自认为加拿大居民将把美国军队视为解放者。英国对美国的贸易封锁也引起美国政府的反感，美方曾试图以谈判和解的方式解决问题，但英方一直拒绝谈判，也无视美方递出的橄榄枝。

（二）1812年美英战争的结果

1815年双方停战，边界恢复原状。麦克亨利要塞战斗中，弗朗西斯·斯科特·基为此写下的星条旗歌成为美国国歌。1814年12月美军在新奥尔良战斗中取得重大胜利，24日，两国外交官员在比利时城市根特签署和约，正式停战。因为当年交通不便，和约的消息没有及时到达新奥尔良。1815年2月17日，麦迪逊总统签署了根特和约，使19世纪中，英美两国基本上能够和平共处，拿破仑战争结束后，皇家海军就已经停止强征美国海员服役。1818年根特条约略微调整了东部边界。这场战争是第一次、目前为止也是唯一的一，美国首都被外国军队占领。

（三）1812年美英战争的影响

1. 战争对美国的影响

这场逼和大英帝国的战争为美国赢得了极高的国际声望，使美国民众爱国热情高涨，因此亦称为第二次独立战争。这场战争使反战的联邦党从美国政治舞台彻底消失。战后在温斯菲尔德·斯科特将军的倡导下，美国军事学院（西点军校）开始大力为美国军队培养职业军官。此次战争对美国的制造业产生了巨大影响。战时英国对美国港口的封锁导致美国纺织品短缺，美国却因此催生了纺织工业。西南地区的战斗令美国与当地印第安部落间的冲突加剧，美国随后于1819年兼并了佛罗里达。战后美国进入一个美好和谐的时代，人们认识到团结、自由和拥有一个强大国家政府的重要性。

2. 战争对加拿大的影响

这是一场关系到加拿大生死存亡的战争，促使加拿大的英语和法语两大殖民地的居民联合起来对抗共同的敌人。抵抗入侵之敌加强了殖民地的内在凝聚和对大英帝国的忠诚。战争的最重要结果是使英属北美殖民地于1867年联合为加拿大联邦。在战争中，加拿大民兵表现杰出，而英军指挥官却很一般。这个出乎意料的事实被加拿大军事历史学家杰克·格拉纳斯坦称为"民兵之谜"，对未来加拿大军队的建军思想产生了深远影响——重视民兵建设，而非依赖职业军人。美军得到的是恰恰相反的经验，松散的民兵组织难以对付纪律严明的英国陆军。战争后期美国陆军取得的大部分胜利要归功于学习了英国和欧洲军队有纪律的战斗队形。

3. 战争对英国的影响

与加拿大不同的是，今天的英国已经无人纪念这场战争。主要是同期的拿破仑战争更加重要且富有戏剧性，另外在结束战争的条约里，英国没有得失。

三、门罗条约

詹姆斯·门罗（1758—1831）是美国第5任总统，出生于美国弗吉尼亚州威斯特摩兰县（Westmorland County, Virginia），是苏格兰移民的小农场主家庭出身，家境并不富裕，父亲是农场主，1816年当选美国总统，1820年连任。

（一）什么是门罗条约（Monroe Doctrine）

1823年，美国总统门罗向国会提出咨文，宣称："今后欧洲任何列强不得把美洲大陆已经独立自由的国家当作将来殖民的对象。"他又称，美国不干涉欧洲列强的内部事务，也不容许欧洲列强干预美洲的事务。这项咨文就是通常所说的"门罗宣言"。它包含的原则就是通常所说的"门罗主义"，是美国涉外事务之转折点。美国已经把拉丁美洲看作自己的势力范围，积极推行起"美洲事务是美洲人事务"的政策。美国国务卿克里于2013年11月18日在华盛顿表示，门罗主义的时代已经终结，今天的美洲国家间的关系建立在平等伙伴关系和共同责任基础上，美国不再致力于干预其他美洲国家事务。[1]

（二）门罗条约的内容

门罗主义的含义主要有三个：

1. 要求欧洲国家不在西半球殖民。这一原则不仅表示反对西欧国家对拉美的扩张，也反对俄国在北美西海岸的扩张；

2. 对于已独立的拉丁美洲国家的任何外来干涉，都将被认为是对美国的不友好行动；要求欧洲不干预美洲独立国家的事务；

3. 保证美国不干涉欧洲事务，包括欧洲现有的在美洲的殖民地的事务。

门罗条约实际上宣布拉丁美洲属于美国的势力范围，客观上起到了防止已独

---

[1] 门罗主义：不断被重释的美国的"野心"[EB/OL].腾讯网，2019-09-25.

立的拉丁美洲国家再沦为欧洲列强殖民地的作用。

（三）门罗条约的影响

门罗条约对当时的美国影响不大，因为当时美国国力弱小，英国当时是世界强国，但这一外交政策的提出对后来美国国际关系的发展影响经久，是当时美国决策层的深谋远虑，从国家战略角度看，启示是多方面的，其意义已经超越了门罗宣言乃至国际关系本身。门罗主义在美国独立半个世纪之际，国力依然弱小之时，向世界表明美国已经开始作为一个独立的大国向世界施加自己的影响。门罗宣言引起了列强的不同反响，最终结果是英国无奈地接受了门罗主义，神圣同盟受到沉重打击，美国获得了外交的胜利。美国日后的发展、强大都离不开门罗主义的作用。

四、安德鲁·杰克逊总统

安德鲁·杰克逊总统是美国第二大党派民主党的创建者之一，1828年当选为美国第7任总统，1832年又连任总统。在围绕着杰克逊创建的民主党和他的对立党民主共和党派之间展开全国性政治斗争的同时，追随杰克逊的民主党因他而得名。

（一）分赃制度

杰克逊遭指控，在美国政治体系中引入"分赃制度"，或称"恩赐"。"分赃制度"一词由纽约州联邦参议员威廉·勒尼德·马西所提出，引自其"敬分赃下的胜利者"一句。杰克逊当选总统后，撤换一大群联邦官员，代之以自己的支持者与友人。杰克逊把"分赃制度"合法化，认为，奖赏所属派系并鼓励其他人加入有助于民主，举贤不避亲。

（二）推行西进运动，迁移印第安人

以往的美国总统包括华盛顿和林肯在内一向主张对印第安人采取赶尽杀绝的政策，杰克逊是第一个提出印第安人排除政策的倡议者，主张全美推行西进运动，迁移印第安人。1830年签署印第安人排除法案。该项排除法案并未下令遣走任何印第安人，而是授权总统与印第安部落洽商购地条款，即以东部的部落所有地，交换当时已有州界以外之西部的遥远国土。排除法案在美国大受欢迎。杰克逊执政期间，向西迁移了超过45000名的印第安人。杰克逊政府当时耗资6800万美元，及3000 百万英亩（13万平方公里）的西部国土，购下了1亿英亩（40万平方公里）的印第安人土地。搬迁的进程普受美国人欢迎，却使印第安人各族受苦不堪，甚至死亡。

五、美墨战争

"天定命运论"是1845年7月美国政治家奥沙利文明确提出的扩张主义思想，主要包含三个方面：一为美利坚合众国建立的必然性；二为美国领土扩张的合法性；三为传播民主制度的神圣性。"天定命运论"这一扩张思潮的泛滥，为美国统治者发动战争进行了舆论准备，并提供了理论依据，推动了美国对墨西哥的战争。

（一）墨西哥背景

墨西哥独立后政局不稳，农业发展滞后，工矿业发展有限，而邻国的美国，同一时期，经济呈现蓬勃发展态势，两国之间经济实力差距不断拉大，国力逐渐强大起来的美国，觊觎墨西哥的资源和土地，开始不断地挑衅。美国以移民为先锋，向西部进行大量移民，1835年，人数达到3万，并远及加利福尼亚和新墨西哥等墨西哥领土，与墨西哥政府不断发生纠纷。

美国现在的加州、德州、新墨西哥州、内华达州、犹他州、科罗拉多州、亚利桑那州、怀俄明州，在1848年以前，都是墨西哥的领土。由于1846年到1848年的一场"美墨战争"，改变了两国的版图和边境线。当时墨西哥虽然取得了独立，但土地制度依然未发生改变，落后的封建大地产制依然占统治地位，政治局势也动荡不安，独裁者肆意搜刮，农业长期滞后，美国觊觎墨西哥的资源和领土，不断实行渗透和挑衅。

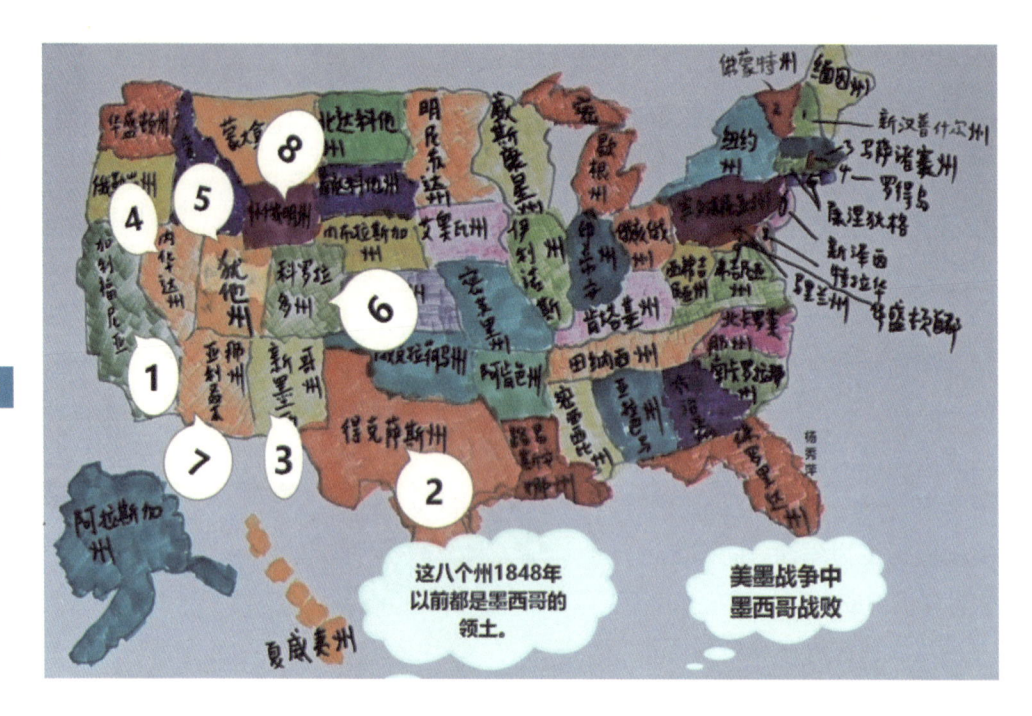

这八个州1848年以前都是墨西哥的领土。

美墨战争中墨西哥战败

（二）战争爆发的原因

美墨战争爆发的直接原因是墨西哥与得克萨斯共和国未解决的边境问题以及美国的扩张主义。1835年，美国政府唆使原属墨西哥的得克萨斯奴隶主发动武装叛乱，墨西哥出兵镇压，美国出兵击败墨军，宣布得克萨斯"独立"，成立"得克萨斯共和国"。1836年，得克萨斯宣布独立并请求加入美国联邦，而美国碍于当时国内奴隶制问题，避免与墨西哥交战，多次拒绝了得克萨斯加入美国的申请，后因问题的解决接受了得克萨斯的申请。对于墨西哥来说，得克萨斯加入美国首先是美国介入了墨西哥的内政，因为美国以此来支持一个反叛的省份，1845年，得克萨斯加入美国成为美国的第28个

州，1846年5月23日墨西哥对美宣战。

（三）战争结果

美墨战争以墨西哥失败而告终，1848年1月2日，美墨和谈正式开始并签订了不平等条约。条约规定：墨西哥的格兰德河以北全部权力让给得克萨斯，割让新墨西哥和上加利福尼亚给美国，美国同意支付1500万美元并承担美国公民向墨西哥政府索取的325万美元的赔偿要求。美墨边界线划在沿格兰德河到新墨西哥以南由此向西河西北，沿希拉河和科罗拉多河并由此沿上，下加利尼亚线直到太平洋。条约于1848年7月4日正式生效。美墨战争的结果使美国获得了西南部广阔肥沃的土地和丰富的资源，推动了西进运动的发展，有利于其经济大国的布局，并加快了其工业化的进程。

六、美国西进运动

美国西进运动（Westward Movement）是指美国东部居民向西部地区迁移的运动，始于18世纪末，终于19世纪末20世纪初，促进了美国经济发展。但是，随着西进运动的开展，大批印第安人遭到屠杀，幸存者被强行赶到西部更为荒凉的"保留地"。美国西进运动是印第安人被迫迁徙之路，也被称为印第安人的"血泪之路"。西进运动实际上是美国拓展疆土，进行土地吞并的侵略行为。美国对西部的侵略一共划分为三个阶段，第一阶段是农业开发阶段，即在西部进行农业种植和畜牧业的发展，第二、三阶段是工业开发和高科技时期，也就是第二、三次工业革命，伴随而来的则是西进运动中的三次移民热潮。

（一）西进运动的背景

英国为了把殖民地人民控制在可控制的范围内，于1763年颁布了禁止移民超越阿巴拉契亚山脉的法令。美国独立以后，废除了英国颁布的禁止移民向西进的禁令，许多来自东部地区和欧洲的移民纷纷加入西进的队伍中。

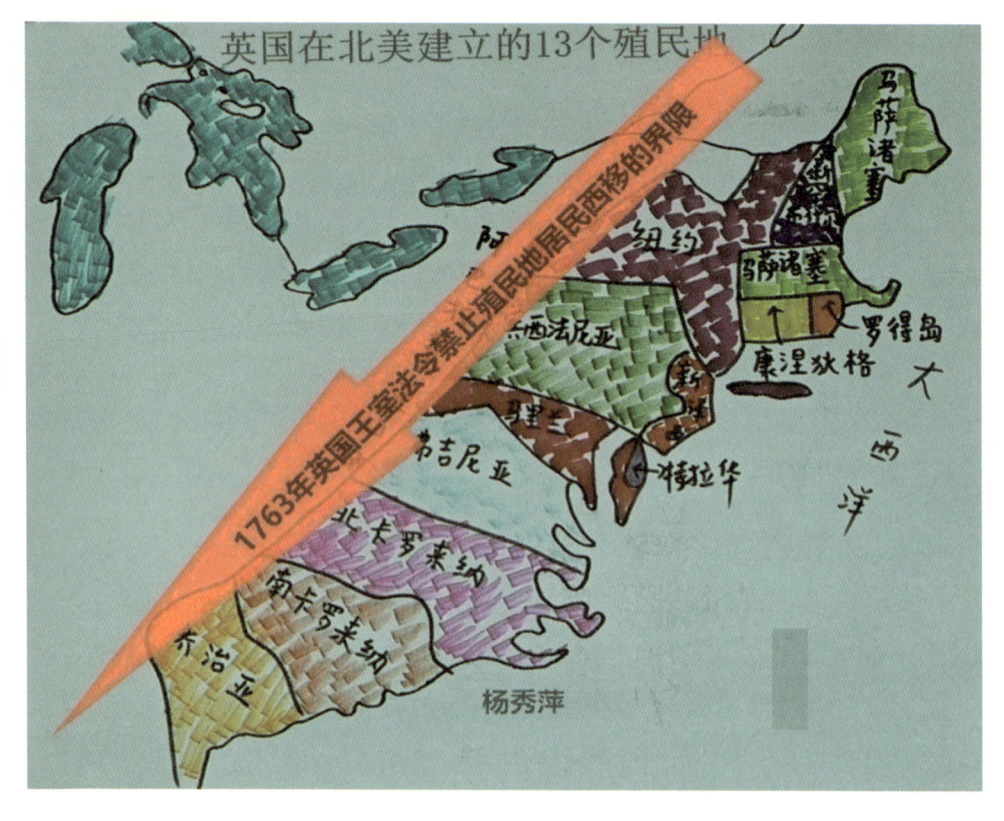

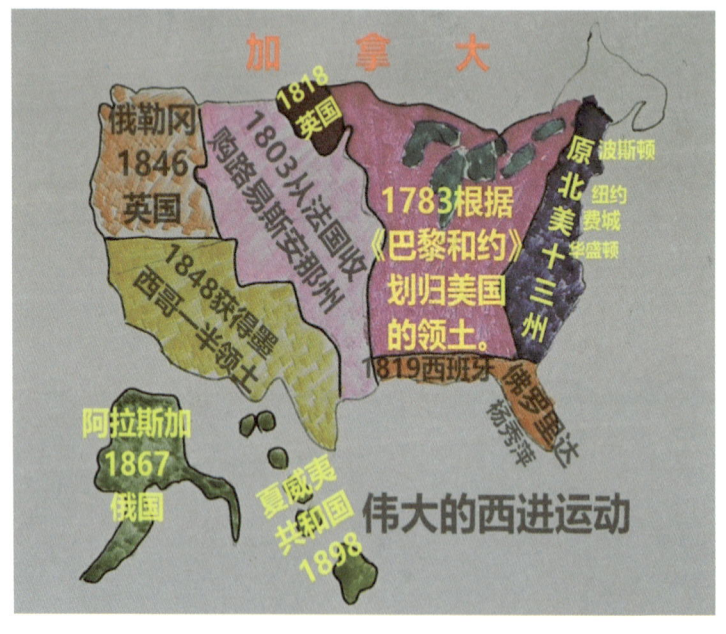

英国在北美建立的13个殖民地

1763年英国王室法令禁止殖民地居民西移的界限

伟大的西进运动

西进运动第一次始于美国政府从法国手中购买的路易斯安那，移民们纷纷涌向西部。第二次始于1815年，一股移民朝着大湖平原区迁徙，开拓俄亥俄河以北，建立谷物和牧畜业生产基地；另一股移民朝着濒临墨西哥湾平原地区开拓土地，建立以生产和销售棉花为主的种植园。第三次1848年美墨战争夺得墨西哥一半领土，

1846年与英国谈判，争取到了俄勒冈大片土地。

（二）西进运动的本质

西进运动的本质是工农业协调发展的开发过程。美国广袤的西部地区有着丰富的矿产资源、水利资源和森林资源、漫长的海岸线、优良的港湾，以及适宜的气候，适合农业与牧畜业的发展，为美国工业化提供了优越的条件和广阔的前景，为美国的农业发展提供了广阔的土地。19世纪60年代，这里发展成为"小麦王国"跟"棉花王国"。农业的兴盛给美国提供了经济繁荣的基础，也为东部的工业和人民提供了充足的原材料和粮食。工业革命与美国西进运动的本质密切相关，工业革命与西进运动互相促进，共同进步。西部的开发预示着国内市场的扩大，数以万计的移民源源不断地来到西部安家创业，从而推动了东部制造业的发展。美国工业化的完成得益于外来移民，大批的廉价劳动力和技术人员涌入西部，起了不可估量的作用。国土的面积增大，首先需改善交通。30年代开始在全国掀起了修建铁路的热潮，在后面几十年内，便建成了横贯大陆的5条铁路。美国工业革命的加速发展离不开交通运输业。美国西进运动的本质是美国人民艰苦创业的过程。在各种艰难险阻面前，美利坚民族逐渐形成的克服困难，勇往直前，开拓进取，乐观的民族精神，是一笔不朽的精神财富。在西部开发的建州问题上，引起了国内南北双方的激烈冲突。从某种意义上来说，没有西进运动南北的矛盾也不至于激化到爆发内战的程度。但内部战争的结束又为西部开发扫清了障碍。

（三）西进运动的特点

美国西进运动是逐渐向西部扩张的运动。美国西进运动的产生有其历史的必然性。首先在18世纪末的时候，美国东北部具备了经济发展的优势，并且工业革命也已经开始起步，工业革命的发展需要原料和资源。1783年美国独立后，需要一个统一的市场，如开发西部则可以有一个更大的空间进行交易。并且可以利用两个市场实现资源互补。美国在西进运动的评价中指出当时西部是一块尚未开垦的地方，生产前景巨大，如果开发的话能够充分提供东部所需的基本资源。西进运动具有资本主义领土扩张的特点，不可避免地存在侵略扩张、血腥杀戮、种族灭绝，给当地的印第安人带来了毁灭性的灾难，这是西进运动中美国永远抹不去的污点。西进运动对美国的经济、政治、文化、军事等方面产生了重大影响，对美国的发展起到了推动作用。

第五节 美国内战

一、南北战争爆发的原因

南北战争即美国内战，是美国历史上一场最大规模的内战，参战双方为北方美利坚合众国（USA）和南方美利坚联盟国（CSA）。战争以南方联盟（CSA）炮击萨姆特要塞为起点，最终以北方联邦（USA）胜利告终。战争之初，北方是为了维护国家统一而战，后来，演变为一场消灭奴隶制的革命战争。

（一）南北间经济矛盾

自殖民地时代开始，美国南北部就开始出现两种不同类型的经济矛盾，美国独立战争后，北部资本主义经济和南部种植园奴隶制之间的矛盾不断激化，南北两种经济形式之间的斗争越演越烈。

1. 关税问题的分歧

19世纪上半叶，美国北方工业迅速崛起，缺乏国际竞争力，不得不面对英国价廉质优商品的威胁，因此，保护性关税政策被提上日程。北部制造业主要求实行保护关税政策，提高关税税率以遏制外国商品的竞争；南部片面发展棉花种植业，要求自由地向英国销售棉花，并购买英国廉价的工业品，因而反对高关税。联邦政府在1824年、1828年和1832年通过的几个保护关税条例，一直受到南部的反对。1833年，南部曾迫使联邦政府陆续降低了进口税率。

2. 关于土地、市场以及劳动力的争夺

南部奴隶制经济是以土地占有和劳动力占有为基础的。黑人奴隶作为廉价又有利用价值的免费劳动力，再加上英国质优价廉商品的交换（而不愿意买粗劣且价格高昂的北部资本主义工业品），为南部奴隶主带来了大笔的财富。然而，北部资本主义经济的迅速发展，对国内市场，原料产地以及自由劳动力的需求与日俱增。因此，南北部在土地、劳动力以及市场方面存在着日益尖锐的矛盾。

3. 金融和货币制度的分歧

南部由于出口贸易不稳定，经常欠债，缺乏流动资金，主张采用放宽的银行法令和扩张性货币政策；北部为了资本主义经济的稳定发展，要求采用严谨的货币银行政策。金融和货币的控制应当由联邦集中领导，还是应当由地方各州分散经营，反映了州权与联邦权力的分歧。

4. 向西部土地扩张的政策

南北部的分歧尤为尖锐。北部的制造业主和商人反对鼓励人们向西迁移的政策，主张把西部土地按小块有节制地高价出售；在南部，奴隶制下的棉花种植很快就耗竭了地力，而南部的奴隶主则需要不断得到新土地，主张把西部土地大块廉价出售。奴隶制的存废之争，南部要扩大奴隶制，北部则要求建立自由移民区。

5. 战争爆发的原因

根本原因是奴隶制阻碍了南北方经济的发展。北方工业资产阶级需要劳动力扩张并发展，所以需要解放劳动力；南方种植园奴隶主需要黑奴，因而不想废除奴隶制。北方工业资产阶级和南方种植园奴隶主之间的矛盾是美国内战爆发的主要原因。除此以外，还有其他原因。北方为了发展本国工业，抵制外国商品输入，主张保护关税；南方为输入廉价工业品，反对保护关税；北方需要大批便宜的"自由"劳动者和工业原料，主张解放奴隶；南方奴隶制种植园却占用了大批劳动力；南方奴隶主还要把奴隶制扩展到美国西部，北方资产阶级坚决反对。总之，南北战争是美国两种经济制度的矛盾不可调和的产物，美国南部的奴隶制度与北部的资本主义制度在本质上是完全对立的两种社会制度。

二、南北战争的过程

奴隶制的废除和保留问题成了南北战争爆发的导火索,导致南方和北方的矛盾冲突愈演愈烈,南北战争蓄势待发。在南北内战爆发初期,北方实力大大超过南方,但南方有充分的军事准备,拥有装备及训练都较精良的军队,早有独立、脱离联邦的野心。

(一)战争初期

在内战第一阶段,北方军事上没有提前准备,思想上也不愿意与南方发生内战,初期在军事上连遭失败。南北双方实力相差悬殊,北方节节败退。从下列南北双方实力列表中可以看出南方蓄谋已久,欲挑起南北内战,分裂联邦的野心。

项目	北方	南方
州数	23个	11个
人口	2200万	900万
军队人数	150万	100万
工业产量	占91%	占9%
生产总值	占75%	占25%
棉花总量	占4%	占96%
小麦产量	占81的%	占19%
铁路里程	5万多千米	1.4万多千米
海军舰只	700艘	少量

在内战初期林肯政府的目的是恢复南北统一,担心触动奴隶制度会把边境奴隶州推向南方叛乱一方,而失掉边境诸州重要战略地区。由于北方政府不肯宣布解放奴隶,在内战第一阶段,北方军事上连遭失败,共和党内部激进派及社会上废权主义者提出解放奴隶和武装黑人的主张,林肯也意识到解放奴隶的必要性。

(二)革命阶段

林肯政府在革命阶段实行一系列革命措施和政策:1862—1863年实行武装黑人的政策。1862年5月,林肯颁布的《宅地法》规定:一切忠于联邦的成年人,只要交付10美元的登记费,就可以在西部领取64.74公顷土地,在土地上耕种5年后就可以成为这块土地的所有者。1862年9月,林肯颁布的《解放黑人奴隶宣言》规定：从1863年1月1日起，叛乱诸州的黑人奴隶将获得自由，并可参加联邦军队。宣布解放黑奴，允许黑人参加北方军队，之后又颁布《宅地法》，允许所有美国人得到西部的土地。1863年5月，北军再次进攻里士满，在切斯罗维尔被罗伯特·李击退。5月22日北军发动总攻，进行了长达47天的炮击，6月李再次北进。因此，成千上万黑人报名参加北方军队，其中主要是南方逃亡奴隶。林肯政府严厉镇压反革命分子，清洗军队中的南方代理人。1863年开始实行征兵法，以代替募兵制，增强了北方的兵力。同时，林肯调整了军事领导机构，实行统一指挥，任命有卓越军事才能的格兰特为全军统帅。

（三）转折阶段

1863年7月1日，南北两军在葛底斯堡展开决战，7月3日南军被击败。南军损失2.8万人，成为内战的转折点，战场上的主动权转到北方军队手中。在李北进的同时，格兰特在西线包围了南军防守密西西比河的要塞维克斯堡，7月4日南军投降。7月8日北军占领哈得逊港，南军被分割成东西两部分。9月北军攻克查塔努加，11月击退南军的反击。1864年，北方最高统帅采用新的战略方针，在东、西两线同时展开强大攻势。在东线以消耗敌人力量为主要目标，在西线用强大兵力深入敌方腹地，切断"南部同盟"的东北部与西南部的联系。1864年9月，谢尔曼麾下的北军一举攻下亚特兰大，两个月后开始著名的"向海洋进军"，在进军中彻底摧毁了敌人的各种军事设施，沉重地打击了敌人的经济力量，使南方经济陷于瘫痪。在东线，格兰特统率北军把敌军驱逼到叛乱"首都"里士满附近。葛底斯堡战役结束后，林肯总统发表了著名的《葛底斯堡演讲》，悼念在战争中死亡的战士。

三、南北战争的结果和意义

（一）战争的结果

1865年初，奴隶纷纷逃亡，种植场经济濒于瓦解。北方海军实行的海上封锁，几乎断绝了南方与欧洲的贸易。同时，南方内部也出现反对派，许多小农加入"联邦派"从事反战活动。南方逃兵与日俱增，粮食及日用品匮乏。1865年4月9日，李的部队陷入北方军队的重围之中，被迫向格兰特请降，南北战争终止，美国恢复统一。

1865年4月14日星期五晚上，林肯总统获悉南军将领罗勃特·李将军向北方格兰特将军投降的胜利消息，来到华盛顿福特剧院看表演。晚上10点15分，演员布斯(John Wilkes Booth)潜入总统包厢，向总统开枪，林肯总统中弹，第二天凌晨，林肯总统去世。

（二）战争的意义

美国内战具有伟大的、世界历史性的、进步的和革命的意义。南北战争摧毁了奴隶制，是美国历史上第二次资产阶级革命，但较好地解决了农民的土地问题，维护了国家统一，为美国资本主义加速发展扫清了道路，并为美国跻身于世界强国之列奠定了基础。南北战争中工业革命带来了军事上的巨大进步，双方使用了金属弹壳和后装填步枪作战，使用铁路和蒸汽船实现快速的兵力机动和集结，使用蒸汽铁甲战舰进行海战，机械连发枪第一次投入实战，特别是北方发展了制造标准化零件组装武器的生产方式，大大提高了工业生产效率，推动了美国历史上的进步。南北战争后虽然废除了奴隶制，但对奴隶的歧视和虐待依然存在，黑人与白人间实行隔离政策，不平等现象仍然十分严重，各地黑人发动的民权运动也在不断高涨。

第六节　内战后美国经济重建和帝国诞生

一、美国南方回归联邦

美国内战后，南方"美利坚邦联（Confederate States of America，简称CSA）"不复存在，以林肯总统为代表的温和派对南方采取宽容政策，认为南部那11个州本来就是美国联邦成员，既然战争已经结束，非法分裂的"美利坚邦联国"已被消灭，应该让11个州重归联邦并获得与其他州同等的政治地位（选举州长及该州的国会议员）。

（一）总统重建期（1863—1866）

由亚伯拉罕·林肯和安德鲁·约翰逊两位总统主导，以迅速团结国家为目标，从林肯总统颁发《解放黑人奴隶宣言》开始。林肯在内战尚未结束前,就已提出每个前叛乱州重归联邦的两个前提条件。

(一)总统重建期

1. 《美利坚宪法第13修正案》
2. 10%计划

1. 批准承认《美利坚宪法第13修正案》

废除并禁止奴隶制度以及除惩罚犯罪以外的非自愿奴役,州宪法中若有相抵触的提案条款,应予废除。

2. "10%计划"

每个州战前(1860年)选举的投票者(全部为白人男子,黑人和妇女无投票权)中,至少必须有10%的人宣誓效忠美利坚联邦。

(二)国会重建期(1866—1873)

以林肯为代表的共和党温和派提出的方案受到美国共和党激进派的抵制,此共和党派系在1866年大选后赢得权力并开启了国会重建时期。

(二)国会重建期

1. 黑人的公民权和投票权
2. 50%计划的提案

1. 黑人的公民权和投票权

他们以自由黑人的公民权利和投票权为重点进行改革,一个由自由黑人、提包客和南方共和党白人组成的共和党同盟掌握了南方大部分的州。

2. "50%计划"的提案

共和党的激进派认为林肯的这两点条件实在是太便宜那11个叛乱州了,激进派认为,那11个州既然自己已宣布脱离联邦而加入"美利坚邦联国",并从国会中撤走的自己的议员,那战败之后便不再是联邦成员了,而是美国的占领地,没资格享受联邦州的政治待遇。这些州若想要加入联邦,必须符合更严格的条件,即韦德—戴维斯提案:每个州必须有50%以上的选民宣示表明自己从未以任何方式参与、支持或鼓励他人参与、支持过叛乱,方可加入联邦。林肯总统否决了韦德—戴维斯提案,而由激进的共和党控制的国会则拒绝南部各州的议员重返国会。共和党领导人一致同意奴隶制和奴隶主势力必须永远消灭,一切形式的邦联民族主义也必须予以镇压。温和派认为只要邦联军投降,南方各州同意重返联邦并承认宪法第十三号修正案,这个目标即可轻易实现——这些条件已全在1865年9月达成。在林肯遇刺身亡之后,继任总统安德鲁·约翰逊由激进派阵营转向温和派。但到了1866年,变成无党无派的约翰逊却又与温和派共和党人划清界限,并且与反对平等权利、反对宪法第十四号修正案的民主党人同声出气。激进的共和党人猛烈攻击约翰逊的政策，特别是他否决保障自由黑人公民权的1866年民权法案一事。1866年大选决定性地改变了政坛的力量平衡，使共和党激进派取得国会控制，并获得足够的票数推翻约翰逊的否决甚至弹劾总统。约翰逊以一票之差幸免，但他从此在重建政策上无能为力。对立的保守派民主党同盟则指控他们贪污腐败，并且自1870年起以"救赎者"自居。三K党主导的暴力行为常在联邦政府介入下遏阻。

（三）救赎期（1873—1877）

南方民主党白人 → 自称救赎者 → 击败共和党

南方民主党白人（自称救赎者）击败了共和党并控制了南方的每一个州，标志着重建时期的结束。

1873年经济大恐慌重创了南方经济，使许多共和党人梦想破灭。棉花价格暴跌50%，许多小地主、地方零售商和棉花代理商（批发商）纷纷破产。交谷租种制成为黑人和白人农民分散所有土地风险越来越普遍的方法。昔日北方的废奴主义者都已渐渐老去，无人接续他们的理念；多数的提包客不是回到北方，就是留下来投靠救赎者。黑人在共和党里的声势不断加强，但共和党的势力在整个南方却因内部斗争而严重削弱。格兰特总统因经济大萧条而备受谴责；1874年众议院改选，共和党在全国各地一共损失了96个席位。到了1877年，救赎者重新控制了每一个州，剩下三个州的共和党政府，也在拉瑟福德·伯查德·海斯总统撤出联邦军队之后瓦解。宪法第十三、十四、十五号修正案是激进时期唯一的宪政遗产，来自激烈的党派斗争的怨恨一直延续到20世纪中叶。

二、南方重建时期

战后，奴隶制虽然宣布废除，但实际上在南部重建的过程中，黑人并没有真正得到自由和平等的地位，南部各州仍然在州议会中通过一些法律，剥夺了黑人的选举权，还有一些极其顽固的种族主义分子在南部成立"三K党"，专门对要求自由和平等的黑人进行威胁、拷打和私刑处死。

（一）三K党

三K党（Ku Klux Klan，缩写为K.K.K.），是一个奉行白人至上和歧视有色族裔主义运动的党派，也是美国种族主义的代表性组织。三K党是美国最悠久、最庞大的种族主义组织。

Ku-Klux 二字来源于希腊文 KuKloo，意为集会。Klan 是种族。因三个字头都是K，故称三K党。原称是白人种族集会，又称白色联盟和无形帝国。三K党于1866年由南北战争中被击败的前南方邦联军队的退伍老兵组成。在其发展初期，三K党的目标是在美国南部恢复民主党的势力，并反对联邦军队在南方强制实行的改善旧有黑人奴隶待遇的政策。这个组织经常通过暴力来达成目的。从1866年到1867年，该组织成员开始破坏黑人的祈祷会，并且在夜间闯入黑人住宅抢走枪支。1871年，尤里西斯·格兰特总统签发了三K党和执行法案，强行取缔了这个政治组织，可此后仍有不少此类暴行发生。

（二）南方重建后的黑人民权

内战后美国废除了奴隶制，不代表黑人地位的提升，南部各州黑人不但被剥夺了选举权，还遭受了种族隔离和种族歧视。1877年，重建时期结束后，南部各州纷纷制定了所谓的"吉姆·克劳法"，恢复种族隔离，剥夺黑人在内战后好不容易获得的各种公民的权利和自由。黑人白人通婚受到严厉禁止。学校、教堂、医院、餐厅、商店、旅馆、剧场、厕所、墓地和其他公共场所全部实行种族隔离，供黑人专用的这些设施被冠以"吉姆·克劳"字样。流风所及，许多北方城市在不同程度上也受到影响。

19世纪后期，黑人先后以"吉姆·克劳法"违反宪法第十四条和第十五条修正案为由，向最高法院提起诉讼。1883年美国最高法院在民权法案一案中，宣布1875年《民权法案》违宪。这部法律曾将在旅馆、剧场、铁路和其他公共场所实施种族隔离视为非法行为，最高法院称：第十四条宪法修正案平等保护条款，仅仅适用于禁止州政府对公民实施差别待遇，但并不禁止私人商业这么做。

1896年在普莱西诉弗格森一案中，最高法院对要求白人和黑人隔离使用公共设施的州法大开绿灯，确立了"隔离但平等"原则。九位大法官以8：1支持州法，认为"隔离的设施只要是分离而平等的，它们就不构成对任何人的歧视"。1899年最高法院再次宣布："有关学校实行种族隔离的法律，如果黑人学校和白人学校的设备彼此不相同，不得被认为是违反宪法，应视为有效。"这样一来，宪法第十四条和第十五条修正案的实际作用被大大削弱。

三、重建后美国成为工业强国

经济的迅速发展是美国内战后的主要特征。重建后，美国资产阶级掌握了全国政权，人口迅速增加，科学与技术有了进步，美国工业迅速发展，一跃而为工业强国。

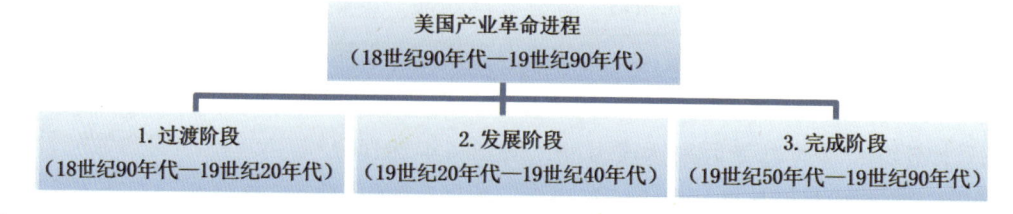

```
美国产业革命进程
（18世纪90年代—19世纪90年代）
├── 1. 过渡阶段（18世纪90年代—19世纪20年代）
├── 2. 发展阶段（19世纪20年代—19世纪40年代）
└── 3. 完成阶段（19世纪50年代—19世纪90年代）
```

（一）美国工业革命进程分为三个阶段

1. 美国产业革命过渡阶段

美国从商业资本主义向工业资本主义过渡阶段，是机器生产排挤手工业生产阶段。在这一阶段，美国的产业革命只剩北部还没开始。1790年建立第一座棉纺厂，1814年发明动力织布机，不久出现印染机。1817年建成制造蒸汽机的工厂，1807年造出第一艘汽船，1828年开始修建第一条铁路。工厂制在北部纺织业中确立。

2. 美国产业革命发展阶段

在这一发展阶段，美国东北部和西部的轻工业占据优势。美国棉纺厂的数目从1831年的801个增至1840年的1240个，而且规模扩大。1820—1840年，产品产值每年在50000美元以上的多在制造业中，所雇工人数由34万多人增至79万人。同时，农业机器制造业也有发展。19世纪30年代以后，美国西部很多新垦地已使用机器。

3. 美国产业革命完成阶段

在这一阶段，经过南北战争，废除了奴隶制，南部开始了产业革命，从而使美国的产业革命进入完成阶段。到19世纪90年代，美国完成产业革命，由农业国变为工业国。

（二）美国工业的崛起

1. 铁路和通讯

南北战争后，美国工业发生了戏剧性的变化，工业迅速发展的重要原因之一是铁路和通讯方式的改善。

从19世纪60年代开始，铁路线已遍布美国全国。新的铁路网将原材料从遥远的地方快捷地运送到工厂，又将制成品发送到全国各地。电报在50年代已开始使用，头一条横跨大西洋的海底电报线于1866年铺设成功。亚历山大格雷厄姆贝尔发明的电话机于70年代开始投入使用。在通讯方面取得的另一成就是无线电报，这项发明使不用电线的通讯成为可能。这些发明提供了快捷的信息交流，而快捷的信息交流对于企业的顺利经营至关重要。汽油机发明后，石油工业的发展导致了20世纪初的汽车工业的兴起。70年代电力作为一种能源开始投入使用。实用的发电机被设计出来，可以产生恒定的电流。托马斯·A·爱迪生发明了电灯。电动马达也投入使用。不久，发电厂建立起来，可以大量发电。没过多久，工厂便用电力代替了蒸汽动力。在所有的新兴工业中，汽车工业对国民经济的影响最大。汽油汽车于1885年研制成功。起初，汽车产量很低，价格高昂。20世纪初，兰塞姆·伊莱·奥尔兹和亨利·福特开始批量生产汽车，汽车价格下跌，销售量迅速增长，甚至普通工人都拥有了汽车。

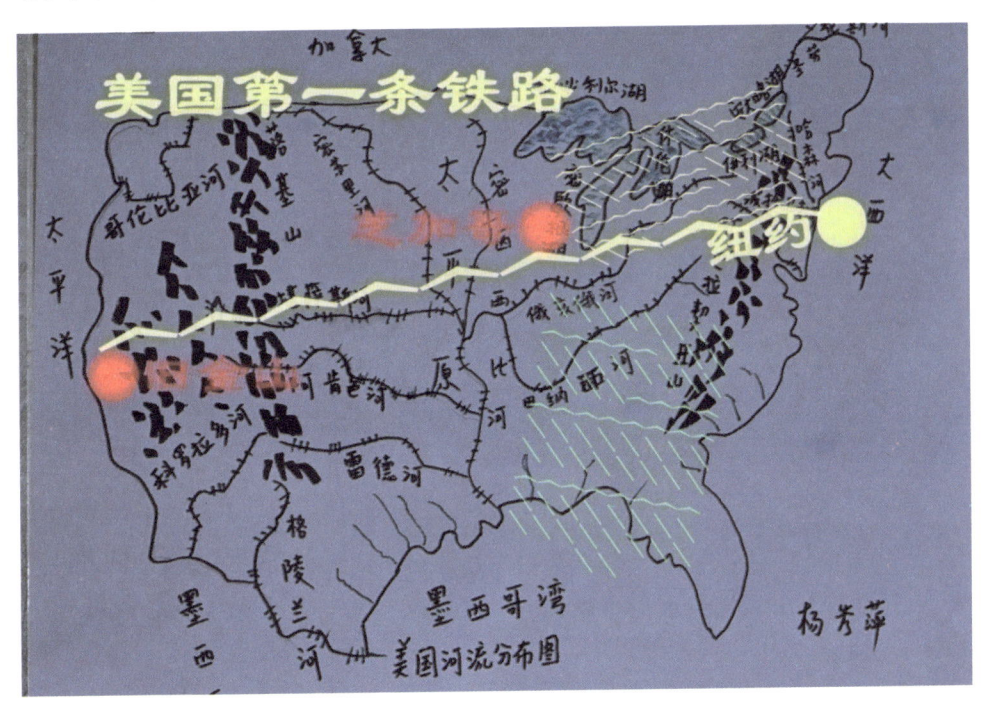

2. 在美国工业中，使用机器已司空见惯。

有了机器，工人们的产量要数倍于手工生产。新兴的大型制造企业雇用数百乃至数千名工人。每个工人只分配从事生产流程中的一件特殊工作。这种组织劳动的体系称为"分工"，也加快了生产的速度。生产速度的加快使企业有可能降低产品价格。低廉的价格，反过来意味着更多的人买得起产品，从而使销售增长。1860年，美国工业生产占世界工业生产的第4位，落后于英、法、德；1894年美国跃居世界第一，生产量等于欧洲各国生产总量的一半；1913年工业产品占世总量的三分之一，

超过英、法、德、日四国的总和；1914年美国已有铁路25万英里，煤、铁产量远远超过英国和德国，美国国民收入也远远超过英、法、德、日；1913年美国的现代能源消费等于英、法、德、俄、奥匈帝国的总和，生产与拥有的汽车比世界其他国家拥有的总和还多；美国在国际贸易中成为令欧洲各国领导人恐慌害怕的"贸易巨人"，人们惊呼"世界的美国化"。

3. 五一国际劳动节

国际劳动节又称"五一国际劳动节""国际示威游行日"（Labor Day 或者 May Day），是世界上大多数国家的劳动节。国际劳动节定在每年的五月一日。它是全世界劳动人民共同拥有的节日，源于美国芝加哥城的工人大罢工。1886年5月1日，芝加哥21万多工人为争取8小时工作制而举行大罢工，取得了胜利。1889年7月，恩格斯召开第二国际成立大会，会议通过决议，规定1890年5月1日国际劳动者举行游行，并决定把5月1日这一天定为国际劳动节。

这一决定得到世界工人阶级的响应。《国际歌》是全世界劳动者的歌。

4. 三八妇女节

1909年3月8日，美国芝加哥劳动妇女和全国纺织服装工业女工举行罢工游行，要求增加工资，实行8小时工作制和拥有选举权。这是历史上妇女的第一次游行示威，得到美国和世界各国劳动妇女的热烈支持和响应。1910年8月，第二届国际社会主义妇联大会在哥本哈根举行，把每年3月8日定为国际劳动妇女节，以此团结和动员全世界广大劳动妇女反对战争，反对压迫，争取自身解放。

四、美帝国主义的诞生

美利坚帝国有时称美帝国主义（英语：American Imperialism，简称美帝）。20世纪四五十年代社会主义国家经常使用美帝国主义这个术语来描述美利坚合众国从南北战争之后随着工业变强在政治、经济、与文化上的影响力在全球的迅速扩张和世界的霸权主义地位。

（一）美帝国主义

19世纪末，美国进入了帝国主义时期，美国垄断资本财团迫切需要开辟新的市场、投资场所和原料产地，于是各种宣传机器大造对外扩张的舆论。但是正当美国准备向海外扩张时，整个世界已被英法等老牌殖民大国瓜分完毕，美国想重新瓜分世界殖民地，但因力量有限，还无力同英法等国抗衡，只有日薄西山的西班牙帝国的殖民地还剩下古巴、波多黎各和亚洲的菲律宾。古巴是西班牙最早的殖民地之一和主要出口市场，然而美国人在古巴的投资——主要在糖业和矿业，并逐年上升。[①] 美国决定夺取这几个西班牙殖民地，以便控制中美洲和加勒比海地区，并取得向远东和亚洲扩张的基地。

---

① 来安方编著.《英美概况》.河南人民出版社，2004.9. 第335页。

（二）美西战争的爆发

1898年美西战争爆发，美国获胜，西班牙政府请求停战。同年12月，美西双方在巴黎签订和约，西班牙放弃古巴并承认古巴独立，将关岛和波多黎各割让给美国，将菲律宾群岛主权转让给美国。美西战争拉开了美国大规模海外扩张的序幕，标志美国外交政策已由孤立主义转向对外扩张主义。战争的胜利加强了美国与拉丁美洲和远东地区的联系，使美国成为一个殖民帝国。

第七节　第一次世界大战中的美国

一、第一次世界大战

1914年7月28日第一次世界大战爆发，1918年11月11日结束，简称"一战"，是19世纪末至20世纪初，在资本主义经济政治发展不平衡规律的作用和影响下，帝国主义国家围绕着争夺世界霸权和殖民地，展开的激烈斗争。当时欧洲列强之间的矛盾纷繁复杂，主要有法德、俄奥、英德三对基本矛盾，是资本主义国家向帝国主义过渡时产生的不可调和的矛盾，亚洲、非洲、拉丁美洲、大洋洲的殖民地和半殖民地基本上被列强瓜分完毕。这场战争是新旧殖民主义矛盾激化、各帝国主义经济发展不平衡，秩序划分不对等的背景下，为重新瓜分世界和争夺全球霸权而爆发的一场世界级帝国主

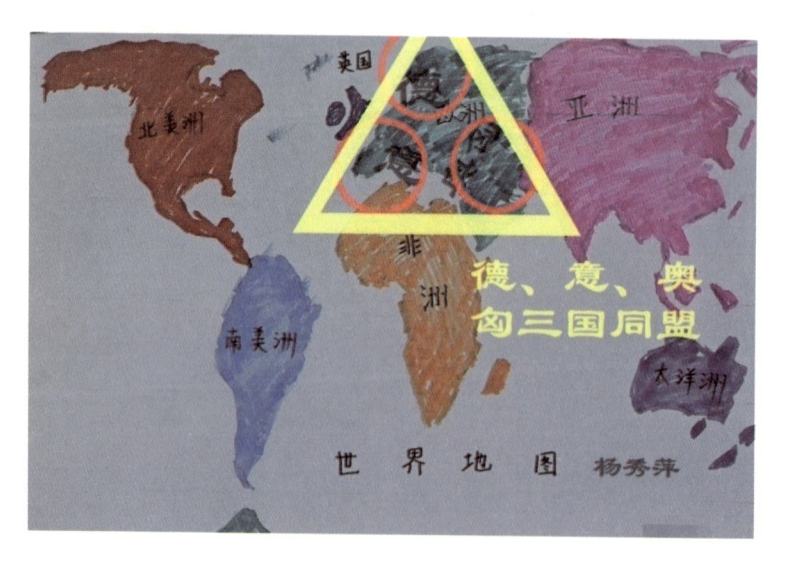

义战争。[1]

（一）同盟国和协约国

1. 三国同盟

1879年，在德国首相俾斯麦的推动下，德奥签署了"同盟条约"，这个条约具有明显的反俄性质。后来，由于意大利在同法国争夺突尼斯的斗争中失败，俾斯麦趁机拉拢意大利，共同对付法国。1882年，德、奥、意三国签署了"同盟条约"，三国同盟正式建立。德国成为三国同盟的核心[2]

2. 三国协约

1892年，法国和俄罗斯帝国达成了军事协议，规定一旦法国遭到德国或是德国支持的意大利的进攻，俄国将以全部军事力量进攻德国，一旦俄国遭到德国或是德国支持的奥匈帝国的进攻，法国应以全部的军事力量来进攻德国。随着英德矛盾的加深，英国在1904年和1907年分别签署英法协约和英俄协约，三国协约的建立，使欧洲两大军事集团最终形成。

3. 战争导火索

1914年6月28日奥匈帝国皇储斐迪南大公夫妇在萨拉热窝视察时，被塞尔维亚青年

---

[1] 人民教育出版社历史室.世界近代现代史[M].北京：人民教育出版社，2000:129。

[2] 人民教育出版社历史室.世界近代现代史[M].北京：人民教育出版社，2000:130。

加夫里若·普林西普枪杀，该事件成为第一次世界大战的导火线。奥匈帝国在德国的支持下，以萨拉热窝事件为借口，向塞尔维亚宣战。接着德、俄、法、英等国相继投入战争，第一次世界大战爆发，交战的双方为同盟国和协约国。原属同盟国的意大利，考虑到利害关系，也加入了协约国方面作战。

4. 战争经过

第一次世界大战在欧洲分成德国、奥匈帝国对抗俄国的东线，英法对抗德国的西线和塞尔维亚对抗奥匈帝国的南线三个主战场。

在时间上又可以分为三个阶段。

（1）1914年是战争第一阶段。

德军首先在西线发动大规模进攻，西线马恩河等战役中英、法、比三国军队奋力抵抗；此外俄军在东线进攻，德军溃败，双方陷于长期对峙局面。

（2）1915年—1916年为战争第二阶段。

西线"凡尔登战役""索姆河战役"和东线俄军的作战中，协约国一方获胜。

（3）1917年—1918年为战争第三阶段。

1917年，美国参加对德作战，中国等国也相继投入战争，协约国的阵营增加到27个国家。

5. 战争影响

第一次世界大战历时4年，30多个国家，15亿人口卷入战争，伤亡人员3000万，造成严重的经济损失，给人类带来空前浩劫，给参战各国带来巨大灾难，严重削弱了帝国主义的力量，加快了世界人民实现人权的步伐。战后，各国加强了政治，经济，科技，文化以及军事等方面的建设，俄国取得十月革命胜利，无产阶级革命运动和亚、非、拉美的民族解放运动也高涨起来。

二、美国参战

在一战爆发之初，美国宣布保持中立，不参加任何一方，只是与交战双方做生意，提供物资供应，当然，大部分是向协约国提供。德国不甘心美国向协约国提供物资，想方设法进行破坏，做法就是使用潜艇进攻协约国的商船。随着一战的深入，战争变得越来越残酷、越来越激烈。

（一）从中立到参战

1. 德国潜艇战

1915年5月7日，满载着1959名乘客的英国商船卢西塔尼亚号从美国纽约出发后，来到爱尔兰外海附近，遭到德国潜艇袭击，沉入大海。由于商船上的乘客，大多数为美国人，美国国内出现了"向德国宣战"的呼声。在美国的抗议下，德国不得不取消了客船和中立国船只的无限制潜艇战。1917年1月底，德国通知美国，宣布将从2月1日起恢复无限制潜艇战。美国迅速做出反应，在2月3日宣布与德国断绝外交关系，为参战扫清了最后的障碍。

2. 美国宣战

1917年2月28日，美国新闻媒体披露了一份密电，是德国外交部发给德国驻墨西哥公使

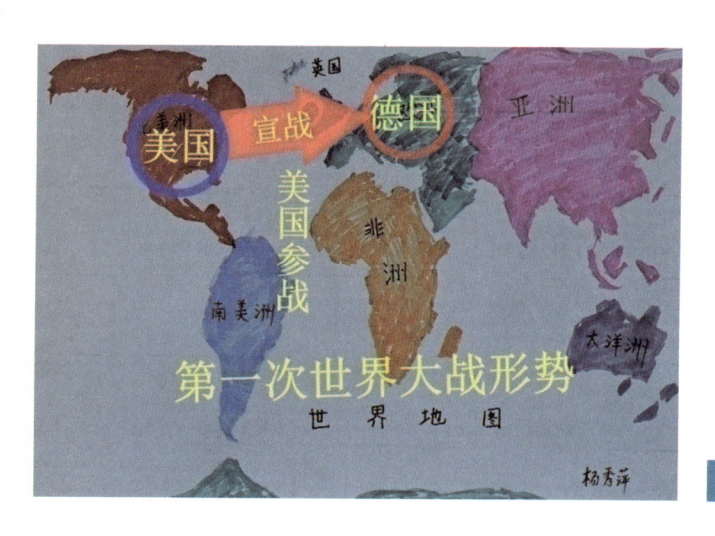

的，指示他向墨西哥政府建议，结成德、墨反美同盟，条件是德国许诺把美国的得克萨斯、新墨西哥和亚利桑那3个州还给墨西哥，并且拉拢日本参加德、墨反美同盟。密电落到了英国政府手里，并转发给美国。密电披露后，美国舆论一片哗然，反德风浪席卷美国。美国总统威尔逊再也坐不住了。4月16日，美国向德国宣战。12月7日，美国向奥匈帝国宣战。协约国里有了美国的参与，变得更加强大，胜利的天平迅速倒向协约国。

（二）1919年的巴黎和会

巴黎和会是一战后各大资本主义帝国召开的第一次协调战后关系的会议。1919年1月18日至6月28日，第一次世界大战的战胜国（协约国）和战败国（同盟国）在巴黎凡尔赛宫召开和平会议，签订了《凡尔赛条约》，共27国参加，苏俄未被邀请。实际上是英国、法国、美国、日本、意大利帝国主义战胜国分配战争赃物，重新瓜分世界，策划民族解放运动的会议。一战结束后，威尔逊开始参与谈判。他的目标是明确的，即帮助受压迫国家获得主权和确保一个公正的和平。1918年1月8日，威尔逊发表了十四点和平原则，提出成立国际联盟。从1919年3月开始，谈判由五个战胜国（英国、法国、美国、意大利、日本）政府首脑和外长组成，谈判过程中日本和其余各国外长先后退出十人委员会，实际上只剩"四巨头"，后意大利因提出对南斯拉夫的阜姆（现里耶卡）的领土要求被拒绝也退出时，最终的谈判由三大国（英国、法国、美国）的政府首脑，即英国首相乔治、法国总理克列孟梭、美国总统威尔逊主持，甚至不准德国参与条约讨论。1919年4月29日，由德国外长乌尔里希·格拉夫·冯·布鲁克多夫－兰祖率领的德国代表团抵达凡尔赛宫。5月7日德国代表团接受战胜国提出的条件，内容包括将德国领土分割一部分给邻国，战胜国瓜分德国海外殖民地，限制德国再次发动战争的能力等。但因德国被排除在谈判之外，德国政府认为以上条件不公并提出抗议，随即退出和会。1920年1月10日国际联盟（League of Nations）宣告成立。

三、一战后美国经济的繁荣与大危机的到来

第一次世界大战后，美国经济经过1920年中至1921年末短期经济萧条后，经济开始复苏，并逐渐趋于繁荣，其时间从1923年直到1929年，每年生产率增长近4%。

（一）美国的繁荣时代

这一时期，美国工业生产增长近一倍。国民总收入由1919年的650.9亿美元增至1929年的828.1亿美元。人均收入从1919年的620美元增至1929年的681美元。美国这次经济繁荣主要表现在工业生产的膨胀，特别是汽车、电气工业、建筑业和钢铁工业生产的高涨。这一经济社会发展黄金时期，恰巧在美国第30任总统卡尔文·柯立芝任期之内（1923—1929年），所以美国这一时期的经济繁荣又被称为"柯立芝繁荣"。又因为爵士乐的兴起而被称为"咆哮的二十年代"（Roaring Twenties），但是20世纪20年代美国经济的繁荣实际上隐藏着巨大的隐患，后来直接导致了1929—1933年的世界经济大萧条。

（二）经济繁荣的原因

一战后美国经济繁荣的原因主要包括以下几个方面：

1. 美国采用资产阶级放任政策

柯立芝认为资本主义经济制度是完美的，自身具有调节能力不需要人为干预，鼓吹自由放任和自由竞争，无为而治的政府才是好政府，反对政府对经济事务的干预。

2. 美国在一战中大发战争横财

战争初期美国没有参战，大量地生产军工出口英法，战争期间对英法贷款战后由债务国变成债权国，战争结束后到1924年，美国的黄金储备占世界储备的1/2，在世界金融市场占据霸主的地位，成为控制国际金融的中心。

3. 美国掀起更新设备的技术革命

美国参战初期，忙于生产重工和军工产品，参战后又忙于战争无暇顾及陈旧设备的更新，战争结束后，随着新技术的突破，美国掀起了更新设备的热潮。汽车工业、电气工业、钢铁工业和建筑业大发展，工业生产走上合理化运行机制。

4. 美国开拓了广阔的海外市场

战后，由于欧洲各国对美国的依赖，美国夺取了大量的海外市场，以经济势力渗透取代了英国在加拿大的地位，打出"美洲是美洲人的美洲"的旗号，排挤欧洲资本，对欧洲各国，以帮助恢复战争创伤为名，推行金元外交。

（三）由繁荣到危机的30年代

美国股票交易所纽约华尔街，是美国主要金融机构的所在地，纽约证券交易所、联邦储备银行等重要金融机构都在这条街上。1929年10月，华尔街股票价格暴跌，股票大量抛售，美国股票市场崩溃，经济危机开始并迅速蔓延美国，席卷整个资本主义世界。1929年10月24日被人们称为"黑色星期四",1929年10月29日被称为"星期二灾难"。导致经济危机的因素有以下几个因素:

1. 经济发展不平衡

20年代的经济繁荣主要体现在部分工业部门和城市中,其他一些工业部门和农业的不景气,使美国经济发展很不平衡,股票投机成风,使繁荣本身带有一定的虚假性,生产和资本的进一步集中则加深了资本主义社会的固有矛盾,孕育着新的危机,垄断组织控制经济命脉,国民收入分配不均,贫富差距越来越大。

2. 金融信用危机

经济的繁荣在很大程度上得益于分期付款制度的实行和企业的投资与投机,一旦信用发生动摇,势必导致危机,在1924—1929年,分期付款销售额增长率大得惊人,采用分期付款的赊销办法,增加了小汽车、收音机、家具、家庭电气用具等耐用消费品的销售额,然而分期付款销售商品会导致增加贷款的恶性循环。

3. 政府应对策略失败

胡佛政府对繁荣过于乐观,而对危机毫无觉察,反危机策略失败。1929年,赫伯特·胡佛就任美国总统时,失业人数猛增,而垄断资本主义家为了保持商品价格,维持他们的利润,不惜大量销毁商品。1929年到1933年他任职期间是美国经济危机时期,商品大量积压,人民却无力购买,特别是农产品,价格猛跌,胡佛始终相信自由贸易、自由企业和自由发展思想,不愿以政府权力去干预经济。

四、罗斯福新政(The New Deal)

富兰克林·罗斯福与美国前总统西奥多·罗斯福是远房表亲,1921年因外出游玩患上小儿麻痹症而瘫痪,1928年富兰克林·罗斯福竞选美国纽约州州长,1930年连任纽约州州长,1932年竞选美国总统,提出了新政计划,当选为美国第32任总统,1933年就职,实行新政,使美国摆脱了经济危机,之后连任四届美国总统,1945年去世。

(一)新政内容

罗斯福新政是指1933年富兰克林·罗斯福就任美国总统后所实行的一系列经济政策,其核心是三个R:救济(Relief)、复兴(Recovery)和改革(Reform),因此有时亦称"三R新政"。救济主要针对穷人与失业者,复兴则是将经济恢复到正常水准,针对金融系统的改革则试图预防再次发生大萧条。

1. 整顿银行业,克服金融危机,恢复银行信用。

据统计，到1933年初，美国银行倒闭事件已经上升到5500家，有九百万储户失去了自己的存款。1933年3月3日，就是新任总统罗斯福宣誓就职的前一天，全国已有32个州的银行全部关闭，整个金融系统瘫痪，人们手拿支票，却无法兑现。1933年3月5日，罗斯福就职后的第二天就下令全国银行一律休假四天，随后国会通过《紧急银行法案》规定：授权总统对银行进行审理，凡有偿付能力的银行才允许开业，同时，由国家拨款30亿美元贷款给大银行，支持其开业，并成立"联邦储蓄保险公司"，对存款实行政府保险。

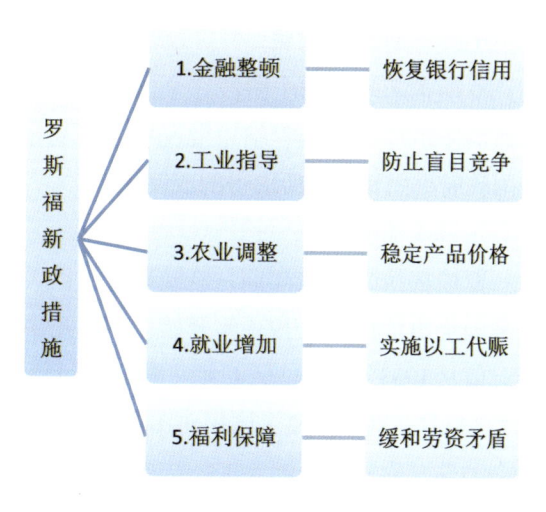

罗斯福新政措施：
1. 金融整顿 —— 恢复银行信用
2. 工业指导 —— 防止盲目竞争
3. 农业调整 —— 稳定产品价格
4. 就业增加 —— 实施以工代赈
5. 福利保障 —— 缓和劳资矛盾

2. 加强工业计划指导，防止盲目竞争。

1933年《国家工业复兴法》：由政府调节工业生产中的问题，各个工业企业制定本行业的公平经营规章，规章确定各企业的生产规模、产品价格、销售市场的分配……凡是接受法规的企业，一律发给印有"我们尽我们的职责"的蓝鹰标志。

3. 调整农业政策，稳定农产品价格。

大危机中境况最惨的还是农业，农产品大量滞销，农民负债累累，农产品价格已跌到历史最低点，猪肉三分一磅，牛肉五分一磅，一只肥羊卖不到一元钱。1933年《农业调整法》：减少耕地，缩小现有的耕地面积，屠宰大批牲畜，由政府来补贴农民的经济损失。

4. 举办救济和公共工程——以工代赈。

增加就业，刺激消费，稳定社会、兴办公共工程等系列措施实际上通过扩大内需来刺激生产发展，起到了调节生产与消费矛盾的作用，同时由国家调节再分配。建立民间资源保护队，开发田纳西河流域，成立公共工程署。

5. 保护劳工权利，缓和劳资矛盾，增加就业刺激消费和生产。

1935年的《全国劳工关系法》：重申工人的权利，规定雇主不得干预和图谋控制劳工组织；雇主不得拒绝与工人进行集体谈判。并根据该法成立了劳工关系委员会。1938年的《公平劳动标准法》：规定了企业工人最低工资和最高工时，规定每周工作40小时，每小时40美分最低工资。后调整为每小时1美元，还禁止雇用16岁以下的童工。

（二）新政的实施

罗斯福新政分两个阶段在全国实施：第一阶段从1933年3月到1935年初，美国政府采取应急措施，结束混乱状态，稳定人心；第二阶段从1935年到1939年，美国政府巩固和发展所取得的成就。

（三）新政结果

罗斯福执政的12年间，新政取得了巨大成功，避免了美国经济大崩溃，有助于美国走出危机。从1935年开始，美国几乎所有的经济指标都稳步回升，国民生产总值从1933年的742亿美元又增至1939年的2049亿美元，失业人数从1700万下降至800万，新政恢复了国民对国家制度的信心，使危机中的美国避免出现激烈的社会动荡，为后来美国参加反法西斯战争创造了有利的环境和条件，并在很大程度上决定了二战以后美国社会经济的发展方向。到1940年，美国基本实现农业化，居世界首位。1933年到1936年，美国经济逐渐恢复；1935年到1939年，美国工业生产达到最高水平，农业生产也保持稳定事态；到第二次世界大战时，美国彻底摆脱危机，从此崛起。

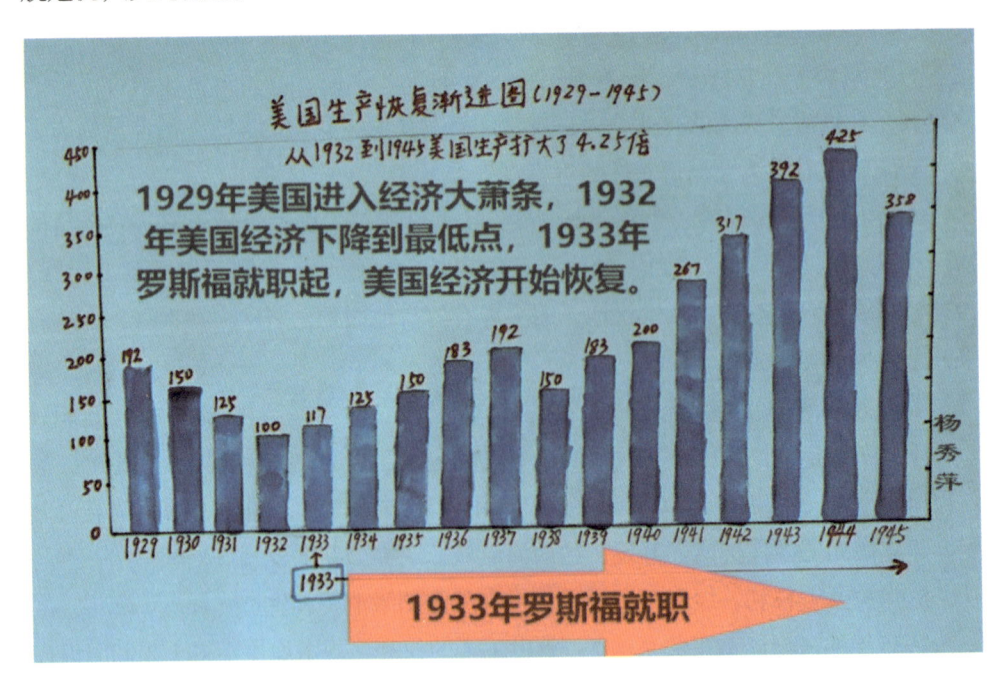

第八节　第二次世界大战中的美国

一、从孤立到干预

二战是一战的延续，一战中美国一直采取孤立政策，保持中立，20世纪30年代时德国，意大利，日本的侵略扩张不断扩大，而美国依然想保持中立，于是1935年—1937年间国会颁发了三个《中立法》，表明美国对二战不参与的态度。美国正式参战前后发生了许多重大历史事件，直接或间接地改变了美国人民的命运。

（一）美国参战前

1935年8月31日，国会在这种普遍中立不参战的情绪中，通过了《中立法》，禁止在未来的冲突中给予交战双方贷款，禁止出售武器给任何一方。由于对侵略者和被侵略者同等对待，新的中立法鼓励了独裁者，使其相信他们可以继续他们的征服而不用担心美国的干涉。中立法的通过，从法律上把美国基本的欧洲政策固定下来，对当时欧洲的绥靖主义起了推波助澜的作用。

1. 罗斯福的隔离演说

1937年10月，罗斯福在芝加哥演讲——"隔离演说"："当某种传染性疾病开始蔓延的时候，为了保护居民的健康，防止疾病的流行，社会许可并且对患者实行隔离。""战争都会蔓延。战争可以席卷远离原来战场的国家和人民。我们决心置于战争之外，然而我们并不能保证我们不受战争灾难的影响和避免卷入战争的危机。"隔离演说虽遭到了猛烈的抨击，但还是向美国公众指出了战争恐怖的存在。

2. 二战全面爆发

1939年9月，德波战争爆发，第二次世界大战全面爆发，战争的胜负已直接关系到美国的安危，美国舆论和人民转向同情英法，罗斯福政府抓住时机为废除中立法进行宣传，他对国会说，援助英国就是帮助自己，他强调指出废除武器禁运能更好地保护国家不卷入战争，还可以为成千上万的人提供就业机会，这种就业又会自动地帮助建设美国的国防。罗斯福的宣传获得了成功。1939年11月4日，美国国会通过了对交战国解除军火禁运的新中立法，但仍须"现购自运"。尽管从原则上讲，"现购自运"原则对欧洲所有交战国，也包括德国在内，都是有效的，但由于只有英国和法国才拥有制海权，因而只要他们有美元现金，就能自由自在地运输。因此，这无疑是对英法作战的巨大支持。同时，美国借助英法军事订货，摆脱了1937年以来的新经济萧条，为其加速扩军备战提供了有利条件。

3. 美国加强战备

1940年5月，德国闪击西北欧和法国，打破了欧洲力量的平衡，法兰西败局已定，不列颠前途难卜，被美国视为根本利益的安全线——莱茵河边界已被德国越过。罗斯福要求国会追加国防拨款加强战备，国会批准了陆海军的扩充计划。9月2日，英美两国达成协议：美国用50艘旧驱逐舰交换英国在加勒比海8个岛屿的军事基地，美国租用99年，这是第二次世界大战爆发以后，美国首次向英国进行租借。这项协定意味着中立的结束，标志着美国有限参战的开始。12月9日，丘吉尔致信罗斯福，声称英国国库已经空虚，而军用物资极为短缺，希望美国能给予帮助。12月16日，罗斯福在记者招待会上说了一条美国历史上那个最不平凡的新闻："假如我的邻居失火……保卫美国的最好的直接办法就是英国能够保卫其本身。历史上还没有一次重要战争是因缺钱而被打败的。"这是罗斯福第一次在公开场合表示要用租借方法援助英国。孤立主义者和支持者都惊讶不已。在12月29日的炉边讲话中，他说，英国及其舰队横梗在西半球和纳粹侵略之间；英国要求的是作战物资，而不是士兵，我们必须成为民主国家的伟大兵工厂。

（二）美国正式参战

1941年3月，国会通过了《租借法案》规定：总统有权将武器租借给与美国安全有关的国家。租借法案的通过是美国积极干预反法西斯战争的重要里程碑。根据租借法，从1941年3月到1945年8月，美国共提供租借物资（包括运送这些物资的劳务）约460亿美元。6月，苏德战争爆发，罗斯福宣布将援助苏联。原计划美英共同援助苏联价值10亿美元的物资，但由于珍珠港事件等原因，实际运抵苏联的物资只有6500万美元。12月7日，日本偷袭珍珠港，太平洋战争爆发，美国正式参战，孤立主义在一夜之间烟消云散了。

1. 美国参战后的胜利

1942年6月，美国海军和空军在中途岛之战毁灭性打击了日军。日军损失了训练有素的海空军骨干力量，再也无力进行战略进攻，丧失了海战的主动权。11月美英法盟军在法属阿尔及利亚和摩洛哥实施的登陆作战是北非登陆战役。1943年5月，英美盟军在北非战场取得彻底胜利，为西西里岛登陆铺平了道路。7月，英美盟军在意大利西西里岛登陆。9月3日，意方代表在西西里岛希腊库扎附近的盟军司令部签署停战协议，连年的战争使意大利经济濒于崩溃，国家预算赤字高达870亿里拉，收入只占支出的36%。11月22日—26日，美英中三国首脑罗斯福、丘吉尔、蒋介石在埃及首都开罗举行会议，讨论联合对日作战计划和战后如何处置日本的问题。11月28日，苏美英三国首脑斯大林、罗斯福、丘吉尔在德黑兰举行会议讨论对德作战计划和安排战后和平与合作问题。会上三国缔结了《德黑兰总协定》，规定美英等同盟国应于1944年5月发动诺曼底登陆战役，开辟第二战场。12月1日，美英中三国发表《开罗宣言》，申明对日作战的宗旨和取得最后胜利的决心，坚持日本必须无条件投降。宣言严正声明，三国对日作战的目的在于制止和惩罚日本的侵略行为，绝不为自身图利，亦无扩张领土之意；不承认日本在第一次世界大战开始后在太平洋上夺得或占领的一切岛屿；使朝鲜自由独立等。1944年上半年的世界形势，对盟军在西欧登陆并开辟战场极为有利。罗斯福正式任命艾森豪威尔为西北欧盟国远征军最高统帅。4月，艾森豪威尔对英美空军加以改组，统一指挥，使战略轰炸直接为登陆做准备。6月6日，历史上最大的一次海空两栖登陆作战开战了，英美盟军三个伞兵师率先向法国诺曼底境内实施空降，然后英美数千架轰炸机猛烈轰炸预定登陆地点，海军舰炮则猛轰德军的沿海防御阵地。

2. 二战结束

在1945年初美、英、苏三国政府首脑举行的雅尔塔会议上，制定了最后击败德国和对德国实行分区占领的计划，还讨论了苏联对日作战和组建联合国的有关问题，并签订了涉及中国问题的秘密协定。4月，苏联步兵在几无止息的炮击及空军轰炸的掩护下，步步紧逼，几乎包围了整座柏林。12日美国总统富兰克林·罗斯福因脑出血逝世。30日，苏联红军攻入德国首都柏林，并将红旗插上了国会大厦顶端；纳粹德国领导人阿道夫·希特勒在柏林的地下室中和新婚妻子埃娃·布劳恩自杀身亡。二战期间，美国为尽快迫使日本投降，8月6日晨8时15分在日本广岛投下一枚原子弹，爆炸瞬间导致7万到10万人死亡。8月8日苏联对日本宣战，出兵中国东北发起远东战役打击盘踞在中国东北的日本关东军。8月9日，美国发射的第二颗原子弹在日本长崎爆炸。8月14日，日本宣告投降，二战结束。8月15日，日本无条件投降，二战正式结束。

二、二战期间的重要国际会议

1943年11月中美英召开开罗会议，要求日本归还中国领土。三国协同对日作战。1943年12月苏美英召开德黑兰会议，提出英美苏要协同作战。三国协同对德作战。1945年2月苏美英召开雅尔塔会议，彻底消灭德国军国主义和法西斯主义，惩办战犯，以实现战后德国民主化，决定建立联合国。该会议的召开加速了德国法西斯的灭亡。1945年7月苏美英召开波茨坦会议，敦促日本无条件投降，重申雅尔塔会议关于处理德国问题的精神，中英美在会议期间发表《波茨坦公告》。中、苏、美、英共同对日作战，加速了日本法西斯灭亡，以下是四次会议的主要内容。

（一）开罗会议

在世界反法西斯战争进程根本转变的形势下，1943年11月22到26日，中、美、英三国政府首脑蒋介石、罗斯福、丘吉尔及其随员在埃及首都开罗举行会议，商讨联合对日作战问题。

12月1日发表了《开罗宣言》。主要内容：（1）强调三国对日作战的目的在于制止和惩罚日本的侵略，决不为自身图利，亦无扩张领土之意；（2）三国的宗旨在于剥夺日本自1914年第一次世界大战开始以后在太平洋上所夺取的或占领的一切岛屿，让日本把所窃取于中国的领土，如满洲、台湾、澎湖群岛等，归还中国；（3）把日本从它用武力或贪欲所攫取的所有土地上驱逐出去；（4）三国鉴于朝鲜人民所受之奴隶待遇，决定在相当时期内使朝鲜自由独立；（5）三国将坚持长期作战，直至日本无条件投降。

（二）德黑兰会议

第二次世界大战期间，苏联、美国、英国三国首脑斯大林、罗斯福、丘吉尔讨论盟国战略以及战后和平问题的第一次会晤。1943年11月28日—12月1日在伊朗首都德黑兰举行。此次会议是在世界反法西斯战争发生了有利于盟国方面的重大转折、法西斯侵略集团开始瓦解的情况下召开的。会议着重讨论了在西欧开辟第二战场的问题。斯大林十分关心开辟西欧战场的"霸王"行动，要求立即确定其开始日期；丘吉尔先是坚持其进军巴尔干的计划，继而又提出从巴尔干和西欧两路攻入欧洲的新方案，极力回避发起"霸王"行动的确切日期；罗斯福则居中调和，但倾向斯大林的意见，并表示不想推迟"霸王"行动。经过反复协商，三方终于就对德作战问题达成一致意见，签署了秘密作战计划《苏美英三国德黑兰总协定》，规定"霸王"行动和进攻法国南部的战役于1944年5月同时发起；届时，苏军将在东线发动攻势，以阻止德军由东线调往西线。12月1日会议结束时，三国首脑发表《德黑兰宣言》，指出三国已经议定关于消灭德军的计划，并指出已就从东面、西面和南面进行军事行动的规模和时间商讨得完全一致的协议；号召所有国家积极参加对德作战，并欢迎它们参加战后维护和平的国际组织。会议还通过了《关于伊朗的宣言》。苏、美、英承认伊朗在对德战争中所做的贡献，同意给予其经济援助，并赞成伊朗维持其独立、主权和领土完整的愿望。三国首脑还就波兰边界、战后处理德国的原则、建立国际组织等问题交换了意见，并讨论了盟国对日作战问题。苏联同意欧洲战争结束半年后参加对日作战。德黑兰会议及其宣言是反法西斯联盟主要国家在战争后期建立有效军事合作的重要步骤，对加强盟国团结，加快第二次世界大战进程，彻底打败德、意、日法西斯产生了重大作用和影响。

（三）雅尔塔会议

1945年初，战争形势更加明朗，德日法西斯的失败已为期不远，这时苏美英各大国都面临着一个战争胜利果实的分配问题。德国法西斯却妄图与美英单独媾和，挑拨苏联与美英的关系，因而使苏联与美英之间的矛盾和互不信任日益明显。为了取得谅解，协调关系，研究与解决面临的一些重大国际问题，争取反法西斯战争的最后胜利，1945年2月4日至11日，苏联人民委员会主席斯大林，美国总统罗斯福和英国首相丘吉尔，在苏联克里米亚半岛的雅尔塔举行了会议，被称为"克里米亚会

议"，或"雅尔塔会议"。这是二战期间的一次重要国际会议，规模很大，仅英美两国代表团成员及工作人员就将近七百人。会议签署了"英美苏三国克里米亚（雅尔塔）会议公报""克里米亚（雅尔塔）会议的议定书"和"苏美英三国关于日本的协定（雅尔塔协定）"。

（四）波茨坦会议

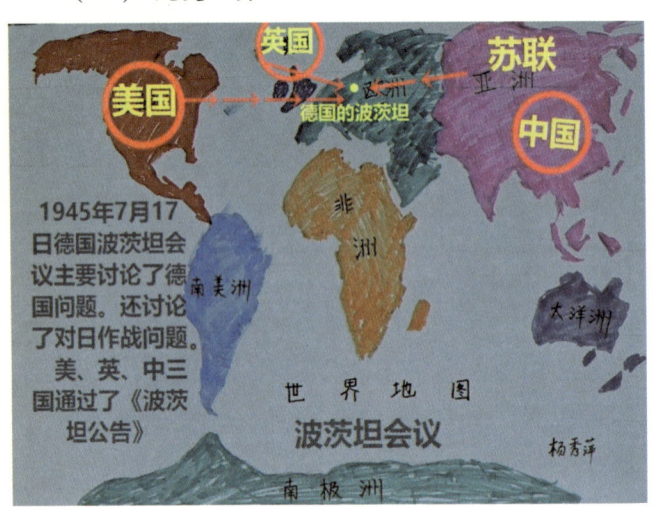

1945年7月17日，波茨坦会议主要讨论了德国问题、波兰问题、奥地利问题、缔结和约接纳联合国会员等一系列问题，会议的重点是德国问题。会议在讨论波兰问题时，三国决定承认波兰临时民族统一政府。三国认为波兰西部边界的最后划定应待和平会议解决，但"三国政府首脑同意，在波兰西部边界最后划定之前，原德国的东部领土由波兰政府管辖，不得视为苏联在德占领区的一部分"。波茨坦会议还讨论了对日作战问题，并通过了《波茨坦公告》，促令"日本政府立即宣布所有日本武装部队无条件投降"，日本霸占中国的东北、台湾、澎湖列岛等地要归还中国。这项公告是以美、英、中三国共同宣言的形式公布的。后来苏联出兵对日作战时，也正式在《波茨坦公告》上签字，所以《波茨坦公告》最后成为四国的对日共同宣言。波茨坦会议就意大利和原德国附属国问题、西班牙问题、控制黑海海峡等问题进行了讨论，并重申要审判主要战争罪犯。这次会议是三大国首脑在战争期间召开的最长的一次会议，也是最后一次会议。它对于夺取反法西斯战争的最后胜利具有重大意义，为建立战后新秩序打下了基础，对战后国际关系的发展产生了重大影响。

三、战后冷战和民权运动

冷战是指1947年至1991年之间，美国、北大西洋公约组织为主的资本主义阵营，与苏联、华沙条约组织为主的社会主义阵营之间的政治、经济、军事斗争。冷战主要表现为以美国与苏联为首的两大军事集团之间的对峙。美苏两个超级大国之间的争夺，是世界长期不得安宁的主要根源。两大军事集团实力相当，谁都不敢轻易动用武力来结束对方与其的世界霸权争夺。苏联解体后，美国成为世界上唯一的超级大国，世界格局变为世界多极化进程中的"一超多强"。

（一）冷战的开始和结束

1946年3月5日，英国前首相温斯顿·丘吉尔在美国富尔顿发表"铁幕演说"，正式拉开了冷战序幕。1947年3月12日，美国杜鲁门主义出台，标志着冷战开始。[①] 1955年华沙条约组织成立标志着两极格局的形成。1991年华约解散，之后苏联解体，标志着冷战结束，同时也标志着两极格局结束。

1. 北大西洋公约组织

1949年8月24日，美国与西欧、北美主要发达国家为实现防卫协作而建立的一个国际军事集团组织，即北大西洋公约组织，是马歇尔计划在军事领域的延伸和发展。主要是防范华沙条约组织的大规模军事入侵。

2. 华沙条约组织

1955年5月14日，苏联、捷克斯洛伐克、保加利亚、匈牙利、民主德国、波兰、罗马尼亚、阿尔巴尼亚8国针对美、英、法决定吸收联邦德国加入北约一事，在华沙签订了《友好互助合作条约》，同年6月条约生效时正式成立了军事政治同盟——华沙条约组织，简称华约。总部设在莫斯科。主要是防范北大西洋公约组织的大规模军事入侵。

3. 马歇尔计划（The Marshall Plan）

官方名称为欧洲复兴计划（European Recovery Program），1947年6月5日，美国国务卿乔治·马歇尔正式提出了为夺取全球战略重点——欧洲——而援助欧洲复兴经济的所谓"马歇尔计划"，既能在政治上抑制西欧的共产主义运动、遏制苏

---

① 1947年3月12日 美苏"冷战"正式开始[EB/OL].凤凰网，2016-11-11.

联的影响，又能在经济上为美国的过剩资本和生产能力重建海外市场。在马歇尔计划的援助下，欧洲度过了战后最困难的时期，经济开始逐步复苏。

（二）民权运动

美国黑人民权运动（African-American Civil Rights Movement），又译为"非裔美国人民权运动"，是美国民权运动的一部分，于1950年兴起，直至1970年，乃是经由非暴力的抗议行动，争取非裔美国人民权的群众斗争。20世纪50年代中期至60年代中期美国黑人反对种族歧视和种族压迫，争取政治经济和社会平等权利。1954年美国联邦最高法院判定教育委员会种族隔离的学校违法，1955年亚拉巴马州蒙哥马利市，黑人公民以全面罢乘来反对公车上的黑白隔离措施，1963年华盛顿的林肯纪念馆广场聚集25万名群众反种族隔离，美国民权运动领袖马丁·路德·金博士发表著名的演说《我有一个梦想》为民权运动的高峰，其他参与的著名人物还有麦尔坎·X（Malcolm X）等人。在民权运动的巨大压力下，美国国会于1964年通过《公民权利法案》，1965年通过《选举权利法》，正式以立法形式结束美国黑人受到的在选举权方面的限制和各种公共设施方面的种族歧视和种族隔离制度。1964年以后，黑人运动走上武装抗暴斗争的道路。

第三章

美国政治

第一节　美国联邦制和国会

一、美国政治制度的三个基本原则

乔治·华盛顿、约翰·亚当斯和托马斯·杰弗逊等美国的建国先父们深受英国政治家约翰·洛克的政治理论和启蒙思想的影响，为了实现他们的梦想，为了自由、民主和独立，他们要在美国建立起属于自己的理想王国，因此他们把约翰·洛克先进的政府论搬到美国这个实验基地进行尝试，建立起属于新型美国人自己国家独特的政治制度。美国政治制度的第一个基本原则是美国政府是人民的政府，民主的政府，不是专制的政府。第二个原则是美国政府的权力来自人民，官员的权力是美国人民授予的，体现在他们通过竞选进入政府。第三个原则是美国政府的权力虽然是人民授予的但政府也需要独一无二的权力，这是因为政府是为人民服务的，是用来保护人民权益的，一个没有权力的政府不能履行保护人民维护国家利益的义务，不能实现国家和人民赋予它的历史使命和任务。这三个基本原则主要体现在以下几个方面。

（一）联邦制

联邦制是一个国家政府制度的组织形式，体现在权力的分割是由两个或多个分享权力的政府对同一地理区域及其人口行使权力的体制。美国有几个政府？这个问题值得深思。美国有一个国家中央政府，也称美国联邦政府，这是毫无疑问的，在这个政府制度下美国人民建立起自己的宪法用来约束自己和国家的权力。而美国同时有50个州，也就有50个州政府。每个州政府又各自可以行使自己州的立法权力，只要各州制定的法律与国家大法不互相抵触就是可以成立的。所以，一个美国人需要受制于两个政府的管理，国家政府和州政府，很难说美国政府是联邦政府权力大还是州政府权力大，他们各司其职，在不同的范围和领域享有自己的权力，不能简单地说国家政府就比州政府的权力更大。

1. 权力分割

美国政府的联邦制体现在联邦政府与州政府的权力分割上，如图所示，生活在联邦政府和州政府治理下的美国人民不但要服从联邦立法，还要服从州立法，只要二者不冲突。如图所示，无论是多少个州政府都有共同的支点，这个支点就是美国宪法，它制约着生活在不同州政府下的美国人，表明任何一个州政府都必须受制于宪法。但各个州政府分别在各自允许的范围内享有最高权力，各个州法律可以冲突，但不可以与宪法冲突。

2. 三权分立

无论美国联邦政府还是各州政府都需要有三个部门：立法部门、执法部门和司法部门。联邦政府设立国会立法，总统管理部门执法，高级法院司法；大部分州政府均同样奉行三权分立，有着州立法会、行政机关与州法院。三权分立的目的是用权力相互制衡政府的立法、执法和司法部门，使政府在各自范围内行使各自的权力。但三权分立并不应完全分离，其三者间没有互相受到宪法的控制。权力制衡系统的设立是为了防止任何一种职权受到滥用，出现越俎代庖的情况。各州政府和各地方政府也采用同样模式。

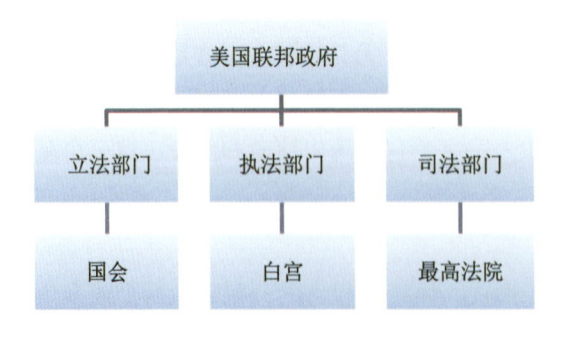

3. 对美国宪法的尊重

美国《美利坚合众国》宪法，是指1787年由美国制宪会议制定和通过，1789年3月4日生效的美国联邦宪法，是世界上最早的成文宪法，由序言和7条正文组成。第1条规定联邦国会两院议员的产生，国会的职权以及对国会和州的权力的限制。第

2条规定总统、副总统的产生，总统的职权范围，以及对总统、副总统和其他文职官员的弹劾。第3条规定联邦法院的组织、职权和有关叛国罪的审理。第4条规定州与州之间的关系，建立新的州以及联邦对州的义务。第5条规定宪法的修正程序和要求。第6条规定涉及以前政府债务和条约的效力，以及联邦宪法、法律与州宪法、法律之间的关系。第7条规定宪法的批准程序。宪法确立了三权分立与制衡、人民主权、限权政府、联邦和州的分权等原则。迄今，已通过了27条宪法修正案。[①] 美国宪法是人民制定的基本法律，它保护的是美国人民对民主和自由的权利，美国政府是人民的政府，美国的法律是保护人民的依据。没有完善的法律，美国人的民权就得不到保障，所以美国人对宪法是无比敬畏的。

（二）美国政府的级别

虽然美国政府分别有三个级别：联邦政府、州政府和地方政府，但联邦政府的地位与州政府的地位是同等的，并不存在包含关系；而地方政府与州政府之间的地位则存在包含关系。美国是联邦制国家，因此每个州的法律、行政等级都完全不一样，所以外人会感觉很混乱，其实他们自己也一样混乱。在国家层面上就两个行政级别，联邦和州，这是宪法所规定的，也是美国最初13个殖民地历史背景形成的渊源。州以下的行政等级，宪法是不管的，随便各个州自己划分。上图是政府的三个级别，但联邦政府和州政府之间并不存在上下级的关系，不能简单地说，联邦政府比州政府权力更大，他们只是在各自的范围内享有更高的权力。

二、美国国会

美国立法部门的名称叫国会，是美国最高立法机构。美国国会是两院制，由参议院、众议院两院组成。两院议员由各州选民直接选举产生。

（一）两院制

参议员每州2名，共100名，任期6年，每两年选举改选1/3议员。众议员按各州的人口比例分配名额选出，共435名，任期两年，期满全部改选。两院议员均可连任，任期不限。参众议员均系专职，不得兼任政府职务。美国国会

---

① 许鲁之.《新编英美概况》.中国海洋大学出版社，2012.第45页。

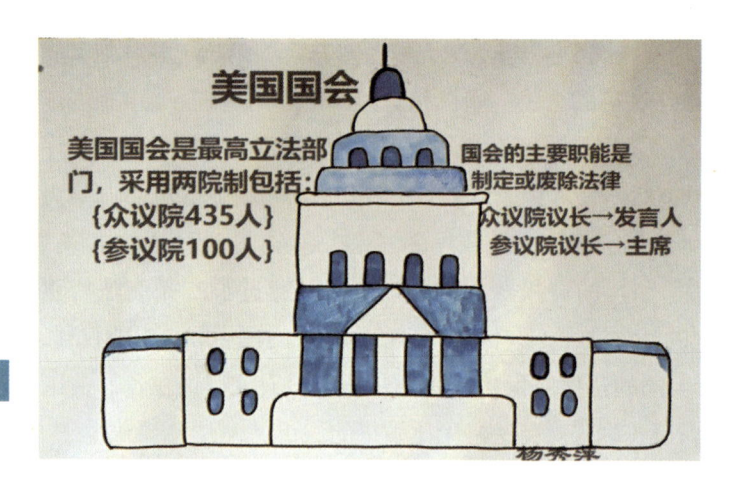

（Congress）是行使立法权（legislative authority）的地方。法令（bill）一般经过提出、委员会审议、全院大会审议等程序。一院通过后，送交另一院，依次经过同样的程序。法令经两院通过后交总统签署；若总统不否决，或虽否决但经两院2/3议员重新通过，即正式成为法律。国会两院在各自议长（speaker）主持下工作。众议院议长由全院大会选举产生，副总统是参议院的当任议长。两院都设有许多委员会，还设有由两院议员共同组成的联席委员会，国会工作大多在各委员会中进行。① 下列表格清晰地表明美国众议院和参议院之间的不同和差异。

项目	众议院	参议院
任期	2年	6年
议长	发言人	主席
竞选时间	每两年竞选一次	每两年选1/3议员
竞选年龄	25岁	30岁
居民身份	本地居民7年	本地居民9年
合法居民	本州居民	本州居民
议员数	435人	100人
选举方式	按各州人口数划分选区	规定每州选2人

（二）职能

美国宪法规定国会具有立法、代表选民发言、监督、公众教育、调解冲突等任务，其中立法和代表权是最重要的两个法定职责。

1. 立法职能

美国国会主要任务是立法，国会是美国最高级立法机构，制定影响每一个美

---

① 许鲁之.《新编英美概况》.中国海洋大学出版社，2012.第97页—98页。

国人的法律。立法经常需要在一些有争议的问题上作出决定，例如联邦预算、医疗保险改革、枪支控制，以及战争和和平。但是，国会并不发起它最终考虑的大部分提案。大部分提案来自执行机构，而很多其他的来自政党和利益集团。通过一系列妥协和利益交换，以及大量的辩论和讨论，提案的拥护者尝试建立一个占据多数的联盟来制定国家政策。

2. 代表职能

代表任务包含表达议员所在选区或者州的选民的意愿和需求，也包含代表更广范围内的国家利益，考虑到自己是国家利益的代表，以及党派和团体之间的政治交易，议员有时也会做出与所在选区或者州的选民意志相悖的行为，但是，为了成功选举连任起见，议员也经常倾听选民的心声来决定自己的立场，以及在投票时反对其所在的政党和团体。从严格的意义上来说，议员既不完全代表国家，也不完全代表所在选区或者州的选民，而是代表两者之间的混合体。议员及其雇员在面向选民的个案服务中花费大量时间，通过个案服务，议员帮助选民处理一些事务。

3. 监督职能

执行机构负责执行国会通过的法律。为了监视执行机构的施行，国会采取一系列行动来确保通过的法律得到执行，通过举行听证会和执行调查、改变某个机关的预算，以及对总统提名的执行机构和执法机构候选人进行审查。

4. 公众教育职能

公众教育职能是国会举行公开听证会、执行监督政府的权力，或者在举行针对重要问题的公开辩论时执行的任务。通过执行这个任务，国会在影响到全国的问题上给公众提供各方不同的意见。国会也决定是否以及何时举行听证会和辩论，这种日程控制也是公众教育任务的多面性之一。

5. 调解任务职能

国会被认为是解决国内冲突的主要机构。代表各种种族、理念、性别、经济团体的利益集团向议员游说来表达不满和寻求帮助。这使得国会在通过法律的时候尽可能满足各种利益集团要求，解决各方的冲突。在获得多数利益集团的支持的过程中，国会也获得了民众对国家的支持。

（三）国会立法流程

1. 国会有立法权

（1）提案只能通过参议院参议员和众议院众议员始发提交给国会。民间的立法诉求大多数经议院议员始发。两院统一提案后，给提案编号，编码字头 H.R. 表示众议院始发；字头 S. 表示参议院始发。

（2）两院提交的议案分别由各自的委员会处理，众议院和参议员都有各自负责的常务委员会和特别委员会负责研究。两院所有委员会都由各院议员构成，各院分别进行三次辩论，之后才能提交到不同的议院进行投票通过，投票通过人数须超过半数以上才能通过，否则提案将被搁置或作废，通过的议案提交给总统签署。任何公民都可以行使主权，递交提案，包括总统在内，总统本身就是美国公民的代表，总统、内阁和行政部门首长提出的立法建议称为"行政交流"（Executive Communication），把拟好的草案递交给众议院议长（Speaker of the House）或参议院主席（President of the Senate），然后发落分流到有关的委员会讨论，例如总统每年提交的政府开支预算案（Budget）。政府立法部门、执法部门、司法部门各司其职，及保持互相隔离又互不可分，对外分对内合，各自制约又平衡，使得三个部门既独立又合为一体。

2. 总统除有提案权和签署权，还有行政权

总统若同意提案，文件被签署已批准（Approved）的字样和年月日，法令生成法律，总统若不同意，会把提案返回原处，若三分之二参议员同意，提案也生成法律；若总统在收到提案后超过十天还没有采取任何行动，总统的不作为等同总统已经签署，照样成为法律。总统有搁置提案否决权（Pocket Veto）：若在十天之内，这一届国会期满休会，而总统也不作为，该提案亦不会成为法律。由于换届

换班的人事变动，使得提案重新再走立法程序。总统可在十天内否决该提案，提出反对理由，返还国会重新考虑。国会可选择最佳时机再投票表决被总统否决的提案，如能在国会再次通过，不用总统签署也可成为法律，直接交给美国档案保管员发布。

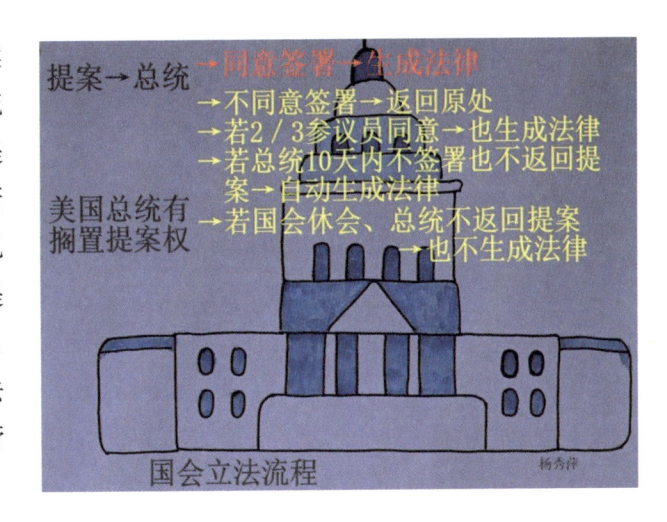

3. 高级法院有司法权

高级法院负责解读法律的有效性，同时监督国会立法，可宣布法律不符合宪法，监督总统执法，宣布总统执法违宪。联邦政府的立法、执法和司法三个部门分工不同，各司其职，各负其责，既互相制约又要彼此保持平衡。

4. 议员三读辩论（Consideration and Debate）

一读在全体委员会（the Committee of the Whole）进行。所有众议院议员当然都是成员，开会的法定最少人数（Quorum）为100。议长（Speaker of the House）宣布进入一读阶段（Resolved into the Committee of the Whole），并委任一名主席（Chairman）主持会议。众议院规章指导及约束议员辩论时的行为，务使所有与会成员均有公平发言的时间。一读时限用完后，主席宣布一读辩论结束，二读开始。二读是一段一段地去细阅法案条文，给予每一段条文提出（Amendment）修正案和反对修正的机会。有限时规定（five-minute rule）和对题规定（Germaneness Rule），不让拖延和胡闹。不同政见议员咬文嚼字，政治较劲，然后投票通过达成最后版本的修正案。二读是一个冗长的过程。三读只看法案标题投票，不再修改最后版本的修正案。在众议院通过须获得至少218个赞成票，参议院则为60票。在委员会，一读和二读阶段，

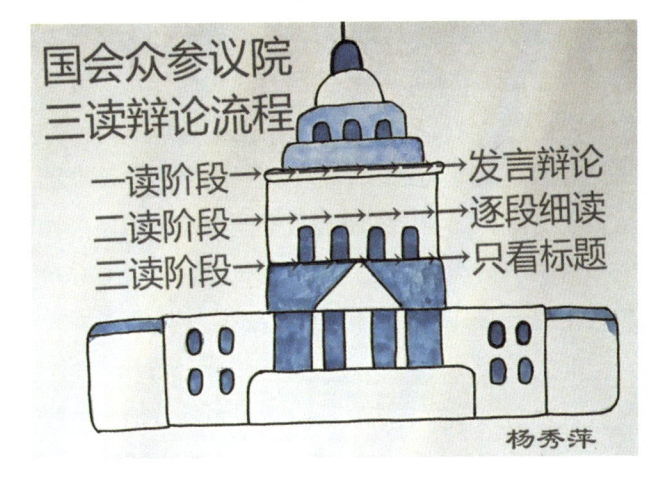

通过不同环节所需的最少赞成票数会有差异，一般是与会人数的简单多数或百60%，如果凑不够法定开会人数（Quorum），有法规强押缺席者到会场开会和投票，容许弃票权（Abstention）。

（四）国会权力

根据美国宪法，美国为立法、司法、行政"三权分立"的联邦制国家，国会行使立法权，以总统为首的政府行使行政权，法院行使司法权。国会是联邦最高立法机构，由参议院和众议院组成，每两年为一届。1789年首届国会召开，如今是第111届国会。

1. 立法权

国会通过立法，批准政府年度财政预算并进行拨款，批准其赋税、贸易、征兵、财政等重要内外政策，批准政府及总统与外国政府和国际机构缔结的条约、协定，决定战争与和平。国会须经众、参两院三分之二以上议员提议，方能修改宪法，宪法修正案须经3/4州议会或州制宪会议批准后予以实施。国会还有权提出、审议和通过大量无须总统签署的各类决议案。

美国国会享有以下职权
1.立法权　2.监督权　3.人事权　4.弹劾权

2. 监督权

国会依法监督联邦政府内政、外交和人事等方面的工作；定期或不定期举行听证会，传唤联邦政府各部门官员出席作证、介绍情况或回答议员质询，提供国会所需报告；就行政、司法部门违法、渎职等行为进行调查，并提出惩处建议。值得注意的是，由于美国总统由选民选举产生而非国会选举产生，所以总统不对国会负责，由总统领导的政府虽受国会牵制但不受国会领导，也不对国会负责，政府只对总统负责，总统只对选民负责，国会对总统不具有倒阁权，因此国会的监督权相对于英国等议会制国家"要小一些。"

3. 人事权

总统对大法官、法官、内阁成员等政府主要官员、驻外使节的任命须经国会参议院批准。参议院相关委员会对总统的提名举行听证会、辩论、表决，通过后，提请参院全院大会表决、批准。每届总统大选后，如总统、副总统的选举人票数未过半，应由国会众参两院议员选举产生总统和副总统。如总统、副总统均被免职、死亡、辞职或丧失履职能力，国会通过立法决定代总统，直至总统恢复履职能力或新总统选出为止。如副总统职位空缺，由总统提名人选，经国会、众参两院以过半数表决票批准。

4. 弹劾权

总统、副总统、高级行政官员、联邦法院法官，如被控犯有叛国罪、行贿受贿罪或其他重罪，国会可予以弹劾。提出弹劾案的权力属于众议院。程序是由数名议员告发，然后组成委员会调查取证，若弹劾根据成立，委员会起草弹劾决议案并提交众议院大会审议，经出席议员过半数同意，即可提出弹劾案。参议院审判。审判程序与刑事诉讼程序相同。审判一般文官时，以副总统（兼参议院院长）为主席；审判总统时，最高法院首席大法官担任主席以防止国会任意处置总统。审判时对弹劾案逐项逐条进行听证并表决，判决有罪或无罪。若无出席议员2/3以上的同意，不得作出有罪判决。国会还可就上述官员犯有轻罪、渎职、行为不当等给予斥责和申饬等处分。

1789—2020年，遭众议院弹劾和参议院审判的共有17人，其中总统3人（1868年安德鲁·约翰逊、1998年威廉·克林顿）和2020年唐纳德·特朗普内阁部长（国防部长）1人、法官12人、参议员1人（弹劾参议员发生于1789年，当时美国还沿用英国的制度，把参议院也作为弹劾对象）。其中只有7人（全部是法官）被审判定罪并免去公职，其余10人则因对其指控不能成立而被宣判无罪。此外，尼克松总统因"水门事件"于1974年被众议院弹劾通过，但未及参议院审判即辞职。事实上，在美国所实行的联邦制下，美国宪法是国家政府和州政府的权威所在。反过来，宪法也反映了美国人民的意愿，而人民的意愿是民主政体中的最高权力所在。在一个联邦制国家，国家政府有明确的权力，对外事务有完全的主权。但是，在国内事务上如何行使权力，是一个比较复杂的问题。

第二节　美国总统和司法部门

一、美国执法部门

根据1787年通过的美国宪法设立总统是行政执法部门的最高长官，是美利坚合众国的国家元首、政府首脑与三军统帅，能行使宪法赋予的最高行政权力。每届任期4年，连选连任不得多于2次。美国总统被称为"总统先生"，妻子被称为"第一夫人"，家庭被称为"第一家庭"。

（一）美国总统的权限

美国建国两百多年以来，前43任总统均为白人男性（主要为英格兰裔、苏格兰裔、爱尔兰裔6人、荷兰裔3人、德裔2人），第44任总统贝拉克·奥巴马是首位非裔男性。美国总统的权力与影响力极大，不仅影响国内，更是影响世界其他国家。美国总统有着很大的实权，以行政权、军权为权力中心，总统也是国家的权力中心。美国总统官邸位于哥伦比亚特区的白宫。

1. 行政职权

美国是总统制的国家。美国总统的职权依美国宪法第二条规定。在行政方面，总统有权处理国家事务和联邦政府的各种工作。他可以发出对联邦机关有法律约束力的政令，有权选任所有行政部、院、署、局等机关首长（须经参议院认可），以及其他数百名联邦政府高级官员。

2. 立法权限

在立法方面，总统可以否决国会通过的任何法案，除非两院各有2/3多数票推翻他的否决，否则该法案就不能成为法律。总统可以向国会提出各种咨文，包括国情咨文、预算咨文、经济咨文、特别咨文等，建议他认为必须的立法。此外，总统还享有委托立法权。据此，总统不仅有权在原有的行政体系内进行某些改组，而且有权设立新机构。

3. 司法权限

在司法方面，总统有权任命联邦最高司法官员。他可提名任命联邦法官，包括最高法院法官在内，但须获得参议院的认可。总统还可以对任何被判处破坏联邦法律的人（被弹劾的人除外）作完全或有条件的赦免。

4. 军事权限

总统是美国武装部队的总司令，可召集各州的国民警卫队为联邦服务。宣战权虽属国会，但在一些情况下总统往往越过国会不宣而战。在战争和紧急情况下，经国会授权，总统还可拥有更大的权力。

5. 外交权限

在外交事务方面，总统是负责处理对外关系的主要官员。他任命驻外大使、公使和领事（须经参议院认可），接见外国大使及公务人员。总统有权与外国缔结条约，但须经参议院2/3多数票的批准；而总统与外国签订的一切行政协定，却不需经参议院的同意。所以，总统往往以签订行政协定来代替缔结条约。

6. 否决提案权限

美国总统的职权依美国宪法第二条规定，第一条第七款也规定总统能够影响立法权。总统可以否决任何国会通过的法案，但需要于法案通过后10日（星期日除外）内提出。如果法案均获国会两院2/3票数通过，总统的否决权将会被推翻。总统亦可以于国会休会的时候单方面否决任何获国会通过的法案。

（二）美国总统的选举

1. 总统大选的时间和要求

总统大选在偶数年11月第一个星期一过后的第一个星期二举行。对竞选担任美国总统的候选人的要求是美国本土出生的公民，至少年满35岁，在美国至少已居住14年以上（《合众国宪法》第二条第一款第五段）。

2. 选举人

根据选举人团制度，每个州的选举团成员（也称选举人）人数与每个州的联邦议员人数相等。华盛顿哥伦比亚特区也拥有3张选举人选票。根据美国选举团制度，美国总统由选举人团选举产生，并非由选民直接选举产生，获得半数以上选举人票者当选总统。选民在大选日投票时，不仅要在总统候选人当中选择，而且要选出代表50个州和华盛顿特区的538名选举人，以组成选举人团。绝大多数州和华盛顿特区均实行"胜者全得"（赢者通吃）规则，即把本州或特区的选举人票全部给予在本州或特区获得相对多数选民票的总统候选人。当选的选举人必须宣誓在选举人团投票时把票投给在该州获胜的候选人。因此大选结果通常在大选投票日当天便可根据各州选举结果算出。各州选举人票多寡取决于各州人口，因此人口多的摇摆州为大选争夺的主要目标。每个州都在国会有2名参议员和至少1名众议员，所以任何州都至少有3票。但人口多的大州，除了这3票以外，众议员人数越多，选举人票数也就越多。1961年，美国宪法修正案批准华盛顿特区可以像州一样有总统选举人。这样，美国国会有100名参议员、435名众议员，加上华盛顿哥伦比亚特区的3票，总统选举人票总共就是538票。全国选举人票为538张，候选人至少获得270票才能当选。

3. 选举团

当选的选举人必须宣誓在选举人团投票时把票投给在该州获胜的总统候选人。因此大选结果通常在大选投票日当天便可根据各州选举结果算出。美国人口最多的加利福尼亚州所拥有的选举人票多达55张，美国宪法还规定，如果所有总统候选人都未获得半数以上的选举人票，由国会众议院从得票最多的前三名候选人中选出总统。1824年，约翰·昆西·亚当斯就是在这种情况下，经众议院投票表决被指定为总统的。

4. 就职典礼

就职典礼是美国总统选举的最后一道程序，只有到当选总统于次年1月20日手抚《圣经》，宣誓就职时，美国的总统选举才宣告结束。首任总统乔治·华盛顿于1789年4月30日就职，之后至1933的历任总统均为3月4日就职，而其后则于1月20日卸职。

5. 弹劾程序

美国宪法第二条第四款规定：总统、副总统和合众国的所有文职官员，因叛国罪、贿赂罪或其他重罪和轻罪而受弹劾并被定罪时，应予免职。在美国历史上共有四位总统受到弹劾，他们分别是：第17位总统安德鲁·约翰逊、因为"水门事件"遭国会弹劾的第37位总统尼克松、因为"莱温斯基性丑闻"而要遭受弹劾的克林顿总统和2020年被弹劾的45位总统唐纳德·特朗普。

二、美国行政部门机构设置

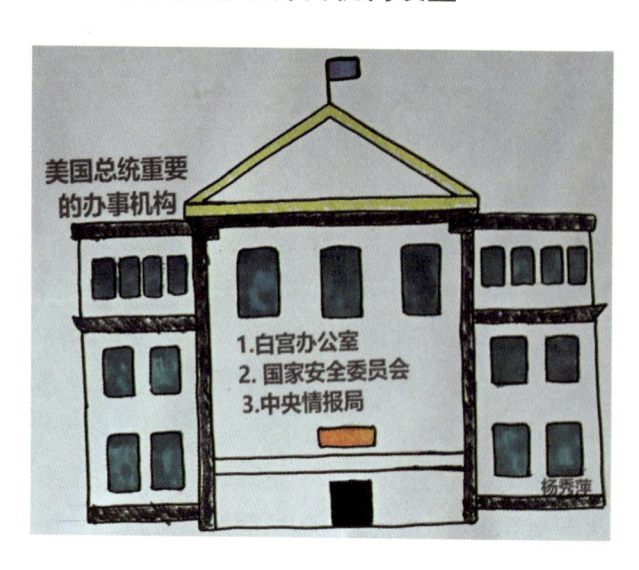

根据美国宪法，总统须年满35岁，在本国居住14年以上，也一定要是自然出生的美国公民或者是在宪法通过时为美国公民（参见：美利坚合众国宪法）。第45任总统唐纳德·特朗普于2017年1月20日正式宣誓就任美国总统，在华盛顿国会大厦发表就职演说，然后搬进美国总统的官方住所白宫。总统组阁，开始新一届政府，内阁成员由处理具体国家及国际事务的各部部长和总统指定的其他官员组成。除副总统和国务卿外，还包括13个部的部长。美国总统领导的行政部门分为两部分：总统的办事机构和联邦政府的各部门。

（一）总统的办事机构

美国总统的办事机构共有17个，大部分是代表总统进行政策性领导工作。其中比较重要的是白宫办公室、国家安全委员会、行政管理和预算局、中央情报局、国内事务委员会等。

1. 白宫办公室

美国总统办事机构的中枢。它是总统处理日常工作的办事机构。它负责汇总情况，拟订方案，以备总统决策的机构。办公室由总统顾问、助理等人员组成，其主要人员为总统的幕僚和亲信。

2. 国家安全委员会

国家安全委员会是掌管美国军事和外交政策的机构。它的基本职能是：协助总统协调政策和统筹政策的执行；与国务卿密切合作，协助总统制定长期的外交政策；在国家安全问题上为总统提供有效的军事安排。

3. 行政管理和预算局

该局既是总统编制和审核预算的助手，又是总统了解政府各部门活动情况的耳目。

4. 中央情报局

该局的主要任务是公开和秘密地收集情报，以及为对这些情报进行分析和评估。该局的预算是秘密的，年支出估计为100亿美元。

5. 国内事物部

该部门由总统任主席，成员由总统、副总统、各部部长等人组成。其职责是就国内问题估计需要、了解情况、制定计划，向总统提出政策建议，合理部署国内资源。

（二）联邦政府各部

美国现在有13个部。它们是国务院、财政部、国防部、司法部、内政部、农业部、商业部、劳工部、卫生及公众服务部、房屋及城市发展部、交通部、能源部、教育部。

1. 国务院

美国国务院是美国主管外交并兼管部分内政事务的行政部门，直属美国政府管理的外事机构，在政府各部中居首席地位。其行政负责人为国务卿。位于美国首都华盛顿特区。国务院的行政首长是国务卿，由总统任命（经参议院同意）并对总统负责，是仅次于正、副总统的高级行政官员。国务卿对总统发布的某些文告有副署之责。美国国务院的具体职责是主管美国在全世界的大使和领事馆以及涉外官员的工作，协助总统同外国签订条约和协定，安排总统接见外国使节，就承认新国家或新政府向总统提供意见，掌管美国国印等。[①]

2. 财政部

美国财政部是美国政府一个内阁部门。主要任务是处理美国联邦的财政事务、征税、发行债券、偿付债务、监督通货发行，制定和建议有关经济、财政、税务及国库收入的政策，进行国际财务交易。财政部部长在总统内阁官员中居第二位，也是国际货币基金组织、国际复兴开发银行、美洲国家开发银行、亚洲国家开发银行的美方首脑。

3. 国防部

国防部是美国武装部队的最高领导机关，各部中规模最庞大的一个部门。美国国防部当前体系由国防部长办公厅、参谋长联席会议、3个军种部、10个联合作战司令部、国防部所属16个局和6个专业机构组成。它的中心是五角大楼。国防部的领导是美国国防部长。美国国防部长是美国国防部的领导官员，处理有关军事方面的事务。国防部长的角色是担任总统的主要国防政策顾问，并负责规划一般国防政策和与国防部相关的其他政策、执行获得认可的政策。

4. 司法部

美国司法部是美国政府的一个部门，其部长享有阁员地位。美国司法部的任务是保障法律的施行，维护美国政府的法律利益和保障法律对美国所有公民都是平等的。部长是美国总检察长，在内阁不称部长（Secretary），而为美国总检察长（United States Attorney General）

5. 内政部

美国内政部是美国联邦政府重要部门之一，担负着保护、开发美国联邦政府所有土地（包括联邦所属或管辖的海洋水域）上国土资源的重要之责，是美国联邦政府有关公共土地（包括联邦所管辖的海洋水域）和其他矿产、石油等资源的主要管理部门，事实上也是美国重要的经济部门。通常美国内政部的部长都由来自西部的人士担任，这是由于大部分联邦政府拥有的土地在美国西部。

[①] 美国国务 [EB/OL] 院. 新华网，2014-05-04.

6. 农业部

美国农业部是联邦政府内阁15个部之一，是重要的经济管理部门。美国农业部是按照法律设置的，机构稳定，职能明确。美国农业部的职能，可以用一句话来概括，那就是"从田间到餐桌"。主要负责农产品及各种作物、畜牧产品的计划、生产、销售、出口等；监督农产品贸易、保证生产者与消费者的公平价格和稳定市场，提出限产或扩大生产的措施。

7. 商务部

美国商务部成立于1903年2月14日，总部设在华盛顿特区宪法大道赫伯特.C.胡佛大楼1401号。商务部主要负责发展国内商业与其他国家进行贸易。由美国商务部人口调查局和经济分析局负责整理发布的《美国统计摘要》是美国政府发布的最权威的全国性统计数据。[①]

8. 劳工部

美国劳工部是美国联邦政府行政部门之一，主管全国劳工事务，成立于1913年3月4日。主要职责是负责全国就业、工资、福利、劳工条件和就业培训等工作。主要机构有人力管理署、劳资关系署和工资、劳工标准署等多个机构，下设妇女管理局，工资和工作时间处，劳工标准局，雇工补偿局，联邦合同服从局和劳工统计局。

9. 卫生与公众服务部

美国卫生与公众服务部是维护美国公民健康，提供公共服务的联邦政府行政部门，其中一项主要工作就是为没有能力治疗的人群提供医保服务。

10. 教育部

美国教育部的职责是保证联邦政府人人得到平等接受教育机会的承诺得以实现；不断提高联邦教育项目执行效果，使教育质量不断得到提高；鼓励公众、家长和学生积极参与联邦政府实施的教育计划；通过联邦政府支持的教育科研、评估和信息发布来促进教育质量和效益的提高；加强对联邦教育项目的协调和管理。

11. 住房及城市发展部

美国住房和城市发展部的职责主要是为美国国民建立一个合理的住房体系和合适的居住环境，通过其抵押贷款担保方案为中低收入家庭拥有住房提供担保，在支持居民获得房屋所有权方面起到了重要作用。

12. 运输部

美国运输部负责协调交通运输的各种需要和计划。集所有联邦公路、铁路、

---

① IEEE中国籍董事回应限制华为审稿：对华为影响有限[EB/OL].网易，2019-05-30.

航空及航海职务于一身，下属公路局、海岸巡逻队、联邦航空署、城市集体运输署以及圣劳伦斯海道发展公司。

13. 能源部

美国能源部是美国联邦政府的一个下属部门，主要负责美国联邦政府能源政策制定，能源行业管理，能源相关技术研发、武器研制等。最高领导为能源部长。美国能源部总部设在华盛顿西南的詹姆斯佛瑞斯塔大厦，另外在马里兰州的玛丽兰德也设有办公地点。

（三）独立机构

除上述13个部级机构外，美国政府还有其他许多行政机构协助其工作。这些部门不属哪一个部管辖，直属总统，故称为独立机构。这类机构有130多个，主要的机构有：文官委员会、联邦储备系统、美国新闻署、军备控制与裁军署、美国邮政总局、核管制委员会、国家航空与宇宙航行局、联邦贸易委员会、退伍军人管理局、证券交易委员会、国家劳工关系局、小企业管理局、国家科学基金会、国家艺术和文学基金会等。

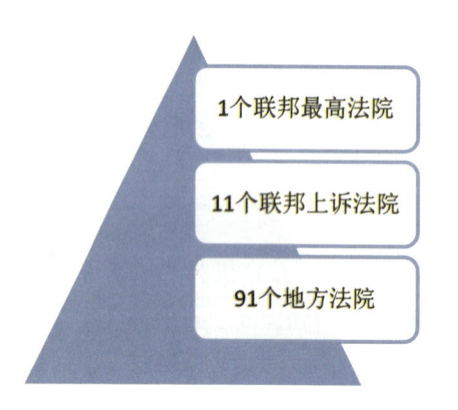

三、美国司法部门

美国的司法机关主要由最高法院、11个上诉法院、91个地方法院以及三个有特别裁判权的法院以及联邦司法中心等机构组成。最高法院和联邦法院的院长和法官由总统提名，由参议院批准任命。最高法院是美国最高一级法院，也是联邦宪法特别设立的唯一法院。最高法院由一位首席大法官和8位大法官组成。每个上诉法院有3—15名上诉法官。地区法院是联邦法院系统的基层法院，每一地区法院有1—27个法官。

美国联邦最高法院是美国联邦法院系统的最高审级和最高审判机关，是唯一由宪法规定的

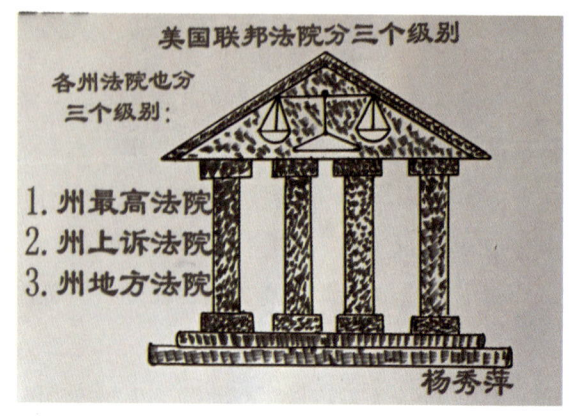

联邦法院。1869年根据国会法令规定由首席法官1人和法官8人组成，终身任职。9位大法官中，有1位是美国首席大法官。联邦最高法院有权裁定联邦和各州的任何法律违宪而不被采用。法官均由美国总统征得参议院同意后任命，只要忠于职守，可终身任职，非经国会弹劾不得免职，而且要启动弹劾程序是相当困难。但年满70岁、任职满10年或年满65岁、任职满15年者，可自动提出退休，另外，美国联邦最高法院大法官的薪水不能被裁减。美国联邦最高法院大法官并不是由人民选出的，而是由参议院同意后，总统任命。

第三节　美国政党和普选

一、美国政党

一般人经常会误以为美国是个两党制国家，其实美国是多党制，只是美国的政治传统形成了两党轮流执政的局面。西方世界"政党"概念，就是一种基于政治认同的民间团体。而建国初期美国在政坛上是没有政党的。

（一）美国政党史

1.美国政党的形成和发展

美国国父们信奉"君子不党"的原则，认为在政治中结党不是件好事。杰斐逊甚至说，如果要他加入政党，他宁可下地狱。可是，当政府建立起来并开始运作之后，人们之间在政治观点、国家政策、私人关系上的种种差别就开始显示出来，并且促成了党派的形成。

（1）美国最早的党派

是以汉密尔顿为首的联邦党人和以杰斐逊为首的民主共和党人。总统华盛顿虽说不愿意明显地加入任何一党，但是观点上明显倾向于联邦党人。不过，当时的党派还只是一种观点上的组合，而不是一种政治制度。华盛顿在他的告别演说中，警告人们不要将国家搞成一派对另外一派的轮流统治。民主党和共和党是美国两个主要政党。

①民主党于1790年建党，当时由部分种植园主、农民和某些与南方奴隶主有联系的资本家组成。最初称为"民主共和党"，1828年改称现名。1933年至1953年，民主党人罗斯福和杜鲁门先后任总统，民主党连续执政20年，是该党最兴旺发达

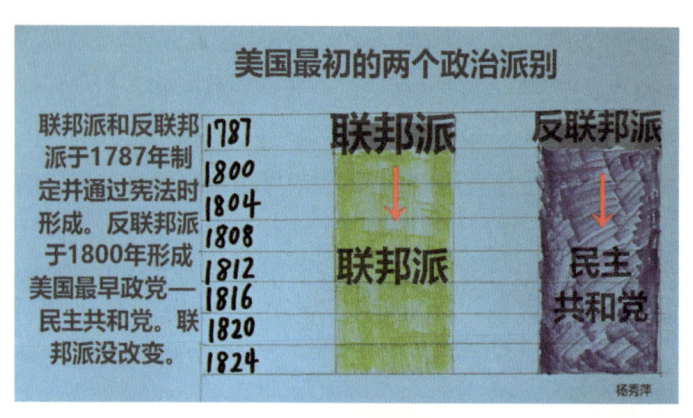

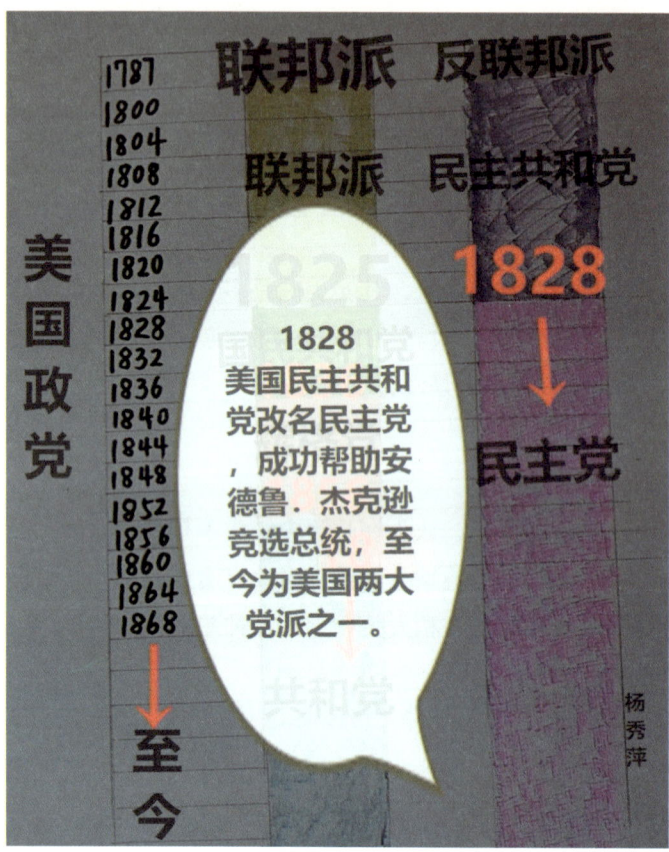

时期。1992年上台担任美国总统并于1996年竞选连任获得成功的美国总统克林顿是民主党人。

②共和党成立于1856年，当时主要是由反对扩大奴隶制的北方工商业资本家组成。1861年林肯就任总统，共和党首次执政，至1933年的70多年中，除16年外，均为共和党执政。从1981年到1989年连任两届总统并对美国经济产生重大影响（甚至有"里根经济学"之说）的罗纳德·里根是共和党人。美国的政党是一种非常松散的组织。美国共和党的最后形成比民主党更加复杂。

2. 第三党派

指美国少数党派，在美国，人们通称两大党以外的其他政党为第三党。

（1）美国最早出现的第三党是随着工人运动和社会主义运动的兴起而产生的工人政党。19世纪30年代，在工人阶级争取改善经济生活和扩大政治权利的斗争中，纽约市和俄亥俄、特拉华、缅因、宾夕法尼亚等州的20多个城市先后成立了劳工组织，但这些劳工组织都未发展为全国性的组织。南北战争后，美国工业生产迅速发展，工人阶级队伍不断扩大，促进了工人运动的高涨，开始出现全国性的工人组织，主要有全国劳工1867—1868年在纽约、芝加哥、旧金山成立的第一国际美国支部，1872年正同盟、劳动骑士团等，它们虽起过进步作用，但缺乏明确的政治纲领和稳定的领导核心，到19世纪末便衰落、瓦解了。

（2）19世纪末20世纪初，美国工人运动和社会主义运动进入了新的阶段，重要标志之一是美国社会党和美国共产党的产生。第三党还包括历史上为选举总统而短期存在的政党。如1892年的平民党、1912年的民族进步党和1924年的进步党。在现代美国，第三党还有绿党、公民党、民主社会主义者组织等。其中，1862年成立的民主社会主义者组织在美国政治生活中有一定的影响，它是社会党国际正式成员。其他小党影响甚微。

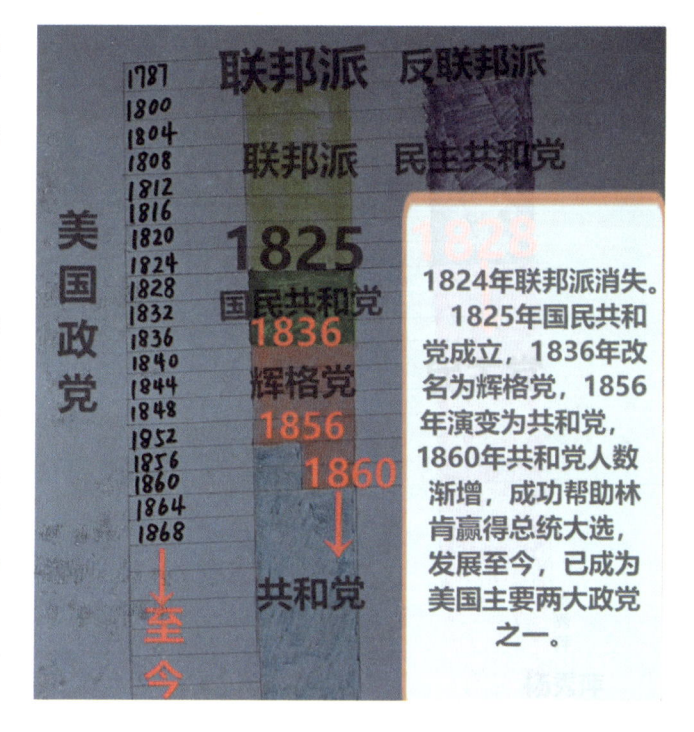

①美国社会党

美国社会党于1901年由美国社会主义劳工党的希尔奎特派和其他一些工人政党合并组成。建党后，在工人群众、黑人和妇女群众中积极开展工作，党的力量和影响不断增长。该党主张社会改良，把议会斗争和争取选票作为唯一的斗争方式。第一次世界大战中，党内右翼支持政府的帝国主义政策，左翼反对帝国主义战争。战后该党分裂，此后，该党日趋衰落。

②美国共产党

美国共产党于1919年1月成立。创始人为原社会党左翼领袖鲁腾堡。1920年5月，部分党员与美国共产主义劳工党联合组成美国统一共产党。1921年5月统一共产党又与美共合并，组成以鲁腾堡为执行书记的美国共产党。1921年12月在美共支持下成立了美国工人党。1923年4月，共产党与工人党合并，称美国工人党。1925年8月改称美国工人（共产）党。1930年又改称现名。第二次世界大战后，美国政府加紧了对美国共产党的镇压，削弱了党的力量。

（二）两大执政党的形成

1. 美国共和党（Republican Party）

又称"老大党"，是美国两大政党之一，其标志是大象，代表色为红色。共和党的前身为1792年成立的民主共和党。1825年，民主共和党发生分裂，其中一派组成国民共和党，1834年改称辉格党。1854年7月，辉格党与北部民主党和其他反对奴隶制的派别联合组建了共和党。1860年11月，共和党领导人林肯当选总统，该党首次执政。南北战争中，共和党政府领导北部军民粉碎了南部奴隶主的叛乱，废除了奴隶制，维护了联邦统一，从而赢得巨大声望。

（1）战后，该党连续执政20年之久，先后由约翰逊、格兰特、海斯、加菲尔德、阿瑟出任总统。

1884年，共和党在总统选举中失利。1889年，共和党的哈里森出任总统。此后40多年里，共和党人麦金莱、罗斯福、塔夫脱、哈定、柯立芝和胡佛曾先后出任总统，执政达28年之久。胡佛之后，该党连续在野20年。1953年至1961年，共和党的艾森豪威尔连续担任两届总统。此后，美国进入共和党和民主党两党交替执政时期。共和党人尼克松、福特、里根和老布什先后任总统。2001年，乔治·沃克·布什出任总统，共和党再次执政，2005年1月小布什连任。2017年共和党特朗普击败民主党候选人，当选总统。

（2）与民主党相比，共和党在社会议题上倾向保守主义。

该党经济上主张自由主义，与企业界关系紧密，但很少获得工会组织的支持。共和党支持低税收，在经济议题上主张限制政府规模和支持商业发展；在一些社会议题如堕胎上共和党则支持政府介入。在对外政策和国家安全方面，共和党立场强硬。共和党没有固定政纲，只有适应每次大选需要的竞选纲领。共和党党员多数是不固定的，凡在选举中投票选举该党总统候选人的选民都被认为是该党党员。共和党全国代表大会每四年举行一次，主要工作是推选该党总统和副总统候选人，通过党的竞选纲领，选举党主席。共和党的常设最高机构是全国委员会，由主席领导，每年召开两次会议。

2. 美国民主党（Democratic Party）

是美国两大政党之一，其前身是托马斯·杰斐逊在1792年建立的民主共和党。19世纪初，该党发生分裂，其中一派自称国民共和党，后改称辉格党；而以安德鲁·杰克逊为首的另一派在1828年建立民主党，并于1840年正式定名，成为美国历史最悠久的政党。2020年8月17日，美国民主党全国代表大会在威斯康星州密尔沃基市召开。

（1）注重公共服务

近几十年来，民主党倾向于推行中间派经济政策和具有改革性的社会政策，并认为政府应在减贫和社会救助等问题上发挥作用。民主党反对一味减税，赞成改革税收结构，以便提供更多公共服务。

（2）该党着重推行的两大政策

应保证国民拥有可支付和高质量的医疗服务，以及成本低和质量高的教育机会；在外交政策上反对单边主义，认为美国应该重视同盟关系和国际支持。

①民主党的结构变化

以往该党的支持者大多为农户、工人以及少数族裔。目前，这一结构已经发生巨大变化，其支持者还包括很多受过高等教育者和富有的自由派人士。此外，近年来，在非洲裔、拉丁裔、亚裔、犹太人和阿拉伯人中，民主党的支持率比例逐渐增加。在2004年的选举中，民主党的注册人数约为7200万，成为美国第一大党。

②民主党纲领

没有固定党纲，在选举年召开全国代表大会时推出竞选纲领。其最高权力机构为全国代表大会，每4年举行一次，主要工作是推出总统、副总统候选人，通过党的政纲等；而常设机关为全国委员会，由

一名主席、五名副主席、一名财务主管和一名秘书组成，负责召开全国代表大会。如上图所示，美国两大党被称为"驴象之争"。驴是美国民主党的象征，大象是共和党的象征。共和党的党徽是"大象"，"驴象之争"被用来形容美国的两党政治。民主党人安德鲁·杰克逊在1828年竞选美国总统时，所持平民主义观点遭对手讥讽为"公驴"。杰克逊大方地把驴的形象印在竞选海报上，变被动为主动。杰克逊任总统期间，一些漫画家用驴来讽刺他在一些问题上固执己见。第一幅用驴代表民主党的政治漫画于1837年诞生。

3. 美国政党的主要功能

帮助总统进行选举成功。在十八世纪后期制宪的时候，国父们认为权力应该主要放在国会，总统基本上是礼仪性的职务，自然就是由国会推举一些德高望重的候选人，再由选民选举。当时在他们看来，竞选是一件很可笑的事情，因为君子之间本来应当谦让。当时的总统候选人是由国会来提名的。不过后来美国作为一个联邦制国家逐渐稳定，原来的总统候选人提名方式无法适应政治制度的发展，特别是无法适应日益高涨的中间阶层的民主要求。

（1）以选举为导向

在1824年联邦党已经不存在，民主共和党是唯一的政党。当时有四个候选人参加竞争，安德鲁·杰克逊得票最高，1828年，在民主党的支持下以高票当选。

（2）开展竞选活动

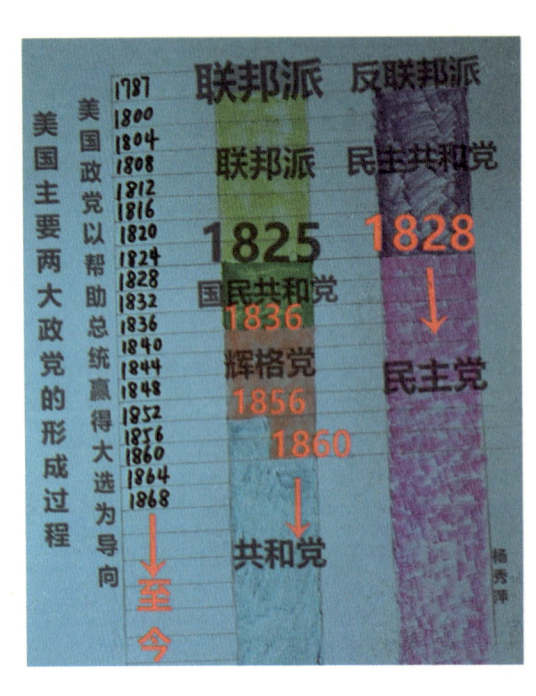

民主共和党改名为民主党，也就是在杰克逊第二次竞选期间，围绕着杰克逊的选举，产生了一直延续到今天的民主党。杰克逊出身于田纳西的下层社会，非常会动员群众。他在竞选期间，在基层展开大规模的竞选活动，为美国今日的竞选方式奠定了基础。

（3）党代会提名

在民主党之外，这期间也诞生了辉格党，辉格党和民主党两大政党的基本格局开始形成。民主党的基础在南方，辉格党的基础在北方。这两大政党都在竞选活动中以大规模动员选民的方式打下了群众基础。这也就促成了选举中的党代表大会提名制度的产生。党代会是用来体现一个党的群众意愿的。在1832年，民主党率先举行全国代表大会。当时参加大会的代表是从州到县的党代会一级级提名选举出来的。辉格党以及在1850年代成立的共和党后来也都采取了这种党代会提名制度。

4. 两党特点

美国自19世纪50年代确立两党制后，一直由民主党和共和党通过竞选总统而轮流执政。两大政党具有一些共同的特点：

（1）两大党均无固定的纲领，也无最终目的或长远的宗旨，只有适应大选需要的竞选纲领。

（2）两大党均无约束其成员的党籍。两党的一般党员也是不固定的，与两党组织机构没有组织上的联系，也不缴纳党费。按照惯例，凡在进行选民登记时声明和登记为民主党人或共和党人，都被认为是民主党或共和党的党员。

（3）两党均设立全国委员会、州委员会、县委员会和基层选区委员会4级组织机构。它们之间无垂直领导关系，平时只有一些工作上的联系。两党在国会参议院和众议院设有党的领袖及其助手（督导），还设有党团会议和政策委员会、竞选委员会和委员会事务委员会等组织机构，它们与国会两院外的政党组织机构也无领导关系。

（4）美国民选政府官员包括总统、州长、县长、市长等以及国会议员，基本上都是来自两党的候选人。他们以政党成员的身份竞选，当选后又以政党成员的身份出任公职。

（5）在总统选举上，由两党全国代表大会提名总统候选人；由两党总统候选人竞选的胜败来区分执政党与在野党；总统是当然的执政党领袖，在野党的领袖是落选的总统候选人。

（6）以两党在国会选举中获得席位的多少来区分多数党与少数党。总统是由民选产生的，不是由国会产生。

二、美国大选

2020年美国总统选举是指美国第59届总统选举。美国实行总统制，总统选举每4年举行一次。美国总统选举制度为选举人团制度。根据现行的美国宪法第22修正案，美国总统任期4年，可以连任一届。

（一）选举办法

根据美国选举制度，美国总统由选举人团选举产生，并非由选民直接选举产生，获得半数以上选举人票者当选总统。选民在大选日投票时，不仅要在总统候选人当中选择，而且要选出代表50个州和华盛顿特区的538名选举人，以组成选举人团。绝大多数州和华盛顿特区均实行"胜者全得"规则，即把本州或特区的选举人票全部给予在本州或特区获得相对多数选民票的总统候选人。当选的选举人必须宣誓在选举人团投票时把票投给在该州获胜的候选人。因此大选结果通常在大选投票日当天便可根据各州选举结果算出。

（二）选举的主要程序

1. 预选

预选是美国总统选举的第一阶段，通常从大选年的年初开始，到年中结束。预选有两种形式，分别是政党基层会议和直接预选。前者是指两党在各州自下而上，从选举点、县、选区到州逐级召开代表会议，最终选出本党参加全国代表大会的代表。后者在形式上如同普选，一个州的两党选民同一天到投票站投票选出本党参加全国代表大会的代表，这是大多数州目前采用的预选方式。

2. 各党召开全国代表大会确定总统候选人

预选结束后，两党通常将分别在七、八月份召开全国代表大会。会议的主要任务是最终确定本党总统、副总统候选人，并讨论通过总统竞选纲领。

3. 总统候选人竞选

全国代表大会之后，总统竞选活动便正式拉开帷幕。这一过程一般要持续8至9周。在此期间，两党总统候选人将耗费巨资，穿梭于全国各地，进行广告大战、发表竞选演说、会见选民、召开记者招待会以及进行公开辩论。此外，候选人还将通过多种形式阐述对国内外事务的政策主张，以赢得选民信任，争取选票。

4. 全国选民投票选出总统"选举人"

全国选民投票在选举年11月份的第一个星期一后的第一个星期二举行（2008年是11月4日），这一天被称为"总统大选日"。所有美国选民都到指定地点进行投票，在两个总统候选人之间作出选择（在同一张选票上选出各州的总统"选举人"）。一个（党的）总统候选人在一个州的选举中获得多数取胜，他就拥有这个州的全部总统"选举人"票，这就是全州统选制。全国选民投票日也叫总统大选日。由于美国总统选举实行"选举人团"制度，因此总统大选日的投票结果，产生的实际上是代表50个州和哥伦比亚特区的538位"选举人"。另外，在总统大选日，选民还要在联邦范围内进行参议院和众议院选举。根据美国1787年宪法，两院议员由各州选民直接选举产生。

5. "选举人"成立选举人团投票表决正式选举总统

选举人票的数量，体现州权平等原则，根据各州在国会的议员数量而定。例如，每个州都在国会有2名参议员和至少1名众议员，所以，任何州都至少有3票。但人口多的大州，除了这3票以外，众议员人数越多，选举人票数也就越多。1961年，美国宪法修正案批准华盛顿特区可以像州一样有总统选举人。这样，美国国会有100名参议员（任期6年，每两年改选三分之一）、435名众议员（任期两年，期满后全部改选），加上华盛顿哥伦比亚特区的3票，总统选举人票总共为538票。一位候选人赢得的选举人票超过总数的一半（270张），即当选总统。

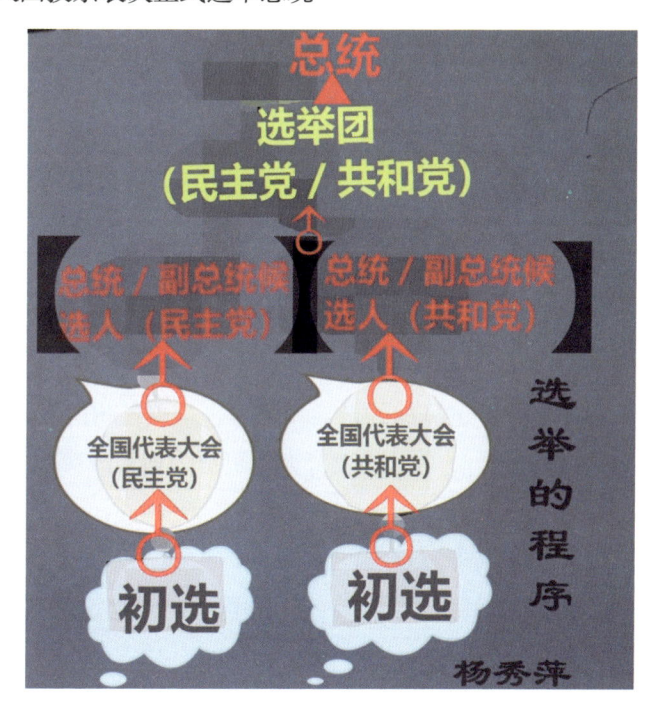

6. 当选总统就职典礼。真正的总统选举是在12月第二个星期三之后的第一个星期一举行（2008年是12月15日）。届时，各州和哥伦比亚特区被推选出的"选举人"将前往各州的首府进行投票。获270张选票以上的候选人将当选总统，并于次年1月20日宣誓就职。就职典礼是美国总统选举的最后一道程序，只有当选总统于次年1月20日手抚《圣经》，宣誓就职时，美国的总统选举才宣告结束。

第四节　美国教育制度

一、美国教育制度概况

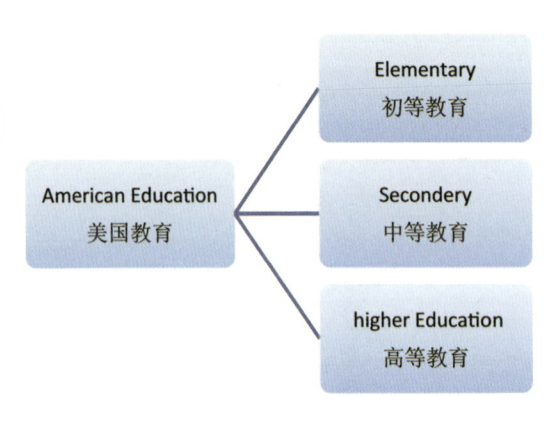

美国的教育体系是高度分权的，根据1791年通过的美国宪法第十修正案，宪法不授予联邦而又不禁止给州的权力属于各州。联邦政府因而无权确定国家教育制度，教育政策以及教育课程设置等均由各州与地方学区决定。但是由于美国各州在社会经济、政治和文化等诸方面所具备的共性，以及美国国家教育评审、鉴定机构的指导作用等，全美各州的教育体制虽有所差别，但总的来看是大同小异。美国的教育大致可分为初等教育、中等教育、高等（专业）教育三个层次。

（一）初等教育与中等教育

美国的初等教育包括一至两年的学前幼儿教育，一年的幼儿园，五至八年的小学教育。

中等教育包括七年级开始的初级中学教育，以及九至十二或十至十二年级的高级中学教育。

美国大多数州实施从幼儿园到高中十二年级公立学校的免费义务教育。美国公立中、小学的经费主要来源于州和地方政府。美国所有州都允许举办私立中小学教育，但必须经州政府许可，取得办学执照，并接受政府的监督。美国各州和地方政府对初、中等教育的管理模式为：绝大多数州设有教育委员会，该委员会根据有关法规制定公立中小学教育政策，由州教育厅厅长及其下属的专业教育工作者和辅助人员贯彻执行。

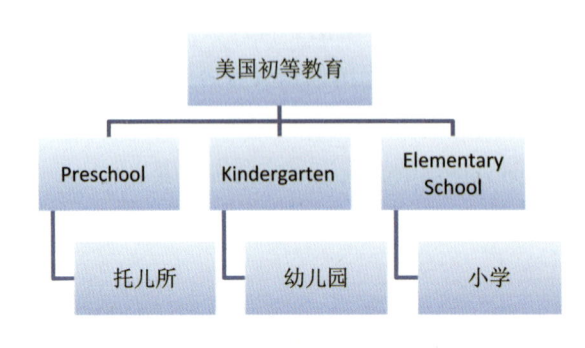

美国法律规定，任何学龄儿

童均应进入学校就读，并接受义务（免费）的中小学教育，当然进入私立学校就读的话，便要缴付相当昂贵的学费。有些公立中学，也录取外国学生就读，并会发给留学生签证，但这些外国留学生，却要缴纳学费，情况与其他进入私立中学的学生大致相同。至于小学与中学的学制，在配合上也有几个不同的形式，因各州、各城市或乡镇的情况而异。

美国小学教育（共五年）
- K1 -1st grade 一年级
- K2-2nd grade 二年级
- K3-3rd grade 三年级
- K4-4th grade 四年级
- K5-5th grade 五年级

（二）高等教育

美国高等教育从1636年建立的哈佛学院开始，至今有370年的历史。美国高等教育的运行和管理体制比较复杂，其中联邦政府、州政府和高等院校的全国性组织作为三个关键性的环节，发挥着不同的作用。美国各州政府对州内公立高等学校的规划、运行和体制等均有规范性的文件。但总的来讲，州政府只是为高等院校的运行提供法律框架，而各类高校自发形成的各种全国性、区域性或行业性组织，对高等学校运行和体制规范起着非常重要的作用。

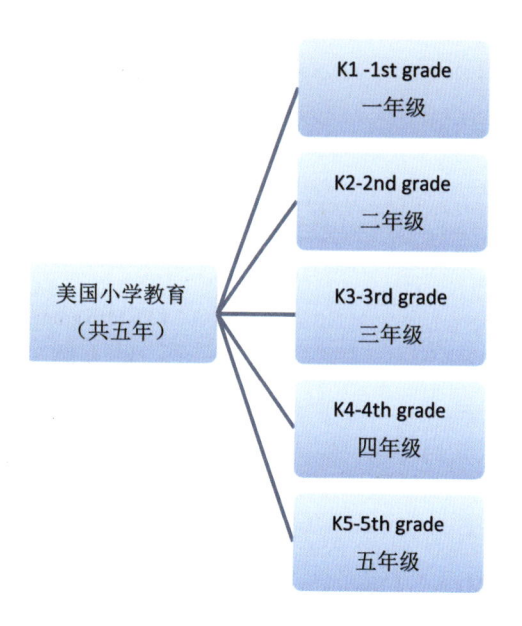

美国中等教育（共7年）
- 初级中学教育（共3年）
- 高级中学教育（共4年）

美国初级中学教育（共3年）
- K6 -6th grade 六年级
- K7-7th grade 七年级
- K8-8th grade 八年级

1. 美国大学开设的课程、学科及学位

研究院及高等专科学院开设的课程及学科，种类繁多，从核子工程到中国文学，从商业行政到法学与医学，林林总总，不一而足。念完研究院课程的学生，经校方核定，会颁发以下的学位：

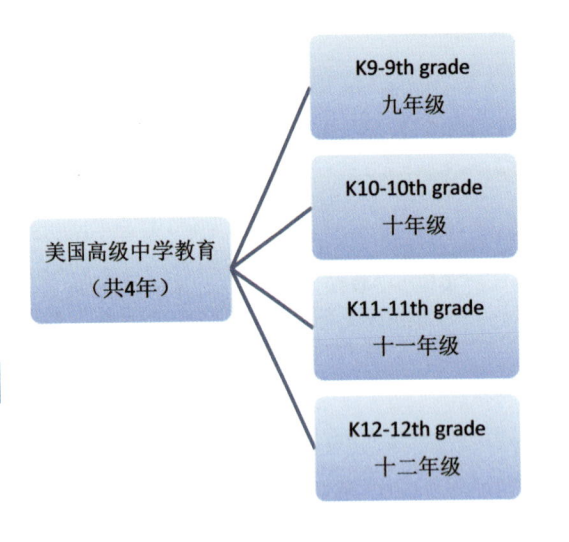

美国高级中学教育（共4年）
- K9-9th grade 九年级
- K10-10th grade 十年级
- K11-11th grade 十一年级
- K12-12th grade 十二年级

（1）硕士学位（Master's Degree）

根据学科的性质来决定是文科硕士（MA）或理科硕士（MS），通常需两年的时间；亦有一些学校设有公共行政学硕士（Master of Public Administration）、法学硕士（Master of Law）、神学硕士（Master of Divinity）等学位课程。通常学生需要通过 GRE 考试（Graduate Record Examination）才会被录取。

（2）工商管理学硕士（MBA 即 Master of Business Administration）

由于近年的工商发展迅速，对工商管理人才的需求殷切，为配合市场的需要，攻读 MBA 学位的人士日渐增多甚至留学生念这课程的人数也急速上升，以满足中国大陆、香港、台湾三地市场经济发展的需要。而 MBA 的课程又可再区分为会计、管理、市场学等专业，但通常入学的条件之一是要学生通过 GMAT（Graduate Management Admission Test），成绩优良，才会录取。考试内容分为英语能力（verbal ability）及数学思考力（mathematical ability）。留学生当然还要通过托福（TOEFL）英语考试才会被考虑。

（3）博士学位（Doctoral Degree）

博士学位课程通常是需要先修毕硕士课程，但亦有例外。最普遍的博士学位就是哲学博士（Ph. D，即 Doctor in Philosophy），但绝大部分的文、理科博士大都是授予 Ph. D. 学位，而不单限于哲学这个学科。通常博士学位课程需要三年或以上的时间，理科时间较短，文科时间大多较长。至于念教育学科的，博士学位则称为 Ed.D.（Doctor in Education）。博士学位是美国高等教育制度下的最高学位。

（4）法学博士（J.D.）与医学博士（M.D.）

这是美国社会的律师与医生必须具备的专业学位。由于这两个行业的执业者社会地位很受人尊敬，吸引了不少大学毕业生申请就读，以致入学录取的机会相当难，但学生毕业后能学以致用，直接地为社会服务，这也是高等教育的主要目的之一，即培养为社会服务的人才。

2. 美国大学的类别

美国高等教育在世界上一直领先，其大学教育的普及，亦是鲜有其他国家可与之相比。根据权威性的统计资料（《高等教育纪事》，"The Chronicle of Higher Education"，Almanac Issue，1995年9月1日出版）显示，全美国的各类大学已达3632所。而就读的大学本科生（undergraduate）人数高达一千二百多万人，研究院学生人数也将近一百七十万，加上专科（例如医学院及法律学院）的三十万学生，足以看出美国高等教育的普及。在这三千六百多所大学之中，它们之间如何分类？分别在什么地方？重要性如何？

（1）初级（或社区）学院（Junior or Community College）

全美国现有公立和私立的初级学院（亦有人称之为社区大学或短期大学）共1422所。在二年制的学院就读，学生毕业后可得副学士（Associate Degree）学位，再可转学到四年制的大学（Bachelor Degree）。初级社区学院主要是由社区支持，其目标是推广普及教育，因此对学生入学的要求较低，学费比较低，以鼓励更多学生就读。不少学子及他们的家长利用这些优点选择在这边念大学。

（2）文理学院（College of Liberal Arts and Sciences 或简称 Liberal Arts College）

这是四年制的大学，重点是在大学本科教育（undergraduate education）而非研究生教育，但有小部分文理学院亦颁授硕士及博士学位。这类学院是美国高等教育学府中最先建立的一种，至今仍然盛行，有部分文理学院由于不断地发展扩充，已升格成为综合性大学（university），因而在课程上不单只是文理科，还包括了人文学科（humanities）、数理科（pure sciences），以及专门职业教育（professional school）的研究院等，著名的大学如哈佛、耶鲁及哥伦比亚，其前身皆为文理学院。

（3）综合性大学（Comprehensive University，简称 University）

综合性大学必须附设研究院，从事深入的学术研究。颁授高级学位，如硕士及博士学位，借以培训各种专业人才，这是大学与学院最显著不同的地方。一所综合性大学往往划分几个学院，各学院再划分为若干科系。而随着教育经费来源的不同，综合性大学又分为公立大学及私立大学两种。私立大学的名气整体上略胜公立大学，著名的常春藤盟校（Ivy League Schools），如哈佛、耶鲁等大学，在美国大学排行榜上经常都名列前茅，都是历史悠久的私立大学，正因为是私立大学，学费都比公立大学昂贵。公立大学中州立系统的（由州政府拨款作为经费）比较完善，例如加州大学及加州州立大学（University of California 与 California State University，前者比较注重学术研究）、密歇根大学（University of Michigan）、纽约州立大学（State University of New York）等，以及一些市立大学，例如纽约市立大学（University of New York）等。还有一种公立大学（Land-Grant University），原来由联邦政府给予土地作为收益补助，后改为拨款补助，其特色主要是注重农业及家事教育，以推行农村推广教育及训练中学的家事与农科教师。

（4）研究院（Graduate Schools）

美国教育制度，以研究院及高等专科学院为最高的阶梯及顶点。顾名思义，研究院的重点是在研究方面，研究生攻读的课程均为高级教育学位如哲学博士（Ph.D.，涵盖很多科系而不单只是哲学）及硕士（M.A. 或 M.S.）。而不少留学生越洋到美国，就是要接受高深研究所的训练。有一些著名的研究院，从事高深的学识及尖端科学的训练，甚至网罗曾经获得诺贝尔奖的学者坐镇，名气斐然。总部设在纽约的卡耐基基金会（Carnegie Foundation），曾出版的一调查报告，名为《美国高等院校的分类》（A Classification of Institutions of Higher Education），将有研究院设立的大学分类为研究大学（Research Universities）及颁发博士学位的大学（Doctor-Granting Universities），根据每年所颁授的博士学位数目来决定其类别。

（5）高等专科学院（Advanced Professional Schools，或简称 Professional Schools）

专科学院是以培训医科、法律、神学、艺术、师训等各类专门人才为目标的高等教育机构。在美国的历史传统上，这等学科并未列入大学课程。专科学院，或为大学的一部分，或单独设立，其教育活动均限于一种单独的专业。依规定凡拟投考某种专科学院的学生，通常要先接受两年、三年、甚至四年的专业预备性的文理科教育。各类专科学校，如医学博士（M.D.）及法学博士（J.D.），必须接受三至五年的专科训练，始具备领受此类学位的资格。有些学院限制非美国居民或公民入学，为的是不想为其他国家培训专门人才。

（6）技术学院（Technical Colleges）（又被称为工艺学院或技职专科学院）

所谓技术学院，根据美国国防教育法案的解释，即招收高中毕业生，提供为期两年的高等教育，旨在培养工程、数学、物理或生物科学等各方面的技术人员的专上学府。此等专业人员为熟悉工程、科学或其他与技术有关部门的基本知识并擅长学以致用的专业人员。技术学院为初级学院的另一类型，顾名思义，其特色在于较注重技术和半专业性的工艺训练。技术学院多以公立为主，亦有私立、地方性、区域性及全州性等的不同区分。

（7）军事学校（Military Academies）

由联邦政府出资办理的高等学府有各种军事学校，如在纽约州西点（West Point, New York）的陆军学校（Military Academy），于1802年创校；在马里兰州安那波里斯（Annapolis, Maryland）的海军学校（Naval Academy），于1845年创校；在科罗拉多州科罗拉多泉（Colorado Springs, Colorado）的空军学校（Air Force Academy），于1955年创校。此等军事学校，以培育军事人才为目的。

（8）成人大学（或称大学校外课程 "University External Program"，或成人教育 "Adult Education"、远程教育 "Distance Education"、持续教育 "Continuing Education" 等不同类型）

随着社会的进步、科技的发展及职业的需要，从六十年代开始，大学教育不再仅限于年轻人及在校园内上课的传统模式。而事实上，成人教育的发展已是日益需要，以满足一些希望继续进修的人士，或为兴趣、或为职业上的需要，又或为一圆大学梦。成人大学或为附设于一所大学之内，名为成人教育部或大学伸展部（Extension），例如匹兹堡大学有 "University External Studies Program"，普林斯顿大学亦有 "Program in Continuing Education"，这已成为一种风尚和需要。此外，还有一些单独注册为大学的远程教育机构和学府，通过函授、计算机联网或电话及录音与录像带教学，学生累积足够的学分，便可毕业取得学位。这是一种公开式及没有门槛的大学，由于上课时间及地点没有限制，因此十分适合在职人士，也越来越流行。

二、关于美国的课程设置

除了一般的数学、历史、语文外，还有缝纫、打字、无线电与汽车修理等科目。学生可依自己的兴趣、个人未来的计划和才能，从许多科目中自行选修。美国教育的主要目的在于发展每个孩子的才能，不管它高或低到什么程度，同时给每个孩子灌输公民意识。

（一）美国学校的科目

每个学科皆有不同的特色，以下就个别科目进行介绍。

1. 英语（Language）

相当于国内的语文。美国有一项极具特色的教学内容——说话课（Speech）。为了治疗口吃、结巴等语言表达问题，语言治疗师会进行学生的演说矫正。或许从我们的耳朵中听不出学生说话有什么问题，可是专家用耳朵一听，就能察觉到问题的所在。

2. 数学（Mathematics）

心算是美国人最不在行的，虽然也有例外。卖东西时的找钱方式也很独特，使用电脑化的收银机减少了很多计算的问题，可是，美国的教育还是很重视数学的，比如小学生每天都要完成"百题加法计算"的作业练习等。除此之外，美国教育也倾向于让学生自己思考，从中发挥想象力。

3. 社会课（Social Studies）

由于美国历史时间短，所以教学内容集中在近代史。社会课特别重视建国的历史、国父以及接下来的历任总统。所学习的范围不只限于其公众层面，还包括其私人层面。透过名人轶事的阅读，让学生对每位总统都有较全面的了解。

4. 自然科学（Science）

全面学习化学、物理、生物、地理等。其中特别关心太空科学，美国20世纪的登陆月球与卫星升空，从这里即可了解一二。教学并非只是进行概念的说明，也通过实验获得知识。

5. 体育（Physical Education）

美国的体育课程目标在于让所有的孩子快乐地玩。因为校外的体育活动太丰富，学校的体育课就不是很重视。春天打棒球、秋天踢足球、冬天打篮球，随着季节的变化而有不同的竞赛性体育活动，进行方式主要是以社区为单位，每周有一至三次的练习，在周末也会有比赛。喜欢运动的孩子，都可以参加学校的棒球、足球、游泳队等。

6. 音乐（Music）

唱歌是最基本的教学内容，但因学校而异，也有乐器的吹奏，不过它取决于老师的音乐能力而有所不同。

7. 外语（Foreign Language）

这也是因学校而异，至今并未发现公立学校将外语列为必修课。从另一方面来说，有些私立学校却很早就将外语列入课程了。在美国所谓的外语几乎都是西班牙语。另外也有在中小学教授日语和中文的案例。

8. 电脑（Computers）

美国是IT王国，很早就已经积极纳入电脑资讯教育。然而，并非在既有的科目中使用电脑，而是另立科目学习电脑的操作使用。学校有电脑教室设备，每间教室也配置一台电脑。使用的时间规定，则由教师与学生共同决定。电脑所造成的弊端，每个人应该都有体验吧。经常说起"最近太依赖电脑了，连字都不会写了"。这种现象同样也发生在英语学习中。

9. 教学旅行（Field Trip）

这相当于我们所说的"远足"。可是，在现实的学校生活中，美国人基本不用 excursion 这个词，而是用 field trip。比如去水族馆、图书馆或者坐巴士去集市等。高年级时，还有所谓的 science camp（自然科学营），要在外面住宿好几天，相当于毕业旅行。以上为一般课程。另外，有的学校还有通过能力测验的学生才能参加的特别课程。

10. 特别课程（Special Education）

虽然因学区或各州而有所差异，但是有的地方会统一实施联合测验。以加州为例，这项考试称为 STAR Test。这项考试为期三天，测验学生的基本学力等级，其实也是一种智力测验。达到某个既定标准的学生，就有资格参加所谓的 Gates Program 特别课程。有资格参加的学生，将会收到一份课程概要一览表，选择自己喜好的课程。

每所中学所举办的考试都不太一样，而且会因课程不同而有不同的方式。但一般而言，不同于亚洲和欧洲学校，美国中学老师给成绩不会只依据一场考试或测验，老师通常会依据学生整个学期的报告、作业、课堂表现、随堂小测验、期中期末考试来给成绩。在美国，学生的义务教育是到十六岁，通常学生必须通过（pass）所有的必修课程才能毕业。学生会在每学期结束后得知每堂课的成绩，老师给学生成绩评价的方法如下：

A = Excellent（优）

B = Above Average（平均以上）

C = Average（普通）

D = Below Average（平均以下）

F = Failure（当掉：必修科目如果当掉，学生必须重修）

全美统一的考试是大专院校入学的 SAT 考试，主要是测验学生的英文程度、数学推理能力、在某一学科的专业知识，作为学生进入大学的参考资料。

（二）美国教育的特点

随着信息大数据时代的来临，我们可以从网络上看到数量巨大的关于美国青少年教育方面的电影和那些内容真实丰富的美国现代中小学教学实况录像，这些生动的片段从很多方面反映了美国现代教育的特点。

第五节　美国媒体

一、美国报纸杂志

美国是世界上新闻事业十分发达的国家之一。全国有各类报纸 11000 多家，其中日报 1600 多家，包括晨报、下午报、晚报和星期日报及 8000 多家周报和半周报，街头小报无法计数。

（一）美国报纸分类

1. 最有影响的报纸有

（1）The Los Angeles Times《洛杉矶时报》

（2）The New York Times《纽约时报》

（3）Washington Post《华盛顿邮报》

（4）The Wall Street Journal《华尔街日报》

（5）The New York Daily News《纽约每日新闻》

（6）Chicago Daily Tribune《芝加哥论坛报》

（7）USA Today《今日美国》

（8）New York Post《纽约邮报》

2. 较有影响的报纸有

（1）The Christian Science Monitor《基督教科学箴言报》

（2）International Herald Tribune《国际先驱论坛报》

（3）Washington News《华盛顿新闻报》

（4）Washington Daily News《华盛顿每日新闻》

（5）Baltimore Sun《巴尔的摩太阳报》

3. 较受欢迎的报纸有

（1）Herald Journa《先驱日报》

（2）American Express《美国快报》

（3）Journal of Commerce《商业日报》

（4）Tribune《论坛报》

（5）American News《美国新闻》

（6）News Weekly《新闻周刊》

（7）The World Report《世界报道》

（二）美国杂志分类

美国现有一万多种杂志，发行量在百万以上的有60多种。有影响的杂志如下：

1. Reader's Digest《读者文摘》

2. TIME《时代周刊》

3. Life《生活》

4. People《人民》

5. Cosmopolitan women《世界妇女》

6. American Home《美国家庭》

7. American Child《美国儿童》

8. American Literature《美国文学》

9. American《美国科学》

10. Playboy《花花公子》

11. Beautify Home and Garden《美化家庭和园林》

12. Homes Circle《家庭圈》

13. Good Manager《好管家》

14. Magus《麦哥氏》

15. American Television Magazine《电视指南》

二、美国通讯社

美国在世界上著名的通讯社有两个：一个是美国联合通讯社，简称美联社（AP）；另一个是美国国际合众社（UPI）。

（一）美国联合通讯社

简称美联社，英文：The Associated Press，缩写 AP，是美国最大的通讯社，1846年在芝加哥成立，1893年成为联营公司，1990年将总部迁到纽约。合作伙伴有1700多家报纸，5000多家电视和广播电台；全球有243家新闻分社，在120个国家设有办事处。合众国际社是美国第二大通讯社，1958年由前合众社和国际新闻社合并组成，总部设在佛罗里达州。国外有80多个分社，拥有一个世界范围的图片网。[1]

2016年4月18日，美联社获2016年普利策奖公共服务新闻奖。[2] 2018年12月，世界品牌实验室编制的《2018世界品牌500强》揭晓，美联社排名第207。[3]

（二）美国国际合众社

简称合众社，英文为 United Press International，缩写 UPI，著名报人斯克里普斯创立于1902年。在两次世界大战之间，发展势头强劲。但是在1958年，与赫斯特创办的国际社会并组成了合众国际社。

---

[1] 美国国家概况 [EB/OL]. 外交部，2019-03-12.
[2] 第100届普利策奖揭晓 美国主流媒体获重要奖项 [EB/OL]. 中国经济网，2016-04-19.
[3] 2018年（第十五届）世界品牌500强排行榜隆重揭晓 [EB/OL]. 世界品牌实验室，2018-12-20.

三、美国广播电视台

美国三大商业广播电视公司是世界上闻名遐迩的广播公司,此外,还有更多大大小小、名目繁多的广播电视台,都为美国传媒事业发挥着巨大作用。

（一）CBS 美国哥伦比亚广播公司

该广播公司是美国三大商业广播电视公司之一,经费来自广告广播收入,母公司为大名鼎鼎的维亚康姆电视集团。CBS 以新闻和娱乐性节目为主。收视率长时期占三大广播公司首位。公司总部设在纽约,主要机构有广播部、电视网、自营电视台部和新闻部。公司在纽约、芝加哥、洛杉矶、费城、圣路易斯等城市拥有7家直属电视台,并在全国有附属电视台200座。公司还经营调频广播电台,并有多座附属广播电台。这里只提各电视台近几年的美剧部分。

（二）ABC 全称美国广播公司

该广播公司是美国三大商业广播电视公司之一,经费来自广告广播,现母公司为更加大名鼎鼎的迪斯尼。公司总部在纽约,分别在纽约、芝加哥、底特律、洛杉矶、休斯敦、费城、弗雷斯诺和旧金山设有电视台,并有220座附属电视台。公司还经营调幅和调频广播电台,并有多座附属广播电台。主要剧目:《波士顿法律》《三军统帅》(Command in Chief),《绝望的主妇》《实习医生格蕾》《LOST》《双面女间谍》(Allias)等,20世纪90年代曾在中国轰动一时的《成长的烦恼》就出自此电视台。

（三）NBC 全称全国广播公司

该广播公司是美国三大商业广播电视公司之一,经费来自广告收入。公司总部设在纽约,母公司为世人皆知的通用电气。公司现在纽约、洛杉矶、芝加哥、华盛顿、克利夫兰、丹佛和迈阿密7座城市设有直属电视台,并在全国有附属电视台208座。主要剧目:急诊室的故事《老友记》《法律与秩序》《白宫风云》《学徒》《赌城风云》《Medium》《Scrubs》E-Ring《Surface》等。

第六节　美国宗教

一、美国基督教

宗教是美国文化中非常显著的一部分。美国绝大多数人信奉基督教,但其他各种宗教也同时并存，这是有其历史原因的。很久以前，那些背井离乡不远万里来到美洲大陆的人，许多是为了摆脱国内的宗教，他们满怀希望，想要在新的土地上获得自由。这种最初的愿望逐渐形成了对宗教的偏爱。

（一）新教

美国是一个以基督教新教思想立国的移民国家，其早期移民主要来自英格兰，其中大多是受宗教迫害的清教徒。由于当时物质和精神文化贫乏，移民为使精神有所寄托，便把宗教活动放在首位，使日常生活中到处"渗透了宗教的活力"。在美国所有的宗教派别中，新教教徒最多，约有7200万，几乎占基督教会员的58%。美国新教又分为上百个名目繁多的小派别，其中许多派别小到除了它们自己的成员外简直不为任何人所知。只有22个派别宣称它们拥有50万成员。新教的教派主要分布在美国南部和中西部。比较大的新教派别有浸礼会、卫理公会、长老会、加尔文教派和路德教派等，它们的成员都在100万人以上。各大教派下面往往又有许多宗教组织。例如浸礼会下有美国浸礼派教会（1907年建立）、全美浸礼派大会（1880年建立）、美国全国浸礼派大会（1880年建立）等。卫理公会下有联合卫理公会、非洲卫理公会主教派教会等。美国新教各派在海外的传教会约有30个，传教士达35000人。

（二）罗马天主教

罗马天主教的教会组织是美国最大的，也比较统一，约有5000万教徒。这些教徒主要是爱尔兰人、意大利人和波兰人的后裔。他们主要集中在美国东部大城市，占全国人口的24%。天主教在美国有32个大主教区，130个主教区。其中超过300万人的教区有芝加哥、洛杉矶、波士顿，超过100万人的有纽约、底特律、费城等。美国约有天主教神父8万；连同其他神职人员共20万人。天主教在美国教育中起着举足轻重的作用。信仰天主教的大专院校共有25所，中学1600多所，小学8500多所，神学院373所。各级学校学生总数多达400万人。

（三）东正教

美国的东正教徒约有300万人，主要分布在东部、中西部和加利福尼亚。东正教在美国的历史可以追溯到1794年。当时有10名俄罗斯正教会修僧到阿拉斯加传教。1867年，美国买下阿拉斯加，正教徒遂开始向阿拉斯加以外的地方迁移。1872年，东正教会把教区从阿拉斯加的西特卡迁到旧金山。1905年又迁到纽约。除俄罗斯正教会之外，美国还有希腊正教会、塞尔维亚正教会、阿尔巴尼亚正教会、保加利亚正教会和乌克兰正教会。

二、美国非基督教

美国除去以上这些主要宗教外，世界上所有的重要宗教几乎在美国都有信徒。

（一）犹太教

美国是世界上犹太人最多的国家，约600万。犹太教信奉者亦多为犹太人。犹太教是美国第三大宗教，约有教堂5000座，大专院校20所。最初的犹太教徒多是来自东欧和俄国的移民。犹太教内也存在不同派别。有些派别还保留着不少传统习惯。如每逢安息日，即从星期五太阳落山起到星期六太阳落山止，他们不骑车也不经营企业。有些派别还禁止教徒吃猪肉和某些海味，并要求他们限制食量。

（二）伊斯兰教

美国穆斯林人口占总人口比例大致在0.8%，是全世界最低的国家之一。特朗普上台后，很快就搞了一个争议很大的"禁穆令"。从这一个细节就可以看出，美国对穆斯林是有一定的排斥心理。美国历史上的殖民地没有伊斯兰国家，自然也不会有这方面的历史遗留问题。

（三）佛教

美国的佛教徒约有60万，寺庙约60座，主要集中在犹他、亚利桑那、华盛顿、俄勒冈和夏威夷各州。这些佛教徒多数是日本移民和他们的后裔。美国最大的佛教组织集中在罗切斯特、纽约、洛杉矶和旧金山，设置在曼彻斯特东端的禅宗中心最为著名。那里约有300名佛教徒，他们每星期日步行来到这个中心，参加8点钟的打坐。这些金发碧眼的教徒们，赤着双足，穿着棕色的僧袍，聚精会神地打坐，然后一起用英文念经。

此外，美国还有其他宗教如印度都信徒等。

第七节　辅助资料

一、英格兰王国历代国王

Name（Nickname）姓名（俗称）	Family Tie 亲属关系	Reigned 在位
Anglo-Saxons and Danes 盎格鲁-撒克逊王朝（802 - 1066）		
Egbert 埃格伯特	King of Wessex	802—839
Ethelwulf 艾特尔沃尔夫	son of Egbert	839—855
Ethelbald 艾特尔鲍尔德	son of Ethelwulf	855—860
Ethelbert I 艾特尔伯赫特	second son of Ethelwulf	860—866
Ethelred I 艾特尔雷德一世	third son of Ethelwulf	866—871
Alfred（The Great）阿尔弗烈德大帝	fourth son of Ethelwulf	871—899
Edward（The Elder）爱德华一世	Alfred's son	899—925
Ethelstan 艾特尔斯坦	Edward's son	925—939
Edmund I 埃德蒙一世	Third son of Edward	939—946
Edred 埃德雷德	fourth son of Edward	946—955
Edwy（The Fair）埃德威格	eldest son of Edmund	955—959
Edgar（The Peaceful）埃德加一世	second son of Edmund	959—975
Edward（The Martyr）爱德华二世	Eldest son of Edgar	975—979
Ethelred II（The Unready）艾特尔雷德二世	second son of Edgar	979—1016
Edmund II（Ironside）埃德蒙二世	son of Ethelred II	1016.4—1016.4
Canute The Great 卡纽特大帝	the Danish King	1016—1035
Harlod Barefoot 哈罗德一世	son of Canute	1035—1040
Hardicanute 哈迪卡纽特	son of Canute	1040—1042
Edward（the Confessor）	son of EthelredII	1042—1066
Harold II 哈罗德二世	the last Saxon King	1066—1066
House of Normandy 诺曼底王朝（1066 – 1154）		
William I（The Conqueror）威廉一世	cousin of Edward（The Confessor）	1066—1087
William II（Rufus）威廉二世	third son of William I	1087—1100
Henry I Brauclerc 亨利一世	youngest son of William I	1100—1135

美国部分

237

续表

Name（Nickname）姓名（俗称）	Family Tie 亲属关系	Reigned 在位
Stephen 斯蒂芬	son of William I's daughter	1135—1154
House of Plantagenet 金雀花（或称：安茹）王朝（1154 - 1399）		
Henry II（Curtmantle）亨利二世	son of Henry I's daughter whose husband was Count of Blois	1154—1189
Richard I（The Lion-Hearted）理查一世	son of Henry II（crusader）	1189—1199
John（Lackland）约翰	son of Henry II	1199—1216
Henry III 亨利三世	son of John	1216—1372
Edward I（Longshanks）爱德华一世	son of Henry III	1272—1307
Edward II 爱德华二世	son of Edward I	1307—1327
Edward III 爱德华三世	son of Edward II	1327—1377
Richard II 理查二世	Grandson of Edward II	1377—1399
House of Lancaster 兰开斯特王朝（1399 – 1461）		
Henry IV 亨利四世	son of Edward III's son, Duke of Lancaster	1399—1413
Henry V 亨利五世	son of Henry IV	1413—1422
Henry VI 亨利六世	son of Henry V	1422—1461 及 1470—1471
House of York 约克王朝（1461 – 1485）		
Edward IV 爱德华四世	son of Duke of York, descendant of Edward III	1461—1470 及 1471—1483
Edward V 爱德华五世	son of Edward IV, murdered	1483.4—1483.6
Richard III 理查三世	brother of Edward IV	1483—1485
House of Tudor 都铎王朝（1485 – 1603）		
Henry VII（Earl of Richmond）亨利七世	son of Edmund Tudor	1485—1509
Henry VIII 亨利八世	son of Henry VII	1509—1547
Edward VI 爱德华六世	son of Henry VIII	1547—1553
Mary I（Mary Tudor）玛丽一世	daughter of Henry VIII	1553—1558
Elizabeth I 伊丽莎白一世	daughter of Henry VIII	1558—1603

二、大不列颠联合王国历代国王

House of Stuart 斯图亚特王朝（1603—1714）		
James I 詹姆斯一世 James VI of Scotland）	first King Great Britain	1603—1625
Charles I 查理一	son of James I, beheaded	1625—1649
Charles II 查理二世	son of Charles I, restored in 1660	1649，及 1660—1685
James II 詹姆斯二世	son of Charles I, deposed	1685—1688
William III and Mary II 威廉三世和玛丽二世	Son of Charles I's daughter eldest daughter of James II	1689—1702 1689—1694
Anne 安妮	second daughter of James II	1702—1714
House of Hanover 汉诺威王朝（1714 - 1910）		
George I 乔治一世	son of James I's grand daughter whose husband was elector of Hanover	1714—1727
George II 乔治二世	only son of George I	1727—1760
George III 乔治三世	grand son of George II	1760—1820
George IV（Sailor-King）乔治四世	eldest son of George III	1820—1830
William IV 威廉四世	third son of George III	1830—1837
Victoria 维多利亚	daughter of George III's fourth son	1837—1901
Edward VII 爱德华七世	eldest son of Victoria	1901—1910
House of Windsor 温莎王室（1910 - ）		
George V 乔治五世	second son of Edward VII	1910—1936
Edward VIII（Duke of Windsor）爱德华八世	eldest son of George V, abdicated	1936—1936
George VI 乔治六世	second son of George V	1936—1952
Elizabeth II 伊丽莎白二世	elder daughter of George VI	1952—

三、英国历届首相

姓名	任期	政党
罗伯特·沃波尔（Robert Walpole）	1721—1742	辉格党
威尔明顿伯爵（Spencer Compton, Earl of Wilmington）	174 — 1743	辉格党
亨利·佩尔汉姆（Henry Pelham）	174 — 1754	辉格党
纽卡斯尔公爵（Duke of Newcastle）	1754 — 1756	辉格党
德文郡公爵（Duke of Devonshire）	1756 — 1757	辉格党
纽卡斯尔公爵（Duke of Newcastle）	1757 — 1762	辉格党
比特伯爵（John Stuart, Earl of Bute）	1762 — 1763	托利党
乔治·格兰维尔（George Grenville）	1763 — 1765	辉格党
白金汉侯爵（Marquess of Rockingham）	1765 — 1766	辉格党
查塔姆伯爵（Earl of Chatham）	1766 — 1768	辉格党
格拉夫顿公爵（Duke of Grafton）	1768 — 1770	辉格党
诺斯勋爵（Lord North）	1770 — 1782	托利党
白金汉侯爵（Marquess of Rockingham）	1782	辉格党
谢尔本伯爵（Earl of Shelburne）	1782 — 1783	辉格党
波特兰公爵（Duke of Portland）	1783	托利党/福克斯-诺斯联合内阁
威廉·皮特—小皮特（William Pitt）	1783 — 1801	托利党
亨利·埃丁顿（Henry Addington）	1801 — 1804	托利党
威廉·皮特—小皮特（William Pitt）	1804 — 1806	托利党
格伦维尔勋爵（Lord Grenville）	1806 — 1807	辉格党联合内阁
波特兰公爵（Duke of Portland）	1807 — 1809	托利党
斯潘塞·帕西瓦尔（Spencer Perceval）	1809 — 1812	托利党
利物浦伯爵（Earl of Liverpool）	1812 — 1827	托利党
乔治·坎宁（George Canning）	1827	托利党
戈德里奇子爵（Viscount Goderich）	1827 — 1828	托利党
威灵顿公爵（Duke of Wellington）	1828 — 1830	托利党
格雷伯爵（Earl Grey）	1830 — 1834	辉格党

续表

姓名	任期	政党
墨尔本子爵（Viscount Melbourne）	1834	辉格党
罗伯特·皮尔爵士（Robert Peel）	1834—1835	保守党
墨尔本子爵（William Lamb, Viscount Melbourne）	1835—1841	辉格党
罗伯特·皮尔爵士（Robert Peel）	1841—1846	保守党
约翰·罗素勋爵（Earl Russell）	1846—1851	辉格党
德比伯爵（Earl of Derby）	1852	保守党
阿伯丁伯爵（Earl of Aberdeen）	1852—1855	Peelite/联合内阁
帕尔姆斯顿子爵（Viscount Palmerston）	1855—1858	辉格党
德比伯爵（Earl of Derby）	1858—1859	保守党
帕尔姆斯顿子爵（Viscount Palmerston）	1859—1865	自由党
约翰·罗素勋爵（Earl Russell）	1865—1866	自由党
德比伯爵（Earl of Derby）	1866—1868	保守党
本杰明·迪斯雷利（Benjamin Disraeli）	1868	保守党
威廉·格莱斯顿（William Ewart Gladstone）	1868—1874	自由党
本杰明·迪斯雷利（Benjamin Disraeli）	1874—1880	保守党
威廉·格莱斯顿（William Ewart Gladstone）	1880—1885	自由党
索尔兹伯里侯爵（Marquess of Salisbury）	1885—1886	保守党
威廉·格莱斯顿（William Ewart Gladstone）	1886	自由党
索尔兹伯里侯爵（Marquess of Salisbury）	1886—1892	保守党
威廉·格莱斯顿（William Ewart Gladstone）	1892—1894	自由党
罗斯贝利伯爵（Earl of Rosebery）	1894—1895	自由党
索尔兹伯里侯爵（Marquess of Salisbury）	1895—1902	保守党
亚瑟·贝尔福（Arthur James Balfour）	1902—1905	保守党
亨利·坎贝尔—班内南爵士（Henry Campbell-Bannerman）	1905—1908	自由党
赫伯特·亨利·阿斯奎斯（Herbert Henry Asquith）	1908—1916	自由党
大卫·劳合乔治（David Lloyd George）	1916—1922	联合内阁
安德鲁·伯纳尔·劳（Andrew Bonar Law）	1922—1923	保守党
斯坦利·鲍德温（Stanley Baldwin）	1923—1924	保守党
拉姆赛·麦克唐纳（James Ramsay MacDonald）	1924	工党
斯坦利·鲍德温（Stanley Baldwin）	1924—1929	保守党
拉姆赛·麦克唐纳（James Ramsay MacDonald）	1929—1935	工党/国民内阁

续表

姓名	任期	政党
斯坦利·鲍德温（Stanley Baldwin）	1935 — 1937	保守党/国民内阁
尼维尔·张伯伦（Arthur Neville Chamberlain）	1937 — 1940	保守党/国民内阁
温斯顿·丘吉尔（Winston Leonard Spencer Churchill）	1940 — 1945	保守党/联合内阁/过渡政府
克莱门特·艾德礼（Clement Richard Attlee）	1945 — 1951	工党
温斯顿·丘吉尔（Winston Leonard Spencer Churchill）	1951 — 1955	保守党
安东尼·艾登爵士（Anthony Eden）	1955 — 1957	保守党
哈罗德·麦克米伦（Harold Macmillan）	1957 — 1963	保守党
道格拉斯—霍姆爵士（Alec Douglas-Home）	1963 — 1964	保守党
哈罗德·威尔逊（Harold Wilson）	1964 — 1970	工党
爱德华·希思（Edward Heath）	1970 — 1974	保守党
哈罗德·威尔逊（Harold Wilson）	1974 — 1976	工党
詹姆斯·卡拉汉（James Callaghan）	1976 — 1979	工党
玛格利特·撒切尔（Margaret Thatcher）	1979 — 1990	保守党
翰·梅杰（John Major）	1990 — 1997	保守党
托尼·布莱尔（Tony Blair）	1997 — 2007	工党
戈登·布朗	2007 — 2010	工党
戴维·卡梅伦	2010 — 2017	保守党

四、美国各州州名

州数	缩写	州名	汉译
1	AL	Alabama	亚拉巴马
2	AK	Alaska	阿拉斯加
3	AZ	Arizona	亚利桑那
4	AR	Arkansas	阿肯色
5	CA	California	加利福尼亚
6	CO	Colorado	科罗拉多
7	CT	Connecticut	康涅狄格
8	DE	Delaware	特拉华

续表

州数	缩写	州名	汉译
9	FL	Florida	佛罗里达
10	GA	Georgia	佐治亚
11	HI	Hawaii	夏威夷
12	ID	Idaho	爱达荷
13	IL	Illinois	伊利诺斯
14	IN	Indiana	印第安纳
15	IA	Iowa	爱荷华
16	KS	Kansas	堪萨斯
17	KY	Kentucky	肯塔基
18	LA	Louisiana	路易斯安那
19	ME	Maine	缅因
20	MD	Maryland	马里兰
21	MA	Massachusetts	马萨诸塞
22	MI	Michigan	密歇根
23	MN	Minnesota	明尼苏达
24	MS	Mississippi	密西西比
25	MO	Missouri	密苏里
26	MT	Montana	蒙大拿
27	NE	Nebraska	内布拉斯加
28	NV	Nevada	内华达
29	NH	New Hampshire	新罕布什尔
30	NJ	New Jersey	新泽西
31	NM	New Mexico	新墨西哥
32	NY	New York	纽约
33	NC	North Carolina	北卡罗来纳
34	ND	North Dakota	北达科他
35	OH	Ohio	俄亥俄
36	OK	Oklahoma	俄克拉荷马
37	OR	Oregon	俄勒冈
38	PA	Pennsylvania	宾夕法尼亚
39	RI	Rhode Island	罗得岛

州数	缩写	州名	汉译
40	SC	South Carolina	南卡罗来纳
41	SD	South Dakota	南达科他
42	TN	Tennessee	田纳西
43	TX	Texas	得克萨斯
44	UT	Utah	犹他
45	VT	Vermont	佛蒙特
46	VA	Virginia	弗吉尼亚
47	WA	Washington	华盛顿
48	WV	West Virginia	西弗吉尼亚
49	WI	Wisconsin	威斯康星
50	WY	Wyoming	怀俄明

五、美国历届总统

届数	姓名（中文）	任期	生卒年份	党派
1、2	乔治·华盛顿	1789—1797	1732—1799	无
3	约翰·亚当斯	1797—1801	1735—1826	联邦党
4、5	托马斯·杰斐逊	1801—1809	1743—1826	民主共和党
6、7	詹姆斯·麦迪逊	1809—1817	1751—1836	民主共和党
8、9	詹姆斯·门罗	1817—1825	1758—1831	民主共和党
10	约翰·昆西·亚当斯	1825—1829	1767—1848	民主共和党
11、12	安德鲁·杰克逊	1829—1837	1767—1845	民主共和党
13	马丁·范布伦	1837—1841	1782—1862	民主党
14	威廉·亨利·哈里森	1841—1841	1773—1841	辉格党
14	约翰·泰勒	1841—1845	1790—1862	辉格党
15	詹姆斯·诺克斯·波尔克	1845—1849	1795—1849	民主党
16	扎卡里·泰勒	1849—1850	1784—1850	辉格党
16	米勒德·菲尔莫尔	1850—1853	1800—1874	辉格党
17	富兰克林·皮尔斯	1853—1857	1804—1869	民主党
18	詹姆斯·布坎南	1857—1861	1791—1868	民主党

续表

届数	姓名（中文）	任期	生卒年份	党派
19、20	亚伯拉罕·林肯	1861—1865	1809—1865	共和党
20	安德鲁·约翰逊	1865—1869	1808—1875	民主党
21、22	尤利西斯·辛普森·格兰特	1869—1873	1822—1885	共和党
23	拉瑟福德·伯查德·海斯	1877—1881	1822—1893	共和党
24	詹姆斯·加菲尔德	1881—1881	1831—1881	共和党
24	切斯特·艾伦·阿瑟	1881—1885	1829—1886	共和党
25	格罗弗·克利夫兰	1885—1889	1837—1908	民主党
26	本杰明·哈利森	1889—1893	1833—1901	共和党
27	格罗弗·克利夫兰	1893—1897	1837—1908	民主党
28、29	威廉·麦金莱（利）	1897—1901	1843—1901	共和党
29、30	西奥多·罗斯福	1901—1909	1858—1919	共和党
31	威廉·霍华德·塔夫脱	1909—1913	1857—1930	共和党
32、33	伍德罗·威尔逊	1913—1921	1856—1924	民主党
34	沃伦·盖玛利尔·哈定	1921—1923	1865—1923	共和党
34、35	卡尔文·柯立芝	1923—1929	1872—1933	共和党
36	赫伯特·克拉克·胡佛	1929—1933	1874—1964	共和党
37、38、39、40	富兰克林·德拉诺·罗斯福	1933—1945	1882—1945	民主党
40、41	哈里·S·杜鲁门	1945—1953	1884—1972	民主党
42、43	德怀特·戴维·艾森豪威尔	1953—1961	1890—1969	共和党
44	约翰·菲茨杰拉德·肯尼迪	1961—1963	1917—1963	民主党
44、45	林登·贝恩斯·约翰逊	1963—1969	1908—1973	民主党
46、47	理查德·米尔豪斯·尼克松	1969—1974	1913—1994	共和党
47	杰拉尔德·鲁道夫·福特	1974—1977	1913—2006	共和党
48	詹姆斯（吉米）·厄尔·卡特	1977—1981	1924—2018	民主党
49、50	罗纳德·里根	1981—1989	1911—2004	共和党
51	乔治·赫伯特·沃克·布什	1989—1993	1924—	共和党
52、53	比尔·克林顿	1993—2001	1946—	民主党
54、55	乔治·沃克·布什	2001—2009	1946—	共和党
56、57	巴拉克·侯赛因·奥巴马	2009—2017	1961—	民主党
58	唐纳瑞·特朗普	2017–2021	1946–	共和党
59	约瑟夫·拜登	2021–	1942–	民主党

六、美国主要大学

Princeton University 普林斯顿大学	http://www.princeton.edu/
Harvard University 哈佛大学	http://www.harvard.edu/
Yale University 耶鲁大学	http://www.yale.edu/
Columbia University 哥伦比亚大学	http://www.columbia.edu/
The University of Chicago 芝加哥大学	http://www.uchicago.edu/
Stanford University 斯坦福大学	http://Stanford.edu/
Duke University 杜克大学	http://duke.edu/
Massachusetts Institute of Technology 麻省理工学院	http://www.mit.edu/
University of Pennsylvania 宾夕法尼亚大学	http://www.upenn.edu/
California Institute of Technology 加州理工学院	http://www.caltech.edu/
Dartmouth College 达特茅斯学院	http://dartmouth.edu/
Johns Hopkins University 约翰霍普金斯大学	http://www.jhu.edu/
Northwestern University 西北大学	http://www.northwestern.edu/
Brown University 布朗大学	http://www.brown.edu/
Washington University in St. Louis 圣路易斯华盛顿大学	http://www.wustl.edu/
Cornell University 康奈尔大学	http://www.cornell.edu/
Vanderbilt University 范德堡大学	http://www.vanderbilt.edu/
Rice University 莱斯大学	http://www.rice.edu/
University of Notre Dame 圣母大学	http://www.nd.edu/
Emory University 埃默里大学	http://www.emory.edu/
Georgetown University 乔治城大学	http://www.georgetown.edu/
University of California -Berkeley 加州大学伯克利分校	http://www.berkeley.edu/index.html
Carnegie Mellon University 卡内基梅隆大学	http://www.cmu.edu/index.shtml
University of California –Los Angeles 加州大学洛杉矶分校	http://www.ucla.edu/
University of Southern California 南加州大学	http://www.usc.edu/
University of Virginia 弗吉尼亚大学	http://www.virginia.edu/
Wake Forest University 维克森林大学	http://www.wfu.edu/
Tufts University 塔夫斯大学	http://www.tufts.edu/
University of Michigan 密西根大学	http://www.rackham.umich.edu/
the University of North Carolina 北卡罗来纳大学	http://unc.edu/
Boston College 波士顿学院	http://www.bc.edu/
Brandeis University 布兰迪斯大学	Brandeis University

续表

College of William and Mary 威廉玛丽学院	https://www.wm.edu/
New York University 纽约大学	http://www.nyu.edu/
University of Rochester 罗切斯特大学	http://www.rochester.edu/
Case Western Reserve University 凯斯西储大学	http://www.case.edu/
Pennsylvania State University 宾州州立大学	http://astro.psu.edu/
Boston University 波士顿大学	https://www.bu.edu/
Lehigh University 利哈伊大学	http://www4.lehigh.edu/
Rensselaer Polytechnic Institute 伦斯勒理工学院	http://www.rpi.edu/
University of Illinois 伊利诺伊大学	http://illinois.edu/
University of Wisconsin-Madison 威斯康星大学	http://www.wisc.edu/
University of Miami 迈阿密大学	http://www.miami.edu/
Yeshiva University 叶史瓦大学	http://www.yu.edu/
Northeastern University 东北大学	http://www.northeastern.edu/
University of Florida 佛罗里达大学	http://www.ufl.edu/
The George Washington University 乔治华盛顿大学	http://www.gwu.edu/
Tulane University 杜兰大学	http://tulane.edu/
University of Texas-Austin 得克萨斯大学奥斯汀分校	https://www.utexas.edu/
University of Washington 华盛顿大学	http://www.washington.edu/
Fordham University 福特汉姆大学	http://www.fordham.edu/
Pepperdine University 佩珀代因大学	http://www.pepperdine.edu/
University of Connecticut 康涅狄格大学	http://www.uconn.edu/
Southern Methodist University 南卫理公会大学	http://www.smu.edu/
The University of Georgia 佐治亚大学	http://www.uga.edu/
Brigham Young University Provo 杨百翰大学	http://home.byu.edu/home/
Clemson University 克莱姆森大学	http://www.clemson.edu/
Syracuse University 雪城大学	http://www.syr.edu/
University of Maryland -Park 马里兰大学帕克分校	http://www.umd.edu/
The University of Pittsburgh 匹兹堡大学	http://www.pitt.edu/
Worcester Polytechnic Institute 伍斯特理工学院学校	http://www.wpi.edu/
University of Minnesota- Twin Cities 明尼苏达大学双城	http://www1.umn.edu/twincities/index.html
Michigan State University 密歇根州立大学	http://www.msu.edu/
The University of Iowa 爱荷华大学	http://www.uiowa.edu/

American University 美国大学	http://www.american.edu/
Baylor University 贝勒大学	http://www.baylor.edu/
Clark University 克拉克大学	http://www.clarku.edu/
Indiana University 印地安纳大学	http://www.iu.edu/
Marquette University 马凯特大学	http://www.marquette.edu/
Miami University 迈阿密大学	http://miamioh.edu/
University of Delaware 特拉华大学	http://www.udel.edu/
Texas Christian University 得克萨斯基督教大学	http://www.tcu.edu/
The University of Vermont 佛蒙特大学	http://www.uvm.edu/
The University of Alabama 阿拉巴马大学	http://www.ua.edu/
University of Colorado 科罗拉多大学	http://www.colorado.edu/
University of Tulsa 塔尔萨大学	http://www.utulsa.edu/
Auburn University 奥本大学	http://www.auburn.edu/

七、英国主要大学

英国大学名称	大学所在城市
University of Cambridge 剑桥大学	Cambridge
University of St Andrews 圣安德鲁斯大学	St Andrews
University of Oxford 牛津大学	Oxford
Loughborough University 拉夫堡大学	Loughborough
Durham University 杜伦大学	Durham
University of Bath 巴斯大学	Bath
Imperial College London 帝国理工大学	London
Lancaster University 兰卡斯特大学	Lancaster
University of Warwick 华威大学	Coventry
University of Exeter 埃克塞特大学	Exeter
University of Leeds 利兹大学	Leeds
University of Glasgow 格拉斯哥大学	Glasgow
Coventry University 考文垂大学	Coventry
University of Birmingham 伯明翰大学	Birmingham
University of Lincoln 林肯大学	Lincoln

参考文献

1. 邓炎昌. 现代美国社会与文化 [M]. 北京：高等教育出版社，1995.
2. 肖慧云. 当代英国概况 [M]. 上海：上海外语教育出版社，2003.
3. 周静琼. 当代美国概况 [M]. 上海：上海外语教育出版社，2002.
4. 朱永涛. 英美文化基础教程 [M]. 北京：外研出版社，1991.
5. 许鲁之. 新编英美概况 [M]. 青岛：中国海洋大学出版社，1993.
6. 严威夷，胡新云. 英美概况 [M]. 杭州：浙江大学出版社，1995.
7. 陈志刚，等. 英美概况 [M]. 上海：上海外语教育出版社，1994.
8. 罗选民. 英美社会与文化（上下册）[M]. 武汉华中理工大学出版社，1997.
9. 郝彭. 英美民间故事与民俗 [M]. 海口：南海出版公司，2004.
10. J. 布卢姆，等. 美国的历程（上下册）[M]. 北京：商务印书馆，1988.
11. 方周. 英美概况习题集 [M]. 武汉：华中理工大学出版社，1995.
12. 复旦大学资本主义国家经济研究所. 英国政府机构 [M]. 北京：世界知识出版社，1982.
13. 龚祥瑞. 英国行政机构和文官制度 [M]. 北京：人民出版社，1981.
14.《简明不列颠百科全书》编辑部译编. 简明不列颠百科全书 [M]. 北京：中国大百科全书出版社，1985.
15. 勒文翰，郭圣铭，孙道夫. 世界历史词典 [M]. 上海：上海辞书出版社，1985.
16. 刘炳善. 英国文学简史 [M]. 郑州：河南人民出版社，1992.
17. 莫尔顿. 人民的美国史 [M]. 北京：生活·读书·新知三联书店，1958.

18. 上海国际问题研究所.英国[M].上海：上海辞书出版社，1982.

19. 世界知识出版社编辑委员会.世界知识年鉴[M].北京：世界知识出版社，1983.

20. 特鲁汉诺夫斯基.英国现代史[M].北京：生活·读书·新知三联书店，1979.

21. 萧德莱.世界地名录[M].北京：中国大百科全书出版社，1984.

22. 孟继有.A Cultural Background For English Study[M].北京：外语教学与研究出版社，2001.

23. 美国大使馆文化处编译.美国地理简介[M].美国大使馆文化处编译出版，1982.

24. 陆煜泰，郑香泉.美国风貌剪影[M].南宁：广西人民出版社，1982.

25. 复旦大学资本主义国家经济研究所.美国政府机构[M].上海：上海人民出版社，1972.

26. 来安方.英美概况[M].郑州：河南教育出版社，2012.

27. 孟继有.英语学习背景知识新编（美国加拿大部分）[M].北京：北京大学出版社，1993.

28. 胡文仲.英美文化词典[M].北京：外语教学与研究出版社，2017.

29. 范存忠.英国史提纲[M].成都：四川人民出版社，1982.

30. 程西筠，王璋，等.英国简史[M].北京：商务印书馆，1981.

31. 周叔麟，POLLARD CW，ALMES J.新编英美概况教程[M].北京：北京大学出版社，2017.

32. NDRKM.A People and o Nation--a History of the United States[M].Boston:Houghton Mifflin Company，1982.

33. BROMHEAD P.Life in Modern America[M].London：Longman，1978.

后 记

本人曾在2013年1月的齐齐哈尔大学学报上发表了一篇标题为《论多媒体技术在英语教学中的特点与优势》的文章。在文章中，本人与读者分享了多年从事多媒体英语教学的实践经验。

多媒体环境可以给教师更多的时间去接触学生，课堂的互动性提高了，因材施教成为可能。多媒体教学实验室是语言教学硬件配置上的一个新亮点，校园网建立以后，多媒体教学实验室成了电子图书馆和学生自学的阵地，学生可以在多媒体网络环境中进行课后的学习，教师可以充分利用网络资源，运用相应的课件制作教学直观工具，制作出适合与各科课程教学的课件，使备课更加完善，电子版的教案与课件可以在校园网上公布，为实现资源共享提供了机会。

1.在教学实践中，选用可被系统识别的外部位图或矢量图文件图片。PPT可识别的图片文件非常多，可以从网络下载，也可以使用图像处理软件制作，或者通过数码相机、扫描仪等图像输入设备获取，在插入图片前要保证该图片已保存在外存中；自选图形是Office系列软件的一大特色，通过使用自选图形和自选图形的组合，用户可以自己创作复杂的矢量图。

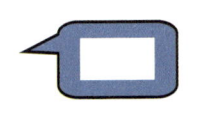

2. 组织结构图表示了一种树状的隶属关系，在表示隶属层次分类时经常用到。例如：

a 用于表示基础之间的关系用棱锥图；
b 用于显示区域之间的重叠区域用维恩图；
c 用于表示持续循环的过程用循环图；
d 用于显示实现目标的步骤用目标图；
e 用于表示层次之间的关系用结构图；
f 用于显示核心元素 的关系用射线图；

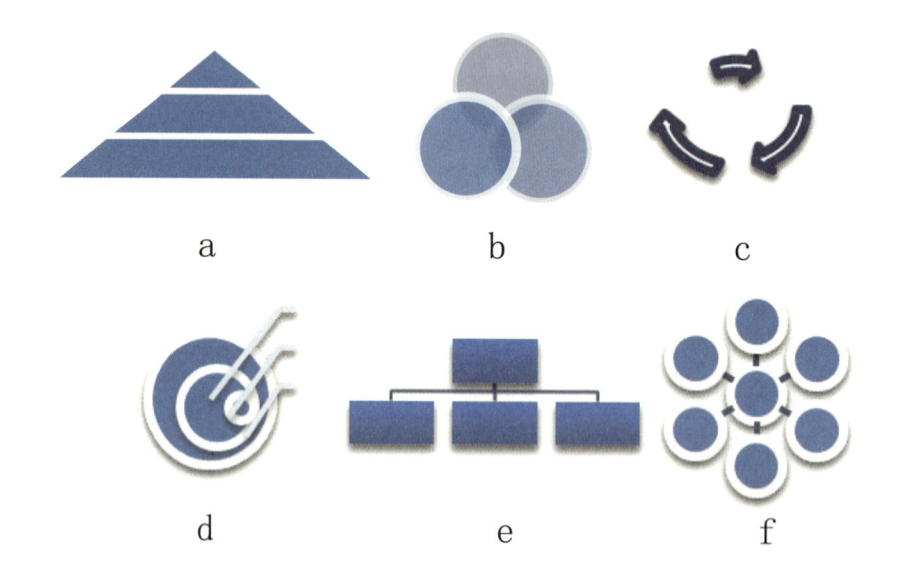

a　　　　　　　　　b　　　　　　　　　c

d　　　　　　　　　e　　　　　　　　　f

3. 图表是用直观的彩图来表示数据表中数据关系的一种图形。它经常用行列数较少的二维表的图形表示，经常用到的图表有柱形图、条形图、饼图等，PPT使用数据表来产生图表，在放映时只显示图表而不显示数据表，表格在Word中经常被用到。关于多媒体课件的运用效果，课后经过图表问卷调查得出以下结论：

班级	031班	032班	033班	034班	035班	036班
人数	32	30	27	30	25	25
喜欢	32	28	26	30	25	25
不喜欢	0	2	1	0	0	0

多媒体技术使英语教学模式发生了重要的变化，使以往经验的旧知识与新信息相互联系起来，通过人机科学整理，积极组织策划，使学生主动地接收信息，提高学生的学习热情。教学课件具有超文本结构，打破了传统教材的线性结构，教师可以在图像、知识内容、语法、注释之间随意切换，符合学习者的认知规律，大幅提高教学效果，促进了学生与学生之间的交流、合作，从根本上改变了传统的师生关系和交往方式。教师应充分利用计算机和多媒体教学课件，探索新的教学模式，要开发和利用网络等多种资源，努力学习现代教育技术，开发并合理利用以现代信息技术为载体的英语教学资源，实现现代信息技术与英语教学的整合。

杨秀萍
2020年6月